예수 그리스도의 삶을 통한 심리상담,

비블리오드라마

예수 그리스도의 삶을 통한 심리상담,

비블리오드라마

비블리오드라마에 맞닿은 예수의 영혼돌봄

곽우영 지음

좋은땅

추천사

장현승
과천소망교회 담임목사

현대는 가장 위대하신 그리스도와 그의 인격적인 말씀이 등한시되어 영혼은 피폐해지고 삶은 점점 각박해져 간다. 영혼돌봄의 비블리오드라마는 성경의 주인공이신 예수 그리스도, 그리고 그의 십자가와 부활의 이야기이다.

비블리오(biblio)의 의미가 성경이고, 드라마(drama)는 삶으로 표현되는 이야기이다. 성경의 주인공이신 예수 그리스도의 이야기는 예수의 삶을 우리의 삶에서 경험하도록 이끌어 간다. 비블리오드라마는 성경의 그 현장 속으로 들어가서 주님을 만나게 된다. 주님을 실제로 만나는 경험은 내 삶에 변화로 다가오기에 말씀으로 주님을 만나야 하는 설교뿐만 아니라, 영혼을 돌보는 상담에서까지 이 경험은 꼭 필요하다.

곽우영 박사의 영혼돌봄의 비블리오드라마는 현대인에게 필요한 영혼돌봄을 그 안에 담고 있으며, 비블리오드라마를 주님을 만나게 하는 도구로 사용하는 것이 반갑다. 또한 현대의 상담을 예수의 영혼돌봄으로 회복시키며, 개인뿐만 아니라 교회와 공동체에 적용하는 목회상담을 비블리오드라마로 제시한 것은 문화적 선교의 쾌거이다.

비블리오드라마는 예수 그리스도를 가슴으로 만나게 하는 연결 통로이다. 예수 그리스도의 삶은 사랑과 구원의 이야기로, 그리스도를 통해 이루어지는 사랑과 구원의 또 다른 말은 '영혼돌봄'이다. 비블리오드라마의 목적은 예수 그리스도의 사랑과 돌봄을 우리의 삶으로 담아내는 것이다. 이를 위해 비블리오드라마에서 그리스도를 인격적으로 만나 영혼을 치유받고, 그분 안에서 문제를 해결하는 것이 현대인들에게 요청된다.

> 너희가 성경에서 영생을 얻는줄 생각하고 성경을 상고하거니와 이 성
> 경이 곧 내게 대하여 증거하는 것이로다. 〈요 5:39〉

요한복음의 말씀은 성경에서 구원을 얻는 것이 아니라, 성경을 통해 구원과 영생을 주시는 예수 그리스도를 만나는 것이 중요함을 말한다. 비블리오드라마를 통해서 예수 그리스도를 인격적으로 만나는 것은 영혼을 돌보는 목회상담의 해답을 보여 준다. 사랑과 구원의 주님을 실제로 만나야 성경의 이야기가 비로소 '나를 위한' 이야기임을 깨닫게 된다. 비블리오드라마에서 주님을 만나는 경험은 삶에 진정한 방향과 희망을 말해 준다.

과천소망교회는 행복밥상으로 예수께서 보여 주신 밥상공동체를 실천한다. 가정에서부터 밥상에 모여 말씀을 함께 나누며 예수께서 친히 보여주신 삶을 따라간다. 비블리오드라마는 예수의 말씀을 담고 실천하는 행복밥상과도 같다. 비블리오드라마에서 예수 그리스도의 구원과 사랑의 이야기는 영혼돌봄의 그릇에 담겨 성도들이 말씀을 경험하도록 돕는다.

비블리오드라마의 방식은 교회에서 설교할 때 새로운 방법으로 활용할 수 있다. 비블리오드라마를 실제로 적용해 본 〈베데스다 못의 중풍병자 이야기, 요한복음 5장 1-13절〉는 설교가 지식의 전달을 넘어선 말씀의 경험이며, 성도들이 이야기를 만나서 느끼고 경험하는 시간이 되게 했

다. 설교는 이 이야기를 그린 성화로 시작되었으며, 성화에는 여러 명의 병자들이 베데스다 못 주위에 누워 있는 모습이었다.

"권사님이 이 사람(38년 된 병자)처럼 여기에 누워 계시다면 어떠시겠어요?"
"천사가 내려왔을 때 나보다 먼저 물에 들어가는 사람들을 보는 마음은 어떨까요?"

성화도 보는 사람들에게 말을 건다. 설교를 통한 비블리오드라마는 성도들이 직접 말씀 속에 들어가서 성경 인물이 되어 생각하고 느낄 수 있도록 돕는다. 또한 말씀에서 주님을 만나는 경험은 십자가의 복음을 되새길 수 있다. 주님을 직접 만나면 예수께서 나를 위해 희생하신 의미를 다시 한번 마음으로 느낄 수 있고, 그 경험에서 삶을 변화시킬 동력이 생긴다.

과천소망교회에서 실제로 사역자, 구역장, 평신도 리더자, 각 교회학교와 교사 세미나에서 비블리오드라마를 실시하여 목회현장에 적용했다. 곽우영 박사의 영혼돌봄의 비블리오드라마는 연구에서만 나온 것이 아니라, 과천소망교회 성도들과 사역자들이 함께 만들어 낸 공저와 같다.

'영혼돌봄의 비블리오드라마'는 그 제목처럼 예수의 이야기를 우리의 삶에서 만나고, 경험하여 영혼돌봄을 가능하게 한다. 앞으로 목회현장에 적용 가능한 '영혼돌봄의 비블리오드라마'를 통해서 하나님께서 영혼을 살리시고, 돌보시는 일이 교회, 가족, 공동체에 유용하게 사용되기를 바란다. 이 책의 발간을 축하하며, 앞으로 비블리오드라마에서 예수 그리스도, 그의 영혼돌봄이 힘찬 파도처럼 한국 교회에 퍼지기를 축복한다.

추천사

김동주

호서대학교 연합신학대학원장

예수 그리스도의 삶과 비블리오드라마라는 목회상담학적 주제는 단연코 획기적이다. 곽우영 박사의 탁월한 저술은 한국 목회상담학 분야에 중요한 공헌을 예상케 한다.

이 저술은 인간에서 예수로, 상황에서 성경으로, 지식에서 돌봄으로, 개인에서 단체로, 위로에서 진리로 목회상담학의 지평을 바꾸고 있다. 목회상담학의 성경적 기초에 관해서도 독자들에게 훌륭한 통찰을 제공하고 있으며, 비블리오드라마 상담학 내용도 교회와 교육현장에도 최고의 실용적 안내서가 될 것이다.

하나님께서 이 귀한 책을 널리 사용하셔서 교회의 부흥과 성도의 행복이 풍성하길 소망하며 다독을 강력히 추천한다.

추천사

고유식
호서대학교 연합신학대학원 목회상담학과 교수

기독교인들은 성경을 대할 때 '성경을 하루에 얼마나 읽고 1년에 통독을 몇 회 하는가'에 열중한다. 즉 성경 독서량과 신앙 크기를 비례한다고 생각해 왔다. 지금도 그렇게 여기고 이 생각을 바꿀 마음이 없는 사람들이 대부분일 것이다. 물론 기독교인들에게 성경은 신앙의 근본이자 핵심임을 부정할 수 없다. 하지만 각자에게 성경의 진가는 성경의 존재 자체에서 발견됨이 아닌 그 안에 내포된 '하나님께서 우리에게 주신 말씀의 의미'와 그 말씀을 파악한 후, 이를 '내 삶에 어떻게 연계하고 적용하는가'의 과제를 풀어나갈 때 드러난다. 다시 말해 성경은 문자를 읽는 행위의 중요성보다는 읽고 난 후 또는 읽는 도중 성경을 통해 자기 삶을 성찰 및 반성하고 자신이 앞으로 어떻게 살아가야 하는지 깨달음을 얻으므로 성경의 참된 의미가 빛을 발한다.

우리는 흔히 '성경대로 살기'를 실천하기 위해 노력한다. 하지만 이는 결코 성경에 있는 내용에 내 삶을 대입하여 성경의 인물과 동일하게 사는 목표가 아닌 성경 내용의 의미를 내재화하고 이를 내 삶에서 풀어내는 목표를 말한다. 다시 말해 성경을 읽는 동안 내 삶이 괴리되어 있고, 성경 속에서 내 삶의 의미를 발견하지 못하거나 그럴 필요성을 느끼지 않는다면 그에게 있어 성경은 단지 타인에 의해 쓰인 역사책 기능밖에 하지 못한다. 성경이 내 신앙의 근거이자 신학의 핵심으로 바로 서기 위해서는 내 삶의 의미와 성경 속에 내포된 의미 사이의 융합이 필요하다.

비블리오드라마 참여자들은 단순히 성경 속 인물이 되어 그의 삶과 정서를 공감하고 이해하는 데 그치지 않고, 자신이 직접 그 인물이 되어 그 당시 그의 삶과 정서를 경험하며 '내가 그와 같은 삶을 산다면 내 안에 어떠한 정신 역동이 발생되는지 직접 느껴 보자'라는 의지를 실현하면서 그 안에서 느껴진 결과들을 토대로 현실 속 나를 되돌아보고 신앙적-철학적, 그리고 현실적으로 발전방향을 모색한다. 그래서 비블리오드라마의 참여는 성서의 주체적 체험이라는 신앙 교육적 차원, 주체적 영혼돌봄이라는 정신 및 영적 치료의 차원, 개인이 아닌 공동체적 상호 협력 및 보완이라는 기독교 세계관 중 타자애 차원을 모두 아우르는 효과적-효율적인 기독교 정신의 실천을 적극적으로 도모한다.

이 책은 과거 성경 속에서 나를 찾는 주입식 성경 교육 및 지도의 방향을 벗어나 최근 성서 교육 트렌드인 주체적 성경 읽기를 통한 '성경과 내 삶의 의미 융합'이라는 목표에 이르게 하는 데 많은 도움을 줄 것이다.

《예수 그리스도의 삶을 통한 심리상담, 비블리오드라마》는 비블리오드라마에 대해 관심이 있거나 배우기 원하는 사람들, 그리고 영혼돌봄이 필요한 현대인들에게 도움을 주고자 만들었다. 이 책은 비블리오드라마의 구조와 원리를 이해하고, 현장에서 이를 적용할 수 있도록 만든 이론서이자 설명서이다.

기존의 책들은 유럽과 미국에서 쓰인 것들로 예시와 서술을 중심으로 이루어졌고, 한국의 비블리오드라마 책들은 이론과 실전에 대한 내용을 간략하게 다루었거나, 구조나 구성을 배우기에는 애매하고 어렵게 쓰인 면이 있다. 이는 비블리오드라마가 즉흥극인 사이코드라마의 영향을 받았기 때문에 역동적인 심리극의 특성상 전반적인 극의 맥락을 설명하기에 어려운 측면이 있었다고도 생각된다.

이 책은 비블리오드라마로 영혼돌봄을 하는 것을 담고 있다. 그간 비블리오드라마는 사이코드라마의 옷을 입은 것처럼 심리극적인 특성이 우선되거나, 단순히 성경을 보여 주는 것에 초점이 맞추어져 있었다. 그러나 비블리오드라마에 사용하는 성경은 그 쓰인 의미와 목적이 있으며, 그 핵심에 예수 그리스도가 계시다. 이 책의 부재가 -비블리오드라마에 맞닿은 예수의 영혼돌봄-인 것은 성경을 본문으로 하는 비블리오드라마가 나아가야 할 방향을 보여 준다.

예수의 삶을 모티브로 하는 심리상담을 다른 말로 하면 '목회상담'이다. 목회상담의 기원은 예수께서 하신 영혼돌봄의 이야기이다. 필자는 비블리오드라마가 나아가야 할 미래를 영혼돌봄으로 제시하며, 이것을 '영혼돌봄의 비블리오드라마', '목회상담적 비블리오드라마'라고 부르려고 한다.[1]

과거 목회상담은 인간을 이해하여 효과적인 말씀 전달을 하기 위한 목회활동이었고,[2] 현재 목회상담은 제2차 세계대전 이후 심리학을 받아들여 비약적인 성장을 했지만 상담적 돌봄으로 그 영역이 축소되었다.[3] 비블리오드라마로 목회상담을 하는 것은 예수 그리스도께서 삶으로 보여주신 영적치유를 개인과 공동체에 회복하는 것이다.

이것은 다년간 비블리오드라마에 대해서 연구하면서 발견한 것이기도 하다. 역사적으로 교회는 예수 그리스도와 그의 삶인 영혼돌봄을 계승하고, 전하는 공동체에서 시작되었다.[4] 교회에서 예수 그리스도를 본받고, 그의 삶을 실천하는 것은 목회현장의 필요이기도 하다. 그러나 비블리오드라마는 그 효용성이 뛰어남에도 교회의 필요에 응답하지 못했기 때문에 그간 목회현장에 널리 사용되지 못했다고 생각한다.

필자는 다년간 현장에서 여러 디렉터들을 만나고, 비블리오드라마를 진행하면서 '영혼돌봄의 비블리오드라마'의 필요성을 확신했다. 경험적으로도 예수 그리스도가 비블리오드라마에 등장하는 것과 그렇지 않은 것은 큰 차이가 있었다. 이 책은 지금까지 연구한 영혼돌봄을 비블리오

---

1) 곽우영, "비블리오드라마의 향후 과제와 목회적 돌봄: 아동의 메소드 훈련을 적용한 아동 비블리오드라마를 중심으로,"「신학과 실천」81(2022), 526.
2) Michael Reeves, *Introducing Major Theologians: From the Apostolic Fathers to the Twentieth Century*, (Nottingham, UK: Inter-Varsity Press, 2015), 291-92.
3) 안석모 외 7인,『목회상담 이론 입문』(서울: 학지사, 2020), 180.
4) 클라우스 빈클러/ 신명숙 역,『목회상담 영혼돌봄』(서울: 학지사, 2007), 107-112.

드라마에 적용하는 방법을 담았으며, 본문에 예수 그리스도가 등장하지 않더라도 전체 비블리오드라마에 영혼돌봄을 하는 방법을 제시한다.

이 책은 네 부분으로 구성되어 있다.

Part 1. 비블리오드라마의 시작

Part 2. 비블리오드라마의 구조

Part 3. 비블리오드라마의 원리

Part 4. 비블리오드라마의 적용

이 책의 part 1, 2, 3, 4는 각각 비블리오드라마의 기본단계, 실전단계, 고급단계, 그리고 적용에 대한 내용이다. **Part 1. 비블리오드라마의 시작**은 비블리오드라마와 영혼돌봄에 대한 개요이다. 이것은 '영혼돌봄의 비블리오드라마'에 대한 기본개념으로 비블리오드라마의 시초, 영혼돌봄으로 하는 비블리오드라마의 당위성, 그리고 디렉터(director)의 자질에 대해서 다루었다.

Part 2. 비블리오드라마의 구조에서는 비블리오드라마를 진행할 때 필요한 구성요소들에 대해서 알아본다. 실전단계라고 할 수 있는 역할이론, 구조, 기법의 내용들을 담았으며, 현장에서 필요한 방법들을 역할활용 6단계로 구체적으로 배울 수 있다.

Part 3. 비블리오드라마의 원리는 비블리오드라마의 중요한 이론들의 의미를 알아보는 심화단계이다. 메소드 훈련, 잉여현실, 자발성과 창조성, 놀이는 비블리오드라마를 형성하는 보이지 않는 원리들이다. 때로는 보이지 않는 것들이 보이는 것보다 더 큰 영향력을 발휘하는데, 이 원리들이 그렇다.

마지막 Part 4. 비블리오드라마의 적용에서는 성인 비블리오드라마를 진행할 수 있도록 구체적인 구성과 예시를 수록해 예비 디렉터들에게 도움이 되고자 했다. 또한 한국 교회에 지금까지 연구되지 않았던 아동을 대상으로 질적연구한 한 사례를 제시하여 아동 비블리오드라마에 대한 기본구성을 알려 준다. 여기에 제시된 12차시 과정은 초보 디렉터들이라도 비블리오드라마를 이해하며, 구성할 수 있도록 기록하였다.

이 책에서는 다년간 비블리오드라마를 연구와 시연한 것을 통해 비블리오드라마에 필요한 새로운 기법을 제안한다. 〈역할활용 6단계〉, 〈메소드 훈련〉, 〈영혼돌봄의 안내자, 디렉터〉가 그것이다. 〈역할활용 6단계〉는 비블리오드라마의 핵심적인 기법인 '역할이론'을 바탕으로 비블리오드라마를 구성하는 방법이다. 〈역할활용 6단계〉는 12회기 아동 비블리오드라마를 통해 나타난 참여자들의 심리적 변화과정이다. 이 과정으로 비블리오드라마의 치유효과와 참여자들의 성장단계를 알 수 있으며, 디렉터들이 비블리오드라마를 진행할 때 참여자를 이해하고, 전체과정을 예측할 수 있도록 돕는다.

메소드 훈련(method training)은 디렉터가 참여자의 역할연기를 돕는 방법이다. 비블리오드라마에서 디렉터의 역할은 참여자가 드라마에 잘 적응하도록 인도하는 것이며, 특히 참여자가 성경 역할에 몰입하도록 돕는 것이 중요하다. 〈메소드 훈련〉은 참여자가 성경 역할에 불안이나 긴장 없이 몰입할 수 있도록 돕는 디렉터의 역할훈련법이다.

〈**03 영혼돌봄의 안내자, 디렉터**〉에서는 사이코드라마와 다른 비블리오드라마 디렉터의 자질과 책무에 대해 다룬다. 사이코드라마는 참여자의 심리치료를 목적으로 하지만 비블리오드라마는 참여자가 성경을 경험하고 자기와 타인을 이해할 수 있도록 돕는다. 비블리오드라마는 성경이 말하는 예수의 영혼돌봄을 그 안에 담으며, 비블리오드라마 디렉터는 이를 인도하는 영혼돌봄의 안내자가 되어야 한다.

이 책을 작성하면서 사이코드라마의 기법을 비블리오드라마으로 사용하는 것에 수정이 필요한 부분들도 있었다. 〈06 **비블리오드라마 3가지 요소, 5가지 기법**〉은 사이코드라마의 5가지 구성요소를 비블리오드오드라마의 구성에 맞춰 3가지로 압축시켰다.

비블리오드라마는 몸을 사용하는 경험을 통해 배운다. 그렇기 때문에 비블리오드라마를 가장 빨리 배우는 방법으로 직접 참여하는 것을 추천한다. 비블리오드라마는 모든 사람에게 열려있다. 그러나 심도 있는 배움이나 디렉터가 되기를 원한다면 몇 가지 고려할 사항들이 있다.

첫째, 디렉터는 성경에 대한 공부가 필요하다.

비블리오드라마는 성경을 다루기 때문에 디렉터는 비블리오드라마의 인도자로서 성경에 대한 기본 소양이 필요하다. 비블리오드라마는 성경을 사용하는 모든 모임에 사용이 가능하며, 성경을 알고자 하는 일반인, 신앙인, 교회학교, 새신자 모임, 지역장, 사역자 등에게 유용하다. 그러나 성경에 대한 기본 소양이 부족하더라도 공부할 준비가 되어 있는 사람들이라면 체계적인 교육으로 디렉터(director)가 될 수 있다.

둘째, 상담이론을 알수록 비블리오드라마를 이해하기가 더 쉽다.

상담이론은 개인과 타인의 심리를 파악하는 데 유용하다. 비블리오드라마는 성경 역할을 통해 나와 타인을 이해하게 되며, 대인관계를 개선할 수 있는 상호주관적인 만남이다.[5] 상담이론에 대한 지식이 있다면 비블리오드라마를 통해 보다 깊게 자신과 타인의 내면을 이해하는 것에 도움을 받을 수 있다.

반면에 비블리오드라마를 진행할 수 있다면 개인상담과 집단상담에 도움을 받을 수 있다. 비블리오드라마는 심리상담에서 '목회상담'이며, 공동체에 실시하는 '집단상담'이다. 역할이론은 개인상담에서 유용하게 적용될 수 있으며, 비블리오드라마의 역동을 다루는 디렉터들은 이미 유능한 집단상담가라고 말할 수 있다.

마지막으로 비블리오드라마에 대한 교육이 필요하다.

이 책은 비블리오드라마에 대한 전반적인 이론을 다룬다. 그러나 비블리오드라마의 디렉터가 되고 싶다면 전문적인 교육은 필수적이다. 여타 상담이론들도 이론과 실습을 함께 공부하여 전문가로 성장한다. 비블리오드라마는 '몸의 경험'이 중요하기 때문에 디렉터가 되기 위해서는 체계적인 실습을 통해 실전과 이론을 알아가야 한다.

---

5) Gerhard Marcel Martin, *Sachbuch Bibliodrama: Praxis und Theorie*, 2nd ed., (Stuttgart, DE: Kohlhammer, 2001), 11.

목차

Prologue

예수의 삶,
그리고 영혼돌봄의 비블리오드라마

이 책은 지금까지 비블리오드라마를 연구한 경험을 토대로, 비블리오드라마로 영혼돌봄을 하는 이야기이다. 영혼돌봄은 예수의 이야기로 각박한 현실에서 삶의 가치와 의미를 되돌아보게 하고, 진정한 힐링과 치유가 무엇인지 알려 준다. 이런 예수 그리스도의 삶이 비블리오드라마와 무슨 관련이 있을까?

비블리오드라마는 이러한 영혼돌봄을 담는 하나의 도구이다. 예수 그리스도는 '영혼돌봄'의 삶을 사셨고, 구체적으로는 3여 년간 공생애 기간에 행하신 일들로 제자들을 부르고, 사람들을 가르치시며, 때로는 이들을 먹이고, 치유하시는 일들이었다. 성경은 이런 예수 그리스도를 알리고, 현대인들이 그를 따라 살 수 있도록 증거하는 책이다.

비블리오드라마(Bibliodrama)는 그 어원이 성경(책, 두루마리)을 의미하는 '비블리오(biblio)'와 '드라마(drama)'의 '행위'를 결합한 것으로 성경을 몸으로 체험하여 새롭게 알게 되는 방법이다. 비블리오드라마를 〈몸으로 읽는 성서〉[1]라고 부르는 것은 비블리오드라마의 이런 독특한 특징

---

1) '몸으로 읽는 성서'는 게르하르트 마르셀 마르틴의 책 'Sachbuch Bibliodrama(비블리오드라마 실용안내서)'를 번역한 책의 제목이다. Gerhard Marcel Martin, *Sachbuch Bibliodrama: Praxis und Theorie*, 2nd ed., (Stuttgart, DE: Kohlhammer, 2001); 게르하르

을 보여 준다. 성경과 드라마의 만남은 참여자가 무대에서 글자에 생명력을 불어넣는 일이다. 그러나 성극의 배우가 대본(성경)을 연기로 관객에게 생생하게 전달한다면, 비블리오드라마는 참여자가 본문(성경)을 직접 느끼고 경험하게 돕는 것이 목표이다. 비블리오드라마 무대에서 참여자들이 역할로 연기할 때 성경은 책 속의 이야기가 아니라 내가 경험하는 이야기로 전환된다.

초창기 비블리오드라마는 1960년대 독일에서 시작된 것으로 보고 있다.[2] 최초의 시도는 사이코드라마를 적용한 방법으로 참여자가 성경을 통해 자신의 내면을 통찰하고, 대인관계를 돌아보도록 도왔다. 비블리오드라마를 통해 성경을 이해하고, 심리치료가 가능한 것은 비블리오드라마의 방법이 사이코드라마의 영역을 차용했기 때문이다. 현대의 비블리오드라마는 성경을 통해 치유, 그룹, 문화 활동을 아우르고 놀이, 치료, 교육, 그림, 음악, 무용, 명상 등 다양한 분야를 만나 함께 발전되고 있다.

그렇다면, 성경이 핵심적으로 말하는 예수 그리스도의 영혼돌봄을 비블리오드라마에서 어떻게 해야 할까? 이전까지 비블리오드라마는 성경을 경험하는 것의 중요성을 알았지만, 예수의 영혼돌봄에 대해서는 무지했다. 마치 사이코드라마로 하는 심리치료처럼 비블리오드라마도 다뤄지고 있었고, 이것이 비블리오드라마의 현주소일 것이다.

'영혼돌봄의 비블리오드라마'는 예수 그리스도의 삶인 영혼돌봄을 공

트 마르셀 마르틴/ 손성현 역, 『몸으로 읽는 성서』(서울: 라피스, 2010).

2) Martin, *Sachbuch Bibliodrama*, 13; Gerhard Marcel Martin, "The Origins of Bibliodrama and Its Specific Interest in the Text," in *Body and Bible: Interpreting and Experiencing Biblical Narratives*, ed. Björn Krondorfer, (Philadelphia, PA: Trinity Press International, 1992), 87.

동체가 체험하고 실천하는 것을 목표로 한다. 이것은 참여자가 비블리오드라마를 통해 예수를 만나고, 비블리오드라마가 영혼돌봄의 정체성을 갖도록 '웜업-드라마-나누기'의 전반적인 과정에 예수의 숨결을 불어넣는 것이다. 또한 영혼돌봄의 다른 이름은 목회적 돌봄, 목회상담이기에 이를 '목회상담적 비블리오드라마'라고도 부르려고 한다.[3]

필자는 목회상담을 내담자의 전인성(wholeness)을 회복하도록 돕는 예수 그리스도의 영혼돌봄으로 공동체와 함께하는 사역이라고 정의한다. 현대의 목회상담은 제2차 세계대전으로 인하여 상담적 돌봄으로 그 영역이 축소되었고, 개인상담 위주로 이루어지는 실정이다. 그러나 '목회상담적 비블리오드라마'는 공동체에 목회적 돌봄이 가능하게 해 주며, 목회상담의 근원인 예수의 영혼돌봄으로 그 영역을 회복시켜 준다.

교회에서도 심리치유나 영성은 개별적으로 행해지는 영역이었다. 비블리오드라마는 성경과 치유, 그룹과 문화형성을 포괄함으로 복음의 이해와 자연스러운 전도가 가능하며, 영혼돌봄을 드러내는 풍성한 축제로써 공유가 될 수 있다. '영혼돌봄의 비블리오드라마'는 영혼돌봄이 향후 비블리오드라마가 나아갈 방향임을 보여 준다. 이 책을 통해 영혼돌봄의 비블리오드라마로 많은 사람들이 쉽고 재미있게 몸으로 성경을 경험하며, 예수 그리스도를 만나 진정한 치유와 평안에 안기기를 바란다.

'영혼돌봄의 비블리오드라마'를 더 많은 사람과 나누기 바라며,
2024년 1월 영혼돌봄 안내자 곽우영

---

3) 곽우영, "비블리오드라마의 향후 과제와 목회적 돌봄: 아동의 메소드 훈련을 적용한 아동 비블리오드라마를 중심으로," 「신학과 실천」 81(2022), 526.

Part 1

비블리오드라마의
시작

비블리오드라마의 예시

디렉터: (다른 참여자들을 돌아보며) 자, 여러분. 예수님과 죄인이 드디어 만납니다. (죄인을 보며) 이제 예수님께로 갈 텐데 준비가 되었나요?

죄인: 네, 손을 잡는다면 세게만 잡지 않으면 될 것 같아요(살짝 웃는다).

디렉터: 예수님, 준비가 되셨나요? (예수님 고개를 끄덕인다) 저희가 지금 가겠습니다. (죄인과 디렉터는 예수께로 간다) 예수님께서 원하시는 대로 손을 잡아 주시고, 생각나는 대로 말씀해 주시면 됩니다. (예수는 죄인에게 한 발짝 다가가서 손을 잡는다) 예수님, 잠깐 멈춰 주세요. (죄인에게 묻는다) 지금 예수님께서 손을 잡으셨는데, 느낌이 어떠신가요?

죄인: 예수님과 매일 만나는 느낌이에요.

'돌아온 아들의 비유 ┃' 〈누가복음 15:1-2, 11-16〉 중

- 01 최초의 비블리오드라마

01

최초의 비블리오드라마

비블리오드라마란?

크리스마스나 교회의 절기에 하는 성극은 성경의 내용을 배우의 연기를 통해 관객에게 전달한다. 성극(Biblical drama)은 교회에서 하는 연극으로, 관객들에게 내용을 잘 전달하는 것이 목적이다. 이때 중요한 것은 대본에 따라 그에 맞는 배우들을 선발하고, 배우들은 배역에 맞도록 연기력을 갖추는 것이다. 그러나 비블리오드라마는 그 목적이 다르다.

비블리오드라마(Bibliodrama)는 참여자가 역할을 통해 성경을 경험으로 알게 되는 방법이다. 비블리오드라마(Bibliodrama)의 어휘가 '성경(biblion, 두루마리, 책)'과 '드라마(drama, 행위)'의 합성어인 것에서 알 수 있듯이 참여자가 성경을 체험하는 것이 목표이다. 비블리오드라마란 명칭이 공식적으로 등장한 기록은 1979년 마르틴이 시초라고 할 수 있지만, 그전에도 이미 사용되고 있었다.[1] 성극에서는 배우들의 연기가 중요하다

---

1) Gerhard Marcel Martin, *Sachbuch Bibliodrama: Praxis und Theorie*, 2nd ed., (Stuttgart, DE: Kohlhammer, 2001), 11; 고원석, "비블리오드라마의 개념, 선구자들, 그리고 근본성

면, 비블리오드라마는 참여자가 자신의 역할에 몰입하는 것이 중요하다.

혹자는 비블리오드라마에서도 대본을 연기하는 것이 필요하다고 생각한다. 그러나 비블리오드라마에 성경이 본문이 되더라도 성극처럼 대사를 정하여 연기하지는 않는다. 만약 비블리오드라마에 정해진 대사나 연기방법이 있었다면 생생한 현장감이 떨어졌을 것이다. 왜냐하면 비블리오드라마는 모레노가 창시한 사이코드라마에서 도움을 받은 즉흥극[2][3]의 특징이 있기 때문이다. 비블리오드라마는 사이코드라마처럼 심리치료의 효과도 있지만 성경으로 구성되는 이야기라는 점에서 사이코드라마와 다르며, 참여자들이 몸을 통해 성경을 경험하는 것을 보편적인 특징으로 한다.

최초의 비블리오드라마

사이코드라마는 비블리오드라마의 시작에 공헌한다. 처음 시작된 비

격," 「기독교교육논총」 62(2020), 111.

2) 즉흥극(impromptu play): 현장에서 주어진 제시어, 방향 등을 따라 즉흥적으로 이루어지는 연극.

3) 모레노(Jacob Levy Moreno, 1889-1974)가 1930년대에 창안한 사이코드라마 (psychodrama)는 내담자의 갈등을 무대에서 즉흥극의 형식으로 풀어내는 치료기법이다. 모레노는 자발성 극장(theater of spontaneity)을 통해서 관객을 주인공으로 무대에 초대하고, 주인공은 자신의 문제를 무대 위에서 펼쳐놓는다. 모레노는 참여자의 행위(play)를 통해 문제해결의 방향을 찾는데 이처럼 삶의 문제를 해결하는 것이 사이코드라마의 목적이다. J. L. Moreno, *Psychodrama*, vol. I, 6th ed., (Princeton, NJ: Psychodrama Press, 2019), 73-75.

블리오드라마는 〈사이코드라마로 하는 성경 이야기〉이다. 문헌에 남아 있는 비블리오드라마의 초기 모습은 이것이 성경을 어떻게 다루고 있는 지를 보여 준다. 최초의 비블리오드라마는 성경을 도구 삼아 사이코드라마의 형식으로 사람들을 치유할 목적에서 사용되었다. 1960년대에 사이코드라마의 전문가들은 신학교육과 성경 교육을 위해서 비블리오드라마를 사용했는데, 이것은 종교적인 관심이 불러온 사이코드라마의 새로운 시도였다. [4)]

1960년대 후반 독일의 사회 교육에 대한 개선의 목소리는 종교계까지도 영향을 미쳤다. 독일에서 비블리오드라마가 시행된 배경에는 그간 신앙교육에 대한 반성이 있었다. 과거 신학교육은 청중에게 성경을 객관적으로 전달하는 것에 초점이 맞추어져 있었고, 이런 교육 방식은 청중에게 효과적이지 못했다. [5)] 1970년대 유럽의 중반기는 성경에 대한 교육이나 설교를 보면 지금의 주입식 교육방식에 비교할 수 있는데, 성경을 알게 하기 위해 일방향적이고, 다소 딱딱한 방식의 강연이 대부분이었다. 그리고 이런 전달 방법은 청중의 관심과 호응을 이끌어 내기에는 한계가 있었다.

언제나 이런 반성은 새로운 흐름을 이끌어낼 수 있는 기회가 되고, 비블리오드라마는 이런 배경에서 탄생했다. 비블리오드라마의 초기 모습

---

4) Jack Ward, "The Clergy and Psychotherapy," *Group Psychotherapy* 20(1967), 204-05; Martin, *Sachbuch Bibliodrama*, 70-71; Gerhard Marcel Martin, "The Origins of Bibliodrama and Its Specific Interest in the Text," in *Body and Bible: Interpreting and Experiencing Biblical Narratives*, ed. Björn Krondorfer, (Philadelphia, PA: Trinity Press International, 1992), 87.

5) Martin, "The Origins of Bibliodrama and Its Specific Interest in the Text," 86-87.

은 신앙교육이 가진 정형화된 방법을 탈피한 새롭게 고안된 성경 교육이었다. 성경의 해석과 전달 방법에 대한 회의는 새롭게 성경을 알게 하는 비블리오드라마의 방법을 도입하고, 활용할 수 있었다. 이렇게 탄생한 몸을 사용하는 비블리오드라마가 가진 역동성과 참신함은 전통적인 교수 방법에서 신자들이 느꼈던 아쉬움을 해소할 수 있는 기회였다.

현대의 비블리오드라마는 긍정심리학, 현실치료, 교류분석, 게슈탈트, 실존주의 등 여러 심리학을 만났으며, 놀이치료, 무용치료, 미술치료, 음악치료, 가족치료, 기독교 명상 등 신체와 정신을 활용하는 통합예술적인 측면으로 발전하고 있다. 비블리오드라마는 성경을 몸으로 새롭게 알아가는 배움이 가능하며, 집단심리치료로서 대인관계에서 소통과 친교를 도울 수 있다. 유럽에서는 성서 해석학의 새로운 방법론으로 조명받고 있으며, 영미권에서는 성경교육과 심리치료의 측면이 부각 된다.

필자는 이에 더 나아가 비블리오드라마가 사용하는 성경이 어떤 책이며, 무엇을 말하고 있는지를 주목했다. 성경의 핵심에는 예수 그리스도가 계신다. 예수 그리스도와 그의 삶은 영혼돌봄(cura animarum, care of soul)으로 바꿔 말할 수 있다. 예수 그리스도는 영혼돌봄 자체이시며, 그는 삶으로 영혼돌봄을 보여 주셨다. 그리고 예수와 영혼돌봄은 제자들과 교회 공동체를 통하여 전수되었다.[6] 이런 이유로 비블리오드라마는 예수 그리스도를 중심으로 보는 정체성이 필요하며, 비블리오드라마를 영혼돌봄의 관점으로 공동체에 적용할 수 있어야 한다고 보았다. 이에 '영혼돌봄의 비블리오드라마', '목회상담적 비블리오드라마'를 제안한다.[7]

---

6) 클라우스 빈클러/ 신명숙 역, 『목회상담 영혼돌봄』 (서울: 학지사, 2007), 107-112.
7) '영혼돌봄의 비블리오드라마', 혹은 '목회상담적 비블리오드라마'는 예수 그리스도와 그의

비블리오드라마의 '몸'

비블리오드라마는 몸의 경험이 중요하다. 참여자는 성경 역할을 통해 몸으로 성경을 직접 느끼고 경험한다. 이것은 글이나 설교, 성경공부로 접하던 성경을 몸을 통해 이해하는 적극적이고 경험적인 방법이다.[8] 비블리오드라마를 〈몸으로 읽는 성서〉[9]라고 부르는 것도 몸의 활용이 중요하기 때문이다. 비블리오드라마에서 참여자는 성경 역할을 통해 몸을 사용하여 성경을 새롭게 알아간다.

비블리오드라마는 보통 '웜업(warm-up), 드라마(drama), 나누기(sharing)'의 3단계로 진행한다. 웜업은 놀이를 통한 간단한 몸풀기를, 드라마는 성경 본문으로 역할연기(role playing)를 한다. 나누기에서는 감정과 소회를 집단과 공유한다. 성경을 새롭게 이해하게 되는 시작은 참여자의 역할연기와 관련이 있다. 드라마에서 참여자의 역할연기는 성경을 '지금 여기'에서 일어나는 일로 만들고, 성경을 참여자의 이야기로 변화시킨다. 역할연기는 성경 속으로 들어가 성경 역할 그 자체가 되어 성경을 이해하는 것이다.

사실 '몸의 활용'은 놀이를 하는 웜업부터 시작한다. 디렉터마다 웜업

삶인 영혼돌봄을 실천하는 비블리오드라마로 필자가 창안한 것이다. 이하 '비블리오드라마'로 통칭하며, 기존의 비블리오드라마와 다른 특성을 설명할 때만 '영혼돌봄의 비블리오드라마'라고 제시하겠다. 곽우영, "비블리오드라마의 향후 과제와 목회적 돌봄: 아동의 메소드 훈련을 적용한 아동 비블리오드라마를 중심으로," 「신학과 실천」 81(2022), 526.

8) Martin, *Sachbuch Bibliodrama*, 9-10.

9) '몸으로 읽는 성서'는 게르하르트 마르셀 마르틴의 책 'Sachbuch Bibliodrama(비블리오드라마 실용안내서)'를 번역한 책의 제목이다.

의 진행은 다르지만, 필자의 경우 신체 작업을 통해 작은 움직임부터 큰 움직임까지 몸의 경험을 단계별로 쌓는다. 이 과정으로 참여자들은 서로를 알아가며 긴장을 풀 수 있다. 웜업은 참여자의 자발성을 높이고, 다음 단계인 드라마(drama)에 몰입하도록 환경을 조성하는 과정이다. 웜업에서 신체의 움직임은 몸과 마음의 가벼운 스트레칭으로 잉여현실(surplus reality)로 들어가는 문을 열고, 소시오메트리(sociometry, 사회측정법)로 서로에 대한 이해를 높일 수 있게 돕는다.[10]

또한 비블리오드라마는 몸의 활용으로 자신과 타인의 심리를 돌아볼 수 있다. 비블리오드라마는 사이코드라마에 방식을 차용했기 때문에 심리극의 특징이 있다. 비블리오드라마로 하는 심리극은 성경 속 대인관계의 이야기이며, 참여자는 무대에서 성경 역할로 이를 경험한다. 이러한 상호관계 경험은 몸의 경험을 통해 자신과 타인에 대한 이해를 높이고, 심리적치유를 가능하게 한다.

〈영혼돌봄의 비블리오드라마〉에서 참여자는 예수 그리스도를 만나고, 그의 삶을 몸으로 경험할 수 있다. 비블리오드라마는 영혼돌봄을 담는 도구로서 참여자가 예수의 영혼돌봄을 경험할 수 있게 돕는다. 성경은 예수 그리스도와 그의 삶인 영혼돌봄을 따라갈 수 있도록 안내하며, 〈영혼돌봄의 비블리오드라마〉를 통해 현대인들은 삶의 진정한 의미를 돌아보고, 영혼돌봄의 치유를 경험할 수 있는 기회가 된다.

---

10) Part 2. '05 비블리오드라마 대표 구조: 웜업-드라마-나누기'를 참고 바란다.

비블리오드라마와 공동체

영혼돌봄(care of soul)은 성경이 핵심적으로 말하는 예수 그리스도와 그가 보여 주신 삶을 따르는 것이다. 예수께서는 3년의 공생애 기간 동안 삶으로 영혼돌봄을 보여 주셨다. 역사적으로도 예수와 영혼돌봄은 제자들과 교회 공동체를 통해 전해진다.[11] 〈영혼돌봄의 비블리오드라마〉를 통해 참여자들은 공동체로 전해지는 영혼돌봄을 경험할 수 있다.

교회(에클레시아, ἐκκλησία)의 의미도 '예수를 믿음으로 정체성이 바뀐 하나님의 사람들'이다. 교회는 예수 그리스도를 중심으로 하는 공동체이다. 교회의 원의미는 구약의 히브리어 카할(קָהָל)을 헬라어로 번역한 것으로, 에클레시아(ἐκκλησία)는 '불러내서 모인 사람들'인 '하나님의 백성'을 의미한다. 〈에베소서 1:20-23〉에서 '예수께서 교회의 머리가 되심(22절)'은 예수께서 하나님의 백성을 다스리는 것이며, 교회가 예수를 믿고 따르는 사람들의 공동체임을 알려 준다.[12]

성경은 교회가 예수 그리스도와 그의 영혼돌봄을 전하는 공동체로 시작되었음을 보여 준다.[13] 교회의 의미와 그 탄생 배경은 현대목회현장에서 무엇이 필요한지 알려 준다. 예수 그리스도를 전하고 그의 삶을 본받는 것은 교회들의 사명으로 〈영혼돌봄의 비블리오드라마〉는 예수와 영

---

11) 클라우스 빈클러/ 신명숙 역, 『목회상담 영혼돌봄』, 111-12; 구체적인 사항은 Part 1. '02 영혼돌봄의 비블리오드라마'를 참고 바란다.

12) 프랭크 틸만/ 최갑종 역, 『에베소서』(서울: 부흥과개혁사, 2020), 171, 곽우영, "예수 그리스도의 영혼돌봄으로 본 비블리오드라마: 비블리오드라마를 통한 목회상담적 제안," 「신학과 실천」 87(2023), 272에서 재인용.

13) 클라우스 빈클러/ 신명숙 역, 『목회상담 영혼돌봄』, 111-12.

혼돌봄으로 목회현장의 필요를 채울 수 있다. 지금까지 비블리오드라마는 예수 그리스도와 그의 영혼돌봄을 알지 못했지만, 〈영혼돌봄의 비블리오드라마〉는 예수 그리스도와 그의 삶인 영혼돌봄으로 목회사역을 실천한다.

영혼돌봄의 다른 이름은 목회상담이다. 목회상담은 예수 그리스도의 영혼돌봄을 기원으로 한다.[14] 과거 교회에서 목회상담은 목회를 돕기 위해 인간을 이해하는 것이었으나,[15] 제2차 세계대전 당시 심리학을 받아들여 목회상담에서 상담적 측면이 비약적인 성장을 이루었다. 그러나 이것은 목회상담의 영역을 목회적 돌봄의 개인상담 영역으로 축소시키는 영향도 있었다.[16] 〈영혼돌봄의 비블리오드라마〉는 현대의 목회상담으로 개인상담 위주로 진행되던 목회상담을 영혼돌봄으로 공동체에 회복시킨다.

또한 비블리오드라마는 영성이나 심리치유를 포괄하는 목회상담으로 영혼돌봄을 통해 영적치유를 교회 공동체에 적용할 수 있다. 〈영혼돌봄의 비블리오드라마〉는 공동체의 만남과 연합으로 성경과 치유, 그룹과 문화형성이 가능한 현대적 전도이자, 현대적 선교이다.

---

14) 안석모 외 7인, 『목회상담 이론 입문』(서울: 학지사, 2020), 98-101.
15) 에드워드 트루나이젠/ 박은원 역, 『목회학 원론』(서울: 성서원, 1979), 179.
16) 안석모 외 7인, 『목회상담 이론 입문』, 180.

비블리오드라마와 사이코드라마의 차이[17]

사이코드라마는 개인의 갈등과 문제해결을 위한 심리극이다. 비블리오드라마는 사이코드라마에서 여러 기법을 도움을 받았고, 즉흥극으로 생생한 현장성을 가진다. 사이코드라마와 비블리오드라마의 경계는 비블리오드라마가 심리극의 특징을 어디까지 허용할 것인지의 문제이기도 하다. 다음은 이와 관련한 비블리오드라마의 장면이다.

> ¹ 모든 세리와 죄인들이 말씀을 들으러 가까이 나아오니 ² 바리새인과 서기관들이 원망하여 가로되 이 사람이 죄인을 영접하고 음식을 먹는다 하더라　　　[돌아온 아들의 비유 Ⅰ, 누가복음 15:1-2, 11-16][18]

성경을 읽고, 묵상한 후 참여자들은 자신에게 끌리는 대로 자원하여 역할을 맡았다. 먼저 1절의 본문으로 장면을 구성했고, 성경에 따라 '예수 역할'과 '죄인 역할'이 등장했다. 다른 참여자가 성경 구절을 한 번 더 읽은 후, 예수와 죄인은 거리를 두고 마주 보고 서 있었다.

디렉터:　(죄인에게 말한다) 당신이 예수님을 만나려고 온 죄인이시군요. 저쪽에 예수님이 계셔서 이제 예수님에게 갈 거예요. 예수님을 만나면 어떤 말씀을 듣고 싶으세요?

---

17) 곽우영, "예수 그리스도의 영혼돌봄으로 본 비블리오드라마," 269-71.

18) 2019년에 A 시 교회 부속 지역아동센터에서 12회기 동안 실시한 비블리오드라마의 일부이다. 참여자들은 초등학교 3-6학년까지의 12명의 학생들이며, '예수 역할'은 초등학교 5학년 여학생이, '죄인 역할'은 4학년 여학생이 맡았다.

죄인:	제가 오늘 어떤 친구가 제 뺨을 때려서 저도 같이 때렸는데, 마음이 안 좋아서 이 역할을 하고 싶었어요.
디렉터:	그랬군요. 마음이 상당히 안 좋았을 것 같은데, 예수님께 가기 전에 이 마음을 먼저 말씀드려 볼까요?
죄인:	네.
디렉터:	(예수께로 간다) 예수님, 저희의 대화를 들으셨죠?
예수님:	네.
디렉터:	예수님은 오늘도 예수님을 찾아온 사람들에게 말씀을 전해 주실 건데, 그전에 '저 사람'이 오늘 마음이 좀 아프다고 하네요. 어떻게 하면 좋을까요?
예수님:	위로해 주고 싶어요.
디렉터:	그러면 예수님께서 사람들에게 말씀을 전하시기 전에 먼저 저 사람을 위로해 주시겠어요?
예수님:	네.
디렉터:	(죄인에게 간다) 예수님이 당신을 위로해 주고 싶다고 하시네요. 오늘 친구와 싸운 일 때문에 마음이 좀 안 좋았다고 했는데, 지금은 좀 어때요?
죄인:	뺨을 맞은 후부터 지금까지 울렁증이 온 것 같아요.
디렉터:	(죄인 옆에서 멀리 서 있는 예수에게 말한다) 예수님, 지금 이 사람이 울렁증이 좀 있다고 하네요. 아까 이 사람에게 위로해 주신다고 했는데, 예수님이 어떻게 위로해 주실지 생각해 주세요. 손을 잡거나, 안아 주실 수도 있을 것 같아요. 어떻게 해 주실지 지금 잠깐 생각해 주세요.
예수님:	잠깐만요. (잠시 뒤를 돌아서 숨을 고른다)
디렉터:	(다른 참여자들을 돌아보며) 자, 여러분. 예수님과 죄인이 드디어 만납니

다. (죄인을 보며) 이제 예수님께로 갈 텐데 준비가 되었나요?

죄인: 네, 손을 잡는다면 세게만 잡지 않으면 될 것 같아요(살짝 웃는다).

디렉터: 예수님, 준비가 되셨나요? (예수님 고개를 끄덕인다) 저희가 지금 가겠습니다. (죄인과 디렉터는 예수께로 간다) 예수님께서 원하시는 대로 손을 잡아 주시고, 생각나는 대로 말씀해 주시면 됩니다. (예수는 죄인에게 한 발짝 다가가서 손을 잡는다) 예수님, 잠깐 멈춰 주세요. (죄인에게 묻는다) 지금 예수님께서 손을 잡으셨는데, 느낌이 어떠신가요?

죄인: 예수님과 매일 만나는 느낌이에요.

비블리오드라마를 진행하다 보면 이처럼 성경에 자신의 감정이 투사된 참여자의 이야기들이 나오기도 한다. 이 장면이 사이코드라마의 무대에서 나타났다면, 참여자가 호소했던 당시의 상황을 탐색해서 그 문제를 해결했을 것이다. 이것이 즉흥극이자, 심리극인 사이코드라마의 특징이다. 그러나 비블리오드라마는 참여자들이 성경 역할로 성경 이야기를 경험하는 것이 목적이다.

비블리오드라마에서 참여자의 개인감정이 드라마에 영향을 미치는 상황은 사이코드라마와 비블리오드라마의 차이에 대해서 생각해 볼 수 있게 한다. 사이코드라마는 역할을 통해 주인공의 삶의 문제를 해결하지만, 비블리오드라마는 성경 역할을 통해 성경 이야기와 성경 인물의 정서를 이해한다. 죄인 역할을 한 참여자가 현실에서 친구와 싸워서 뺨을 맞은 경험은 드라마에 집중하지 못하는 상황으로 나타났다.

비블리오드라마의 디렉팅(directing)은 성경의 흐름을 벗어나지 않는 수준에서 참여자의 감정을 적절히 다뤄 주는 것이 필요하다. 그렇지 않으면 참여자는 죄인 역할보다 자신의 감정에 더 압도당할 수 있으며, 드라마에 대한 집중도가 떨어질 수 있기 때문이다. 위의 예시에서 디렉터는 예수를 통해 참여자를 위로하는 것으로 〈메소드 훈련〉을 실시하고, 참여자가 죄인 역할에 집중할 수 있도록 진행했다. 이것은 마르틴(Gerhard Marcel Martin)이 비블리오드라마의 모든 과정이 성경으로 되돌아오는 것이라고 말한 것과 일맥상통한다.[19]

비블리오드라마와 사이코드라마의 차이가 분명하기에 비블리오드라마의 디렉터는 비블리오드라마를 사이코드라마처럼 진행하지 않는 것이 중요하다. 이 사례는 비블리오드라마가 사이코드라마처럼 심리치유 활동에 초점을 두지 않고, 성경 본문을 중심으로 진행하는 방법을 알려 준다. 초창기의 비블리오드라마는 성경 본문을 심리극의 재료로 사용했지만,[20] 〈영혼돌봄의 비블리오드라마〉는 참여자들의 성경 체험을 목표로 성경 이야기의 흐름 안에서 진행하는 것이 요청된다.

비블리오드라마의 성경 해석: 미드라쉬(מדרש)

비블리오드라마의 성경 해석은 유대교의 미드라쉬(מדרש, Midrash)로 설명할 수 있다. 미드라쉬(מדרש)는 유대 랍비의 전통적인 해석 방법으로 '조사하다, 탐사하다'라는 의미가 있다. 미드라쉬의 어원인 드러쉬오(d'rash)는 성경의 본질을 찾기 위해 성경의 빈 공간을 조사하는 것이

---

19) Martin, *Sachbuch Bibliodrama*, 10.
20) Ward, "The Clergy and Psychotherapy," 204-05.

다.[21] 미드라쉬는 성경에 쓰인 말씀과 성경의 빈 공간인 행간이나 여백을 맥락적으로 연결하여 풍성하고 창의적인 해석을 가능하게 한다.[22] 비블리오드라마는 참여자의 역할 경험으로 성경을 새롭게 해석할 수 있으며, 이것은 참여자의 경험과 말씀이 만나서 새로운 해석에 도달할 수 있는 미드라쉬의 형태이다.

목회현장에서 신자가 말씀을 만나는 것은 중요하다. 이를 위해 교회에서 설교, 말씀 공부, 공과공부, 구역예배, 제자훈련, 전도훈련 등을 실시한다. 비블리오드라마의 미드라쉬는 몸의 경험을 통해 성경을 이해할 수 있는 새로운 성경 해석 방법으로 목회현장에서 새로운 말씀 교육이 될 수 있다. 비블리오드라마가 효과적인 이유는 어렵게 느껴지는 성경 말씀을 역할 경험으로 쉽고 재미있게 알 수 있으며, 성경 본문이 개인의 경험과 만나 스스로를 비춰볼 수 있기 때문이다.

미드라쉬는 파르데스(PaRDeS/פרדס)의 세 번째 자음 데라쉬(דרש)가 성경의 설명으로 충분하지 않은 부분을 밝혀내는 것과 관련이 있다. 미드라쉬의 성경 해석은 본문의 객관적인 의미를 찾는 서구의 방법과는 다르게 성경의 기록과 의미를 통찰하여 알아보는 방법이다. 미드라쉬는 성경 본문을 일상적인 이야기로 적용해 주거나, 과거에 쓰인 본문의 내용을 현재에 생생하게 적용하기도 한다. 또한 알레고리적으로 말씀들과의 연

---

21) Arthur Waskow, "God's Body, the Midrashic Process, and the Embodiment of Torah," in Body and Bible: Interpreting and Experiencing Biblical Narratives, ed. Björn Krondorfer (Philadelphia, PA: Trinity Press International, 1992), 135.

22) Peter and Susan Pitzele, Scripture Windows: Toward a Practice of Bibliodrama, 2nd ed., (Teaneck, NJ: Ben Yehuda Press, 2019), xix-xx, 2-3.

관하여 비유의 의미를 밝히는 형태로써 본문을 해석할 수 있다.[23]

미드라쉬에서 성경에 쓰인 글은 **검은 불꽃**으로, 쓰이지 않은 여백은 **흰 불꽃**으로 지칭한다. 성경 해석에서 여백인 **흰 불꽃**이 말씀인 **검은 불꽃**을 만나 풍요롭고, 창조적인 해석이 가능하다. **흰 불꽃**은 본문의 빈틈으로 신비적인 영역이라고 할 수 있으며, 성경이 남겨놓은 이 신비의 부분들을 **검은 불꽃**과 조화롭게 통일시키려고 노력하여 성경을 해석한다.[24]

디렉터들이 비블리오드라마의 전체 구성을 해 보는 것은 비블리오드라마 운영을 위해 필수적이다. 필자는 여러 연령의 다양한 집단을 비블리오드라마로 진행하면서 미드라쉬로 다음과 같은 성경 적용 방법을 사용한다. 미드라쉬의 방법으로 비블리오드라마를 구성하려면 먼저 **검은 불꽃**인 성경 이야기를 읽고, 묵상하여 이야기의 전체 구조를 형성한다. 이 과정에서 보이지 않는 영역들인 문장, 행간, 문맥인 **흰 불꽃**이 성경 묵상을 통해서 검은 불꽃과 공명하여 이야기들에 풍성함을 더한다.

실전에서 참여자들은 역할연기로 **검은 불꽃**과 **흰 불꽃**의 조화를 통해서 창조적인 상상력에 불이 붙고, 무대에서 생생하게 입체화되는 이야기를 만들어 간다. 이 성경 이야기는 디렉터의 구상대로 무대에서 진행되지는 않는다. 디렉터는 전체 구성을 예상하여 길을 안내할 뿐이며, 진정한 주인공들은 참여자들로 이들이 무대에서 자신들의 이야기로 성경을 풀어나가기 때문이다.

요컨대 비블리오드라마는 미드라쉬를 사용하는 즉흥 드라마이다. 비

---

23) 고원석, 김인혜, "미드라쉬의 성서교수학적 함의와 적용," 「기독교교육 논총」 67(2021), 48-49.

24) Peter and Susan Pitzele, *Scripture Windows*, 2-3.

블리오드라마는 역할을 통해 성경과 참여자의 경험이 만나서 그 의미가 새롭게 창조되는 미드라쉬 과정이다.[25] 〈영혼돌봄의 비블리오드라마〉는 예수의 영혼돌봄을 정체성으로 하여 성경을 미드라쉬의 방법으로 살아 있고, 창조적으로 해석한다.

현장에서 경험하는 성경 이야기: 현장성

"자신의 모든 것을 말한 사람을 와서 보라"〈요한복음 4:29〉

비블리오드라마 수업 초반 학생들은 비블리오드라마의 생생한 현장성에 대해 의문을 표시했다. 비블리오드라마는 가장 큰 특징은 몸으로 성경을 체험하는 것이지만, 수업 초반은 이론 강의와 부분적인 실습으로 구성되어 이것을 알기 어려웠다. 학생들의 이러한 의문은 시범 영상을 본 후에도 쉽게 해소되지 않았다. 이는 마치 달콤한 사탕을 주지 않고 '달다'라고 말로만 설명해 주는 것과 같았다.

비블리오드라마에서 참여자들의 경험은 영상이나 이론만으로 전달하는 데 한계가 있으며, 그 생생한 현장성은 무대에서 드러난다. 무대는 과거의 이야기와 현재가 만나는 현장이자 그 변형이 일어나는 곳이다. 예수를 만난 사마리아 여인은 마을로 가서 '자신의 모든 것을 말한 사람을 와서 보라(come and see)'라고 말한다.[26] 이 단순한 요청으로 예수를 만

---

25) Waskow, "God's Body, the Midrashic Process, and the Embodiment of Torah," 133-34.

26) 요한복음 4:29, 〈전체내용 요한복음 4:7-42〉 이 장은 〈사마리아 여인을 만난 예수〉 혹은

난 사람들은 더 확실한 믿음과 앎을 얻었다. 이처럼 비블리오드라마의 현장성은 무대, 바로 그 만남의 장소에서 살아난다. 이런 이유로 비블리오드라마를 배우기 원하는 사람들에게 현장참여는 필수적이다.

또한 비블리오드라마를 체험함으로 성경을 알게 되는 '앎'은 헬라어 알다(기노스코, γινώσκω)로 표현할 수 있다. 기노스코가 의미하는 '알다'라는 뜻은 이름이나, 명칭 등을 아는 것을 의미하지 않는다. '예수는 그 몸을 저희에게 의탁하지 아니하셨으니 이는 친히 모든 사람을 아심이요,'〈요한복음 2:24-25〉와 같이 어떤 것의 속성을 안다는 의미이다.[27] 그리고 '알다'는 '동침하다'와 같은 의미로 사용된다. '아들을 낳기까지 동침치 아니하더니 낳으매 이름을 예수라 하니라.'〈마태복음 1:25〉에서 '동침'은 경험적으로 깨달아 아는 것을 말한다. 비블리오드라마에 참여함으로 성경을 알게 되는 것은 기노스코의 의미처럼 성경을 몸으로 경험하여 깊이 깨닫는 것을 의미한다.

비블리오드라마의 현장성에 대해 궁금해하는 학생들을 위해 비블리오드라마의 시연을 앞당겨서 하기로 학생들과 의논했다. 계획에 없던 시연이었기 때문에 본문은 필자가 당일 오전에 묵상한 성경구절을 사용했다. 본문은 다윗이 법궤를 다윗성으로 들여오는 이야기이다.〈역대상 15:29〉 이것

〈우물가의 여인〉의 이야기로 알려져 있다. 유대인이 상종하지 않는 사마리아 여인을 만난 예수께서 우물물을 청하신 사건에서 여자는 예수께서 아무에게도 밝히지 않은 자신의 삶을 아시는 것을 보고 그를 선지자로 생각하고, 마을 사람들에게 자신의 모든 것을 말한 사람을 '와서 보라(come and see)'고 전한다. 마을 사람들은 예수를 만나고, 그를 세상의 구주로 고백한다. '무대에서 과거의 이야기가 현장성을 입는 것'은 '예수가 마을 사람들을 만남으로 새로운 사건이 일어나는 것'에 비교될 수 있다.

27) 레슬리 뉴비긴/ 홍병룡 역, 『레슬리 뉴비긴의 요한복음 강해』 (서울: 한국기독학생회, 2001), 60.

은 우리에게는 '다윗이 법궤를 들여와 기쁨으로 춤추는 장면'으로 많이 알려져 있다.

> 여호와의 언약궤가 다윗성으로 들어 올 때에 사울의 딸 미갈이 창으로 내어다보다가 다윗 왕의 춤추며 뛰노는 것을 보고 심중에 업신여겼더라. 〈역대상 15:29〉

간단한 웜업(warm-up)을 했고, 드라마(drama)에서 본문을 3번 정도 읽고 짧게 묵상한 후 바로 참여자들은 원하는 역할(role)을 선택했다. 이 과정에서 학생들은 자신의 마음에 오는 단어와 문장을 통해 자연스럽게 원하는 배역을 맡았고, 짧은 한 절을 그 시작부터 끝까지 자연스럽게 연결해 보는 비블리오드라마를 실시했다. 언약궤를 맨 제사장들이 경건하게 들어오고, 다윗은 무엇에 홀린 듯 춤을 추기 시작했다(다윗 역할은 맡은 사람이 휴대폰으로 자신이 좋아하는 음악을 틀고 춤을 추었다). 사람이 아닌 '성'을 맡은 사람, '창'을 맡은 사람이 함께 그 장면을 구성했고, 드디어 미갈이 창문으로 내다보았다.

이 짧은 이야기로 드라마(drama)를 마치고, 나누기(sharing)에서 학생들은 소감을 말했다. '제사장' 역할은 경건하고, 거룩하고, 책임감이 느껴졌다고 했고, 다윗성의 '창' 역할은 미갈이 법궤가 들어오는 그 축제 속으로 다윗과 함께하지 못한 것을 못마땅하게 여겼다. '다윗' 역할은 춤추며 기뻐하는 것 때문에 다른 것은 하나도 생각나지 않는 시간이었다고 말한다. 그중에서도 '미갈' 역할을 맡은 학생의 말이 모두의 마음에 남았다.

우리 아버지(사울)가 죽은 것은 아무도 생각 안 하고, 내가 슬픈 것도
생각 안 하고, 저놈(다윗)은 뛰어노는구나!

[드라마에서 미갈 역할을 하고 느낀 점]

    미갈의 절절한 마음은 그 안에 있던 모든 사람에게 전달되었고, 우리의
마음을 먹먹하게 했다. 미갈은 다윗 이전 왕이었던 사울 왕의 딸이다. 사
울과 다윗은 대립구도를 이루고 있는데, 사울이 전쟁에서 무참히 죽자 이
어서 다윗이 왕위에 오르게 된다. 이에 다윗성은 축제의 도가니가 되고,
법궤를 들여오는 다윗은 옷이 벗겨지도록 춤추며 기쁨을 표현한다. 하지
만 미갈은 그곳에 참여하지 않고 창문에서 그 장면을 내려다본다. '뛰논
다'고 표현될 정도로 기쁨을 표현하는 다윗과 그 안에 들어오지 못하고
창문 안에서 다윗을 업신여길 정도로 미워한 미갈은 극렬한 대립을 이루
고 있었다.

    다윗성 안에서 벌어진 일이지만, 건물 안과 밖에 각각 있는 두 사람의
대립 구조는 드라마(drama)로 현장에서 살아났다. 사람들은 대부분 이
성경 구절을 다윗 왕의 승리와 하나님의 법궤가 들어오는 것을 기뻐하는
다윗의 모습을 기억한다. 그러나 수업 시간에 진행한 이 짧은 비블리오
드라마에서는 다윗뿐만 아니라 내용의 언저리에 있던 미갈도 생생하게
드러났다.

    '비블리오드라마를 통해 성경이 살아난다'라는 말에는 비블리오드라마
로 성경을 다각도로 조명할 수 있다는 의미도 들어 있다. 비블리오드라마
참여자들은 역할연기를 위해 성경을 꼼꼼히 읽게 되고, 역할연기를 통한
경험으로 성경에 대한 이해를 확장시킬 수 있다. 다윗의 이야기에서 미갈

의 마음이 공감되었던 것처럼, 이 경험은 차후 성경을 읽을 때 전에 보이지 않던 단어들과 내용들이 입체적으로 드러나는 경험으로도 연결된다.

학생들이 경험한 비블리오드라마는 그다음 주 수업 시간에도 회자될 정도로 그들의 마음에 깊이 담겨 있었다. 이 짧은 비블리오드라마의 경험으로 학생들은 성경에 대한 흥미를 더 느꼈고, 성경을 모르는 사람들에게 알려 주고 싶은 마음이 생겼으며, 비블리오드라마를 더 공부해 보고 싶은 마음이 드는 것으로 나누기(sharing)를 했다.

비블리오드라마를 무대에서 직접 참여할 때 경험하는 강렬한 효과는 비블리오드라마가 가진 현장성 때문이다. 다윗은 춤추며 활발하게 뛰놀았지만, 미갈은 무대에서 움직임이 별로 없었다. 그러나 나누기에서 다윗과 함께 미갈은 그 역할을 한 참여자에 의해 새롭게 조명되었다. 비블리오드라마에 현장성이 부여되면 무대의 이야기는 '지금 여기'에서 펼쳐지는 현재의 이야기가 된다. 참여자들이 미갈에 대해 다양한 공감과 탄식을 한 것은 그 현장성이 인물을 구체화시켰기 때문이다.

비블리오드라마로 하는 영혼돌봄

상담사 K: 비블리오드라마를 읽어보니까 완전히 전도네요.

필자: 어떤 이유로 그런 생각이 드셨어요?

상담사 K: 신앙이 없는 일반인이라도 비블리오드라마를 하면 하나님에 대해서 알 수 있고, 하나님도 되어 볼 수 있잖아요. 교회를 안 나가는 사람들이 어디서 '하나님 역할'을 해 보겠어요. 비블리오드라마는 믿지 않는 사람들이라도 하나님을 알 수 있는 프로그램이잖아요. 그래서 비블리오드라마 자체가 전도인 것 같고, 복음이라고 생각돼요. 비블리오드라마는 신앙 없는 일반인도 할 수 있는 방법이라서 복음과 분리가 되어 생각되지 않아요.

필자: 비블리오드라마에서 통해 하나님을 알 수 있다고 생각되셨군요.

상담사 K: 그렇죠. 성경은 내가 아는 만큼 이야기할 수 있는 것 같다고 생각해요. 그런데 비블리오드라마는 역할을 통해서 모르는 부분을 이해하고 받아들일 수 있잖아요. 그래서 전도하기 참 좋겠다고 생각했어요. 그리고 말로 듣게 되면 내 생각과 다른 부분은 거부감이 생길 수도 있는데, 그건 내 경험상 성경이 싫어서라기보다는 그냥 무의식적으로 가르쳐 주는 것에 대한 거부감인 것 같아요. 비블리오드라마는 그런 거부감이 없이 은연중에 스며들게 하는 느낌이 들어요.

[비블리오드라마 독서모임에서 상담사 K와의 대화 중 일부]

비블리오드라마에서 영혼돌봄은 예수를 만나고, 그의 삶을 따라갈 때 자연스럽게 이루어진다. 상담사 K는 독서모임으로 매주 만나서 비블리오드라마를 함께 토의한 사람으로 비블리오드라마에서 '하나님, 예수 역할'을 하는 것을 전도라고 말한다.

상담사 K는 50대의 교회 집사로 여성이며, 상담대학원을 졸업하고 15년 이상을 상담한 상담사이다. 비블리오드라마에 스탭으로 참여한 경험이 있고, 비블리오드라마에 대한 관심이 많다. 그녀는 비블리오드라마가 신앙이 없는 사람들에게 전도로 다가가며, 복음과 분리가 될 수 없다고 생각한다.

현장에서 비블리오드라마를 진행할 때 참여자들의 신앙 유무에 상관하지 않는다. 비블리오드라마에서 참여자들은 자발적으로 자신들의 역할을 택하는데, '하나님 역할', 혹은 '예수 역할'을 신앙이 없는 사람들이 맡기도 한다. 지금까지 디렉터를 하면서 '예수나 하나님 역할'을 맡은 참여자들은 신앙이 없더라도 그 역할에 대해 거부감을 느끼지 않았다.

비블리오드라마에서 참여자들이 '하나님 역할' 혹은, '예수 역할'을 맡는 것은 그 역할 경험으로 예수와 하나님을 알아갈 수 있는 기회가 된다. 만약 '하나님, 혹은 예수 역할'에 스스로 선택하고도 거부감을 느끼는 사람이 있다면, 그것은 역할의 문제가 아니라 오히려 디렉터가 메소드 훈련(method training)으로 그들을 도와야 하는 영역이다.

또한 비블리오드라마에서 성경에 나오는 역할을 역할연기(role playing)하는 것은 참여자의 믿음과는 상관이 없다. 지금까지 비블리오드라마를 진행하면서 참여자들이 스스로를 '믿음이 없다'고 말할지라도 드라마(drama)에서 성경 역할을 하는 것에 문제가 없었다. 이것은 참여자들이 비블리오드라마를 처음 참여했을 때 나오는 불안반응인 경우가 많다. 그러나 웜업(warm-up)을 통해서 불안감이 낮아지고, 자발성이 높아지면 비블리오드라마를 놀이처럼 받아들여 즐겁고 유쾌하게 역할연기를 한다.

몸으로 성경을 알아가는 비블리오드라마의 방식은 참여자들의 역할을 통해 자연스럽게 성경을 알아가는 방식이다. 상담자 K는 참여자들이 비블리오드라마의 역할로 성경을 이해하게 되는 것을 비블리오드라마의 전도로 본다. 이런 측면에서 비블리오드라마는 몸의 경험을 통해서 자연스럽게 성경을 알아가고, 예수와 영혼돌봄을 경험하는 현대적 전도, 혹은 현대적 선교라고 할 수 있다.

참고문헌

고원석. "비블리오드라마의 개념, 선구자들, 그리고 근본성격."「기독교교육논총」
62(2020), 101-133.

____, 김인혜. "미드라쉬의 성서교수학적 함의와 적용."「기독교교육논총」67(2021),
45-75.

곽우영. "비블리오드라마의 향후 과제와 목회적 돌봄: 아동의 메소드 훈련을 적용한
아동 비블리오드라마를 중심으로."「신학과 실천」81(2022), 521-545.

____, "예수 그리스도의 영혼돌봄으로 본 비블리오드라마: 비블리오드라마를 통한
목회상담적 제안."「신학과 실천」87(2023), 261-284.

레슬리 뉴비긴/ 홍병룡 역.『레슬리 뉴비긴의 요한복음 강해』. 서울: 한국기독학생
회, 2001.

안석모 외 7인.『목회상담 이론 입문』. 서울: 학지사, 2020.

에드워드 트루나이젠/ 박은원 역.『목회학 원론』. 서울: 성서원, 1979.

클라우스 빈클러/ 신명숙 역.『목회상담 영혼돌봄』. 서울: 학지사, 2007.

프랭크 틸만/ 최갑종 역.『에베소서』. 서울: 부흥과개혁사, 2020.

Martin, Gerhard Marcel. *Sachbuch Bibliodrama: Praxis und Theorie*. 2nd ed.
Stuttgart, DE: Kohlhammer, 2001.

Martin, Gerhard Marcel. "The Origins of Bibliodrama and Its Specific Interest in the
Text." In *Body and Bible: Interpreting and Experiencing Biblical Narratives*, ed.
Björn Krondorfer, 85-101. Philadelphia, PA: Trinity Press International, 1992.

Pitzele, Peter and Susan Pitzele. *Scripture Windows: Toward a Practice of
Bibliodrama*. 2nd ed. Teaneck, NJ: Ben Yehuda Press, 2019.

Waskow, Arthur. "God's Body, the Midrashic Process, and the Embodiment of
Torah." In *Body and Bible: Interpreting and Experiencing Biblical Narratives*, ed.
Björn Krondorfer, 133-143. Philadelphia, PA: Trinity Press International, 1992.

Ward, Jack. "The Clergy and Psychotherapy." *Group Psychotherapy* 20(1967), 204-10.

02

영혼돌봄의 비블리오드라마
- 목회상담의 이해

목회상담(pastoral counseling)은 영혼돌봄(care of soul), 목회돌봄(pastoral care), 목회신학(pastoral theology) 등 여러 이름을 가지고 있다. 목회상담은 다양한 학문과 연관되어 발전했으며,[1] 목회에서 상담의 '인간 이해'를 받아들인 것을 시초로 성장했다. 그리고 현재는 실천신학의 분야로 자리매김하는 독특한 특성이 있다.

여기서는 〈영혼돌봄의 비블리오드라마〉에 대해서 알아보기 위해 이와 관련된 목회상담에 대해 먼저 살펴보겠다.

목회상담의 역사적 배경

과거 목회상담은 교회에서 성도들에게 말씀을 잘 전달하기 위해 시작되었다. 목회상담의 고전적 배경을 제시한 트루나이젠(Eduard Thumey-

---

1) 한국목회상담학회 편,『현대목회상담학자연구』, 2판, (서울: 희망나눔, 2017), 11-13.

sen, 1888-1974)은 심리학을 목회의 보조 수단으로 본다.[2] 그는 '성도와의 대화'에서 말씀을 개인에게 효율적으로 선포하기 위해 심리학을 통해 성도를 이해하려고 했다. 그러나 트루나이젠의 인간이해는 인간인식(menschenerkenntnis)으로 '인간의 내면성'에 국한된다.[3]

트루나이젠은 동시대의 조직신학자인 칼 바르트와 같은 신학적 노선을 걸었고, 하나님 말씀 선포를 우위에 둔 신학을 실천한다.[4] 그가 했던 목회 안에서 '성도와의 대화'는 오늘날의 목회상담이라고 볼 수 있으며, 당시 목회상담은 성도에게 말씀을 선포하는 것이 핵심이다. 여기에서 알 수 있듯이 목회자의 상담에서 개인의 정황은 상대적으로 중시되지 않는다.

그러나 이런 신학사조는 20세기에 구성신학(constructive theology)을 주창한 조직신학자 고든 카프만(Gordon D. Kaufman, 1916-2011)에 의해 부정된다. 그는 저서 「신학방법론」에서 신정통주의적 개신교 신학의 방법론

....

2) 에드워드 트루나이젠/ 박은원 역, 『목회학 원론』(서울: 성서원, 1979), 175.
3) Ibid., 179.
4) 칼 바르트(Karl Barth, 1886-1968)는 신정통주의자로 분류되는 조직신학자로 1차 세계대전 이후 슐라이에르마허(Freidrics Daniel Ernst Schleiermacher, 1768-1834)를 필두로 한 자유주의 사조에 반대하여 하나님 말씀의 우위성을 주장했다. 그의 이론에서 인간과 질적으로 다른 하나님은 절대타자이며, 인간은 계시를 통해서만 하나님을 알 수 있다고 보았다. 또한 기독교 해석에서 자유주의 신학이 '이성'에 권위를 두었다면 바르트는 '성서'에 그 권위를 두었고 이러한 말씀의 우위성을 강조한 것은 변증법적 신학의 시초가 되었다. 당시 목회상담학은 목회 안에서 이루어진 활동이었으며 바르트와 신학적 노선을 같이 한 트루나이젠에게 목회상담에서 중요한 것은 성도에게 하나님의 말씀을 선포하는 것이었다. Michael Reeves, Introducing Major Theologians: From the Apostolic Fathers to the Twentieth Century, (Nottingham, UK: Inter-Varsity Press, 2015), 291-92; 클라우스 빈클러/ 신명숙 역, 『목회상담 영혼돌봄』(서울: 학지사, 2007), 54-55; 토마스 C. 오든/ 이기춘, 김성민 공역, 『목회상담과 기독교신학』(서울: 다산글방, 1999), 146-47.

은 붕괴된 것으로 본다.[5] 신정통주의에서는 성서를 통해 절대타자이신 하나님이 계시로써 자신을 드러내신다고 보지만, 카프만은 하나님이 세계의 흐름 안에서 인간과 경험적으로 함께 하시고 방향성을 지도하시기에 인간의 경험에 대한 비판적인 분석이 신학의 작업이 되어야 한다고 주장한다.[6]

이러한 하나님 담론은 다변화되는 인간의 경험 안에서 하나님에 대한 개념이 계속적으로 새롭게 구성되어야 하며, 신학은 이러한 하나님의 계시를 인간 삶에 반추를 통해서 밝혀내야 하는 것으로 본다.[7] 카프만의 주장은 종래에 신자의 경험을 상대적으로 소홀히 했던 흐름과는 반대 입장으로, 인간의 경험은 신학의 분석대상이 된다.

위의 두 신학적인 논쟁은 '인간의 상황'을 어떻게 바라봐야 하는지에 관한 문제로 목회상담의 신학적 배경과 역사에 대해 알려 준다. 전통적인 관점은 '하나님의 계시를 통해 인간 문제를 이해해야 한다'고 보고, 이런 입장에서는 인간 정황의 다양성을 반영하는 것이 어려웠다. 그러나 '인간의 경험을 통해서 하나님의 계시를 발견한다'는 입장에서는 인간의 경험이나 상황에 대한 분석이 주요해졌으나, 하나님의 계시에 대한 중요성이

---

5) Gordon D. Kaufman, *An Essay On Theological Method*, 3rd ed., (Atlanta, GA: Scholars Press, 1995). xix.

6) 카프만은 슐라이에르마허의 의견에 동조하는 20세기의 학자로 바르트의 방법론을 비판했다. 바르트가 '성서를 통한 하나님의 계시'를 주장했다면, 카프만은 하나님의 역사는 인간이 알 수 없으며 인간이 할 수 있는 일은 인간의 경험을 통해 발견되어진 하나님의 계시를 비판적으로 검토하여 해석하는 것이라고 보았다. 요컨대 바르트와 신학적 입장을 같이하는 트루나이젠이 성서를 통해 하나님의 말씀을 선포하는 것을'성도와의 대화'에서 핵심으로 보았다면, 카프만의 신학방법론은 성도의 경험에 대한 비판적 성찰을 통해 하나님의 계시를 찾는다. 카프만의 방법론은 현대목회상담에서 신학보다 심리학을 우위를 두고 상담하는 학파의 모습과 유사하다. *Ibid.*, 2-5.

7) *Ibid.*, 4.

약화될 위험성을 내포하고 있다. 이는 목회상담이 기독교 전통과 심리학이라는 두 대치점 사이에서 어떤 것을 목회상담에서 강조할 것인지에 대한 고민과도 같다.

목회상담의 기원: 영혼돌봄

목회상담은 '목회(pastor, pastoral)'와 '상담(counseling)'의 합성어이다. 목회(pastoral)는 '목사'로 볼 수 있으며 성경에서 이를 직접적으로 언급한 것은 신약성경에서 단 한 번이다.[8] 이 단어의 기원은 헬라어 목자(poimen)이며, 목자(shephered)로서의 사역을 말한다. '목회'는 협의적으로 '목회자가 하는 돌봄 사역'이다.[9] 그러나 현대에 와서 '목자'의 의미를 '목자 되신 그리스도의 사역', '그리스도를 닮고, 따르고 싶어 하는 사람들의 사역'으로 좀 더 광의적으로 해석한다.[10] 그래서 기독교인들이 하는 상담을 '기독교 상담'이라고 통칭하기도 한다.

목회상담은 예수 그리스도를 기원으로 하여 약 2000년의 역사가 있으며, 예수께서 삶으로 보여 주신 '영혼돌봄'에 근거를 둔다.[11] 목회상담의

---

8) '목회(pastor)'는 '그가 혹은 사도로, 혹은 선지자로, 혹은 복음 전하는 자로, 혹은 목사와 교사로 주셨으니(에베소서 4:11)'에서 '목사'를 지칭한다. 이관직, 『개혁주의 목회상담학』 (서울: 대서, 2007), 38.

9) '목회'는 '목자로서의 사역'으로 해석되어 '교회 안의 목회자에 사역'으로 보았다. 이관직, 『개혁주의 목회상담학』, 38-39; Thomas C. Oden, *Pastoral Theology: Essentials of Ministry*, (San Francisco, CA: HarperOne, 1983), 52.

10) 안석모 외 7인, 『목회상담 이론 입문』 (서울: 학지사, 2020), 214, 327.

11) 안석모 외 7인, 『목회상담 이론 입문』, 75-76; 이관직, 『개혁주의 목회상담학』, 41.

기원은 예수 그리스도가 행하신 일들인 영혼돌봄(cura animarum, care of soul)이다.[12] 다시 말하면 영혼돌봄은 예수의 사역이며, 예수께서 3여 년 동안 공생애 기간에 삶으로 보여 주신 일들이다. 예수는 사람들을 직접 만나서 일하셨는데 제자들을 부르시고, 사람들을 가르치시고, 때로는 먹이시며, 치유하셨다. 이러한 예수의 사역은 복음서에 치유와 연관하여 72번 나타났으며, 이 중 실례를 보이신 것은 41개이다. 이들은 영혼돌봄의 구체적인 예들로 '속죄와 용서', '만남과 대화', '죄 사함, 믿음, 치병', '기도와 영혼돌봄', '성찬을 통한 치유'의 영역으로 나눌 수 있다.[13]

예수 그리스도의 영혼돌봄은 이를 계승한 제자들, 바울과 같은 사도들, 어거스틴(Aurelius Augustin)과 같은 초대교회 교부들, 마틴 루터(Martin Luther)와 요한 칼빈(Johann Calvin)과 같은 종교개혁의 선두주자들, 그리고 18-19세기의 시대적인 사조를 거쳐 현재까지 이어진다. 예수께서 시작한 영혼돌봄 안에 목회상담은 포함되어 있었고, 영혼돌봄은 예수 그리스도를 따르고 본받으려고 시작된 교회 공동체의 사역이기도 하다.[14]

또한 목회상담은 '상담(counseling)'의 특성이 있다. 일반상담(counseling)은 상담자와 내담자가 만남을 통해 상호적인 관계 안에서 언어로 치유하는 방법이다.[15] 개인상담의 경우, 내담자는 상담자를 만남으로 자신에 대한 이해를 향상시켜 적응상의 문제를 해결하고 성장하는 치유의

---

12) 클라우스 빈클러/ 심명숙 역, 『목회상담 영혼돌봄』, 107-11; 안석모 외 7인, 『목회상담 이론 입문』, 75.

13) 안석모 외 7인, 『목회상담 이론 입문』, 98-101.

14) 클라우스 빈클러/ 신명숙 역, 『목회상담 영혼돌봄』, 111-12.

15) 김청자, 정진선, 『(개정판) 상담의 이론과 실제』(서울: 동문사, 2012), 13-14; 안석모 외 7인, 『목회상담 이론 입문』, 15; 이장호 외 2인, 『상담심리학의 기초』(서울: 학지사, 2008), 18.

과정을 겪는다. 이를 위해 전문적인 교육을 받은 상담자가 내담자와 일대 일(face to face) 관계를 통해 조력한다.[16] 이에 반하여 목회상담은 약 2000년의 역사가 있는 예수 그리스도의 영혼돌봄이다. 그러나 영혼돌봄으로 통칭되던 목회상담은 제2차 세계대전 이후에 상담적 돌봄으로 그 영역이 축소되었다.

현대목회상담: 상담적 돌봄

현대목회상담의 형태가 나타난 것은 20세기 미국이었다. 당시는 제2차 세계대전으로 인해 일반상담과 목회상담의 필요성이 급증했다. 목회상담은 시대의 필요에 응답해 비약적으로 발전한 심리학을 받아들여 현재와 같은 구조화된 세팅을 갖추게 된다.[17] 이에 대한 영향으로 목회상담은 심리학을 사용하는 구조화된 상담을 의미하게 되었고, 전통적인 기독교의 영혼돌봄에서 상담적 돌봄으로 그 영역이 한정된다.[18]

1963년에 조직된 미국목회상담자협회(American Association for Pastoral Counselors)에서는 목회상담을 다음과 같이 정의한다.

목회상담이란 목회상담자가 신학과 행동과학으로부터 얻어진 통찰들

---

16) 김청자, 정진선, 『(개정판) 상담의 이론과 실제』, 14-15.
17) 안석모 외 7인, 『목회상담 이론 입문』, 169, 179-80; 유재성, 『현대 목회상담학 개론』 (대전: 침례신학대학교 출판부, 2006), 17-18.
18) 안석모 외 7인, 『목회상담 이론 입문』, 180.

과 원리들을 활용하여 전인성과 건강을 지향하면서 개인과 부부, 가족, 그룹 그리고 사회 시스템과 더불어 노력하는 과정[19]

이 정의에서 일반상담과 목회상담 모두 전문적인 상담자가 내담자를 돕는 과정으로 심리학을 사용한다는 공통점을 발견할 수 있다. 그러나 일반상담이 내담자가 겪고 있는 개인적, 가정적, 사회적 적응의 문제를 해결하는 것이라면, 필자는 목회상담을 내담자가 전인성(wholeness)을 회복하도록 돕는 예수 그리스도의 영혼돌봄으로 공동체와 함께 하는 사역이라고 정의한다.

그러나 현대에 와서 목회상담이 심리학을 무비판적으로 수용했다는 비판에 직면한다. 심리학을 적극적으로 수용한 목회상담은 마치 그 이론적인 토대를 심리학에 내어주는 것처럼 보이고, 이런 현상은 목회상담학자들의 반성을 불러왔다. 이런 분위기는 신학과 심리학을 목회상담 안에서 연관하는 방법에 대한 대안들을 모색하게 만들었다.[20] 우선 이러한 논란이 일어난 현상을 이해하기 위해서는 20세기 미국에서 목회상담이 심리학에 어떤 영향을 받았는지 그 배경을 아는 것이 필요하다.

목회상담에 심리학이 끼친 영향

현대목회상담학의 발전에 심리학 이론은 많은 영향을 주었다. 프로이

---

19) AAPC Membership Directory, 71; 재인용 *Ibid.*, 18.
20) 안석모 외 7인, 『목회상담 이론 입문』, 50-51, 76; 이관직, 『개혁주의 목회상담학』, 39-41.

트(Sigmund Freud, 1856-1939)는 1909년 미국을 대학 강연으로 방문한 이래 그의 심층심리학 이론은 목회상담과 일반상담에 폭넓은 영향력을 끼쳤다.[21] 인간에게 보이지 않는 내적 무의식 세계가 존재하며, 무의식 적 갈등이 인간에게 지대한 영향을 미친다는 것은 당시에 파격적인 이론 으로 정신의학을 태동시켰고, 인간을 보는 새로운 관점을 열어 주었다.[22] 왓슨(John Broadus Watson, 1878-1958)의 행동치료는 조건화된 환경에 반응하는 인간 심리의 경향성을 보여 주고,[23] 1940년대 칼 로저스(Carl Ransom Rogers, 1902-1987)의 인간중심상담은 내담자에 대한 무조건적 인 긍정, 존중 등을 강조하여 상담자가 내담자에 대한 무한 긍정의 자세 와 낙관적 태도로서 존중하는 것이 필요함을 알려 준다.[24]

이러한 심리학 이론은 목회상담의 인간 이해에 변화를 주었고 목회상 담 전반에 영향을 끼쳤다. 이 외에 다양한 심리학 이론들이 20세기 미국 의 목회상담에 적용된다. 아들러(Alfred Adler, 1870-1937)는 열등감을 극복하려는 선천적 동기가 개인의 삶을 이끄는 것을 알려 주었고,[25] 아 론 백(Aaron Temkin Beck, 1921-2021)은 인지이론에서 내담자의 정서 와 태도를 지배하는 인지적인 반응성향의 도식을 보여 준다.[26] 프리츠 펄 스(Frederick Salomon Perls, 1894-1970)가 창안한 게슈탈트 치료법은 '지

---

21) 안석모 외 7인, 『목회상담 이론 입문』, 175.

22) 권석만, 『현대 심리치료와 상담 이론』(서울: 학지사, 2015), 47-48.

23) 스탠턴 L. 존슨, 리처드 버트만/ 이관직 역, 『현대 심리치료와 기독교적 평가』(서울: 대서, 2009), 199-200.

24) 토마스 C. 오든, 『목회상담과 기독교신학』, 110.

25) 권석만, 『현대 심리치료와 상담 이론』, 121-22.

26) 레이몬드 J. 코르시니, 대니 웨딩 편저/ 김정희 역, 『현대 심리치료』(서울: 학지사, 2004), 362-63.

금-여기'에서 내담자의 지각을 유기체적으로 연결(통합)시키는 것의 중
요성을 강조하고,[27] 모레노(Jacob Levy Moreno, 1889-1974)가 1930년대
에 창안한 심리극(psychodrama)은 참여자의 갈등을 무대에서 즉흥극의
형석으로 풀어내는 실천적 치료기법이다. 비블리오드라마는 모레노의
사이코드라마에 영향을 받았으며, 몸으로 성경 체험을 하는 것을 목적으
로 하는 집단상담이다.[28] 〈영혼돌봄의 비블리오드라마〉는 비블리오드라
마의 정체성을 예수 그리스도의 영혼돌봄으로 해석하여 새로운 목회상
담으로 제안한다.

목회상담 분야는 20세기 미국에서 전통적인 기독교의 가치관에 심리
학을 접목하려는 노력으로 발전했다. 1900년대 종교심리학의 발흥은 심
리학과 종교를 연결시키려는 노력이고, 1905년 보스턴에서 일어난 임마
누엘운동(Emmanuel Movement)은 사제와 의사의 영적치유운동이다.
그리고 안톤 보이슨(Anton T. Boisen)이 1925년 우스터 병원에서 시행한
임상목회교육(CPE: clinical pastoral education)은 신학생들을 병원에서
임상훈련 시킴으로 현대목회상담운동에 큰 동력을 부여한다. 이러한 영
향으로 1950년-1960년대에 목회상담운동은 부흥기를 맞았고, 미국목회
상담협회(AAPC)와 미국임상목회교육협회(ACPE)가 결성된다.[29]

이처럼 다양한 심리학 이론들은 목회상담에 도움을 주었다. 그러나 목
회상담이 심리학에 도움을 받음으로 심리학에 치중하는 경향을 보이는

---

27) Ibid., 4.
28) Peter and Susan Pitzele, Scripture Windows: Toward a Practice of Bibliodrama, 2nd
　　ed., (Teaneck, NJ: Ben Yehuda Press, 2019), xix.
29) 김경수, 『성경적 목회상담 이론과 실제』(경기: 목양, 2011), 60-62; 안석모 외 7인, 『목회
　　상담 이론 입문』, 47-48; 한국목회상담학회 편, 『현대목회상담학자연구』, 17-18.

것은 그 정체성 문제를 불러올 수 있다. 목회상담이 예수 그리스도의 사역에서 기원한 영혼돌봄에서 유래하여 전인성을 추구한다면, 심리학의 인간 이해는 인간 적응의 문제를 해결하는 것을 목적으로 하기 때문이다. 이러한 상황에서 현대의 목회상담운동은 목회상담의 정체성을 잃지 않으면서 신학과 심리학의 교류를 통해 목회상담의 본질을 이어가려는 움직임이라고 할 수 있다.

현대의 목회상담운동

현대목회상담운동의 결과로 다양한 목회상담학자들이 나오고, 새로운 이론들이 형성되었다. 현대목회상담학자들과 그들의 이론을 아는 것으로 현대목회상담의 현주소와 방향성을 알 수 있다.

안톤 보이슨(Anton T. Boisen, 1876-1965)은 현대목회상담학에 초석을 놓았다고 평가되며, 현대목회상담학의 아버지로 불린다. 그는 창안한 임상목회훈련(CPE)은 인간을 '살아 있는 인간문서'로서 보고 인간 자체를 탐구하는 방법이다.[30] 하워드 클라인벨(Howard J. Clinebell, 1922-2005)은 목회상담의 중흥기를 이끈 학자로 성장상담(growth counseling)을 지향하며, 목회상담에 다양한 심리학적 이론들을 적용하여 활용할 것을 권면하고, 개인의 대인관계 능력 향상을 중요시한다.[31] 그러나 시워드 힐트너

---

30) 한국목회상담학회 편, 『현대목회상담학자연구』, 17.
31) *Ibid*., 127; 하워드 클라인벨/ 박근원 역, 『목회상담신론』(서울: 한국장로교출판사, 2003), 36-37, 66.

(Seward Hiltner, 1909-1984)와 웨인 오우츠(Wayne E. Oates, 1917-1999)는 목회상담운동을 교회사역의 한 분야로 특정지어야 하는 것으로 보고, 그 독특성을 지켜야 한다고 주장한다.[32] 또한 목회상담에서 심리학과 신학의 연결에 대해 새로운 해결책을 제시한 학자로 단 브라우닝(Don S. Browning, 1934-2010)이 있다. 그는 수정된 상관관계적 방법론(revised correlational method)을 주장하였는데, 신학과 심리학을 동등한 입장으로 보고 현대 심리학의 은유를 밝힘으로 두 학문의 대화를 통해 도덕규범을 세우려고 했다. 이는 다원주의 사회에서 신학의 고립을 벗어나려는 노력이기도 하다.[33] 바니 밀러-맥리모어(Bonnie J. Miller-Mclemore)는 안톤 보이슨의 '살아 있는 인간문서'를 확장하여 개인과 그를 둘러싼 인간관계체계의 중요성을 말한다. 그녀는 이를 '살아 있는 인간관계망'으로 표현하며, 목회상담의 치유는 개인뿐만 아니라 개인을 둘러싼 환경체계 모두에서 이루어져야 한다고 본다.[34] 이 외에도 '살아 있는 인간문서의 해석학'을 중요시한 찰스 거킨(Charles V. Gerkin, 1922-2004), 목회상담자의 해석적 역동을 중요시하는 도널드 캡스(Donald E. Capps, 1939-2015), 목회적 돌봄대상을 공동체와 맥락으로 본 존 패튼(John H. Patton) 상호문화의 다양성에 대한 이해를 주장한 임마누엘 라티(Emmanuel Y. Lartey) 등 여러 학자들이 현대의 목회상담을 이끌고 있다.

---

32) 한국목회상담학회 편, 『현대목회상담학자연구』, 103.
33) 안석모 외 7인, 『목회상담 이론 입문』, 291-92, 302-03.
34) 한국목회상담학회 편, 『현대목회상담학자연구』, 443.

한국 목회상담의 역사

한국에서는 목회상담학이 실시된 지 약 70년의 역사를 갖고 있다. 1950년
대 연희대학(연세대학교의 전신) 신학부에서 이환신 교수가 '목회문의학'을
가르친 것이 최초의 목회상담학 교육이었다. 교재로는 '목회문의학(1962
년)', '카운슬링의 이론과 실제(1963년)'가 번역되어 출판되었다. 이후 전국
의 신학대학교에서 목회상담학이 정규 교육과정으로 편성되었다. 1974년
에 임상목회교육(CPE)이 연세대에서 최초로 실시되었고, 1982년과 1997년
에 차례로 '한국목회상담협회'와 '한국목회상담학회'가 창설되었다. [35]

현대의 목회상담: 영혼돌봄의 비블리오드라마

일반심리학은 인간의 내부를 조명하여 적응적인 삶(doing)을 살 수 있
도록 돕지만 목회상담은 존재(being)의 회복을 목표로 한다. '존재의 회
복'의 다른 말은 '전인성(wholeness)의 회복'이라고 할 수 있다. [36] 목회상
담의 근원인 영혼돌봄은 예수 그리스도와 그의 삶을 말한다. 〈영혼돌봄
의 비블리오드라마〉는 공동체에 적용하는 목회상담으로 영혼돌봄을 정
체성으로 하여 인간 전인성의 회복을 돕는다.

비블리오드라마는 참여자가 몸을 통해 성경을 새롭게 이해하는 방법
이다. 기존의 비블리오드라마는 이러한 특징을 성경교육이나 심리치료

---

35) 안석모 외 7인, 『목회상담 이론 입문』, 3, 46.
36) *Ibid.*, 18.

적인 방법으로 사용하였다. 필자는 비블리오드라마가 '영혼돌봄'의 목회상담적 특징이 있는 것을 발견하고, 〈영혼돌봄의 비블리오드라마〉(혹은, '목회상담적 비블리오드라마')를 제안하면서 비블리오드라마의 기존의 특징들도 새롭게 정리하였다. 〈영혼돌봄의 비블리오드라마〉는 목회상담으로 네 가지의 특징이 있다.

첫째, 비블리오드라마를 성경공부로 볼 때 '몸의 활용'으로 성경을 알게 된다. 이것이 비블리오드라마가 다른 목회상담들과 다른 가장 큰 특징이다. 지금까지 비블리오드라마는 이 특징을 새로운 성경공부로 활용해 왔다.

둘째, 비블리오드라마에서 참여자는 역할 경험을 통해 자신을 돌아볼 수 있으며 이를 통해 심리치유가 가능해진다. '1차 역할'은 자신이 맡은 역할과 스스로를 비교해서 돌아볼 수 있고, '2차 역할'은 자신과 타인의 역할을 비교할 수 있다.

셋째, 비블리오드라마는 공동체를 통해 연합과 협력의 상호관계를 배우는 집단상담으로 대인관계가 개선될 수 있다. 비블리오드라마는 놀이, 음악, 미술 등을 아우르는 통합예술적 성격이 있으며, 그룹 활동을 통한 공동체 문화형성으로 상호적인(interact) 대인관계 형성이 가능하다

넷째, 비블리오드라마를 통해 예수 그리스도의 영혼돌봄을 경험할 수 있다. 〈영혼돌봄의 비블리오드라마〉는 예수와 그의 영혼돌봄을 정체성으로 한다. 그 안에서 예수 그리스도를 만나는 경험이 가능하며, 그의 삶

인 영혼돌봄을 경험할 수 있다.

　위의 네 가지의 방법은 성경교육이나 심리치료에 머물러 있던 비블리
오드라마의 특징을 좀 더 세분화하여 정의 내리고, 사용될 수 있게 한다.
지금까지의 비블리오드라마와 〈영혼돌봄의 비블리오드라마〉 사이에 가
장 큰 차이점은 네 번째 특징에 있다. 비블리오드라마는 성경을 본문으
로 사용하면서도 성경이 말하고 있는 예수 그리스도와 영혼돌봄은 알지
못했다. 〈영혼돌봄의 비블리오드라마〉는 성경이 핵심적으로 말하고 있
는 예수와 영혼돌봄에 그 정체성을 두고, 참여자가 예수를 만나고 영혼돌
봄의 삶을 살 수 있도록 돕는다.

　또한 〈영혼돌봄의 비블리오드라마〉는 교회가 예수와 영혼돌봄을 전하
고 본받는 공동체로 시작된 것을 근거로 개인상담으로 축소되었던 목회
상담을 영혼돌봄으로 공동체에 회복시키며,[37] 비블리오드라마를 목회현
장에 적용할 수 있게 한다. 이 책에서 디렉터의 정체성은 '영혼돌봄의 안
내자'로 새로이 제안한다. 기존에는 사이코드라마의 디렉터와 비블리오
드라마의 디렉터를 구분하지 않았다. 그러나 두 드라마(drama)는 비블
리오드라마가 성경을 사용한다는 특징에서 명확히 구분된다. 디렉터는
먼저 자신이 예수를 만나고, 그의 삶이 영혼돌봄을 실천하는 철학을 갖는
것이 필요하다.

　비블리오드라마가 사이코드라마의 기법에 영향을 받았고, 두 드라마
를 모두 진행할 수 있는 디렉터도 많다. 그러나 기법이 비슷할지라도 비

---

37)　클라우스 빈클러/ 신명숙 역, 『목회상담 영혼돌봄』, 107-112.

블리오드라마는 실시 목적과 방향이 다르다. 〈영혼돌봄의 비블리오드라마〉는 사이코드라마와 비블리오드라마를 비슷하게 생각하는 디렉터들의 주의를 환기시키고, 디렉터들이 먼저 삶에서 영혼돌봄을 실천하는 '영혼돌봄의 안내자'가 될 수 있도록 독려한다.

성경의 내용을 잘 알기 위해 사용되는 대표적인 방법으로 성경연구가 있다. 성경연구는 귀납적 방식과 연역적 방식으로 나눌 수 있다. 귀납적 성경연구는 성경이 쓰인 본래의 객관적인 의미를 찾고 적용하는 인지적인 방법이며, 비블리오드라마는 성경의 내용과 의미를 드라마(drama)의 형식으로 경험을 통해 알게 되는 연역적인 방법이다.

신학자 고든 카프만(Gordon D. Kaufman, 1916-2011)은 하나님은 인간의 경험을 통해 자신을 드러내신다고 본다.[38] 성경은 그 안에 하나님의 뜻과 인도하심이 있다. 비블리오드라마에서 참여자들이 역할연기(role playing)를 통해 성경을 경험하는 것은 새롭게 하나님을 알게 되는 방식이기도 하다.

성경과 목회상담은 모두 '영혼돌봄'이란 공통점이 있다. 〈영혼돌봄의 비블리오드라마〉는 현대의 목회상담으로 예수와 영혼돌봄을 통해서 현대인들에게 영적치유와 회복을 가능하게 한다. 또한 〈영혼돌봄의 비블리오드라마〉는 성경과 치유, 그룹과 문화형성을 포함하여 복음의 자연스러운 이해와 전도를 가능하게 하며 영혼돌봄을 통해 풍성한 문화축제로 공동체에 적용할 수 있다. 이런 이유로 〈영혼돌봄의 비블리오드라마〉를 비블리오드라마가 따라갈 방향이자, 비블리오드라마의 미래로 제안한다.

---

38) Gordon D. Kaufman, *An Essay On Theological Method*, 4.

참고문헌

권석만. 『현대 심리치료와 상담 이론』. 서울: 학지사, 2015.

김경수. 『성경적 목회상담 이론과 실제』. 경기: 목양, 2011.

김청자, 정진선. 『(개정판) 상담의 이론과 실제』. 서울: 동문사, 2012.

레이몬드 J. 코르시니, 대니 웨딩 편저/ 김정희 역. 『현대 심리치료』. 서울: 학지사, 2004.

스탠턴 L. 존슨, 리처드 버트만/ 이관직 역. 『현대 심리치료와 기독교적 평가』. 서울: 대서, 2009.

안석모 외 7인. 『목회상담 이론 입문』. 서울: 학지사, 2020.

에드워드 트루나이젠/ 박은원 역. 『목회학 원론』. 서울: 성서원, 1979.

유재성. 『현대 목회상담학 개론』. 대전: 침례신학대학교 출판부, 2006.

이관직. 『개혁주의 목회상담학』. 서울: 대서, 2007.

이장호 외 2인. 『상담심리학의 기초』. 서울: 학지사, 2008.

클라우스 빈클러/ 신명숙 역. 『목회상담 영혼돌봄』. 서울: 학지사, 2007.

토마스 C. 오든/ 이기춘, 김성민 공역. 『목회상담과 기독교신학』. 서울: 다산글방, 1999.

한국목회상담학회 편. 『현대목회상담학자연구』. 서울: 희망나눔, 2017.

하워드 클라인벨/ 박근원 역. 『목회상담신론』. 서울: 한국장로교출판사, 2003.

Kaufman, Gordon D. *An Essay On Theological Method.* 3rd ed. Atlanta, GA: Scholars Press, 1995.

Thomas C. Oden. *Pastoral Theology: Essentials of Ministry.* San Francisco, CA: HarperOne, 1983.

Reeves, Michael. *Introducing Major Theologians: From the Apostolic Fathers to the Twentieth Century.* Nottingham, UK: Inter-Varsity Press, 2015.

Pitzele, Peter and Susan Pitzele. *Scripture Windows: Toward a Practice of Bibliodrama.* 2nd ed. Teaneck, NJ: Ben Yehuda Press, 2019.

03

영혼돌봄의 안내자, 디렉터

교회 청년이 '성경이 재미없다'라고 말했을 때 뭔가 속에서 확 올라오는 느낌이었어요. 수업 시간에 경험한 비블리오드라마를 청년에게 알려 주고 싶었어요. 그래서 의자에 마주 보고 앉아서 수업 시간에 배운 비블리오드라마를 했어요. [비블리오드라마 수업을 듣는 학생 A]

비블리오드라마의 경험은 강렬하다. 비블리오드라마는 사이코드라마와 같은 즉흥극이기 때문에 드라마의 강렬한 느낌을 현장에서 경험할 수 있다. 수업 시간에 처음 비블리오드라마에 참여한 학생들은 그다음 수업 시간이 될 때까지도 성경 내용이 계속 생각이 난다고 말한다.

위의 사례는 학생 A가 비블리오드라마를 경험한 이후 교회에서 만난 청년에게 일대일로 비블리오드라마를 진행한 소감을 수업 시간에 나눈 것이다. 학생 A는 교회 청년이 '성경이 재미없다'라는 말을 했을 때 '뭔가 속에서 확 올라오는 느낌이었다'라고 표현한다. 학생 A의 사례는 디렉터(director)에게 무엇이 필요한지 알려 준다.

이렇게 재미있는 성경을 교회 청년이 재미없다고 말을 하니 저도 모르게 비블리오드라마를 해 주고 싶은 마음이 들었어요.

[학생 A가 디렉팅을 한 이유]

학생 A는 의도하지는 않았지만 비공식적으로 처음 비블리오드라마의 디렉터가 되었다. 그는 비블리오드라마를 수업에서 배운 지 얼마 되지 않아서 기법이나 이론에 능숙하지 않았지만, 학생 A의 마음과 열정은 교회 청년에게 전달되었을 것으로 생각된다. 그가 교회 청년에게 비블리오드라마를 통해 알려 주고 싶어 한 것은 성경의 재미였다.

또한 학생 A가 교회 청년에게 비블리오드라마를 할 수 있었던 것은 그가 예수 그리스도와 성경을 사랑하고, 비블리오드라마에서 받은 감동을 전해 주고 싶은 열정이 있었기 때문이다. 〈영혼돌봄의 안내자〉인 디렉터는 이러한 자세가 필요하다. 예수께서도 사람들에게 '만남과 대화'를 통해서 영혼돌봄을 하셨고,[1] 학생 A의 행동을 통해서 예수 그리스도의 영혼돌봄을 엿볼 수 있다. 이처럼 〈영혼돌봄의 비블리오드라마〉에서 디렉터는 참여자를 예수의 영혼돌봄으로 안내하는 사람이다.

〈영혼돌봄의 비블리오드라마〉는 성경이 핵심적으로 말하는 예수 그리스도와 그의 영혼돌봄에 착안하여 필자가 창안한 것으로 지금까지 디렉터들이 알지 못했던 영역이다.[2] 〈영혼돌봄의 비블리오드라마〉는 예수께서 삶으로 보여 주신 '영혼돌봄'을 그 정체성으로 하며, 여기에서 디렉

---

1) 안석모 외 7인, 『목회상담 이론 입문』(서울: 학지사, 2020), 98-101.
2) 곽우영, "비블리오드라마의 향후 과제와 목회적 돌봄: 아동의 메소드 훈련을 적용한 아동 비블리오드라마를 중심으로," 「신학과 실천」 81(2022), 526.

터는 〈영혼돌봄의 안내자〉로 제안한다.

그렇다면, 디렉터는 누구인가?

일반상담이 '상담자(counselor)-내담자(counselee)'의 관계라면 비블리오드라마는 '디렉터(director)-참여자(participant)'의 관계이다. 디렉터(director)라는 용어는 모레노의 사이코드라마에서 시작되었다. 모레노는 디렉터를 연출가, 치료자, 분석가로 말한다.[3] 사이코드라마의 디렉터는 드라마를 구성하는 연출가이며, 치료를 수행하는 치료자이자, 주변 인물들이 주인공에게 주는 정보를 활용하는 분석가이다.[4]

그러나 비블리오드라마와 사이코드라마는 그 성격에서 다르다. 사이코드라마는 참여자의 삶의 문제를 다루는 심리치료인 반면에, 비블리오드라마는 성경의 경험과 심리치료 모두를 아우른다. 이처럼 사이코드라마와 비블리오드라마는 그 내용과 성격에서 다르기 때문에 디렉터의 정체성은 차이가 있어야 한다.

사이코드라마의 디렉터는 주인공의 심리치료를 위해 무대를 구성한다. 사이코드라마는 심리치료의 대상자인 주인공(protagonist)이 존재한다. 무대는 주인공의 주관적 세계로 구성되며, 디렉터는 보조 자아(auxiliary ego)와 관객(audience)들로 주인공의 심리치료를 돕는다.[5] 그

---

3) J. L. Moreno, *Psychodrama*, vol. I, 6th ed., (Princeton, PA: Psychodrama Press, 2019), 39.
4) *Ibid.*, 364.
5) *Ibid.*, 37-38.

러나 〈영혼돌봄의 비블리오드라마〉에서 디렉터는 〈영혼돌봄의 안내자〉
로 참여자들을 성경으로 안내하고, 예수와 영혼돌봄을 경험할 수 있도록
돕는다. 비블리오드라마는 특별히 주인공을 따로 두지 않으며, 보조 자
아와 관객은 모두 참여자(participant)로 통합되며, 참여자들은 무대에서
성경 본문을 구성하고, 경험한다.[6]

지금까지 시행된 비블리오드라마는 성경을 본문으로 사용했지만 '예수
의 영혼돌봄'에 대해서는 알지 못했다. 비블리오드라마의 아버지로 불리
는 마르틴(Gerhard Marcel Martin)은 비블리오드라마의 과정은 성경으
로 돌아오는 것이 중요하다고 말한다. 그는 비블리오드라마를 '영혼돌봄'
의 관점에서 보지는 않았지만, 비블리오드라마가 성경이 주는 힘에 기대
에 사용하는 것을 알고 있었다.[7] 비블리오드라마가 성경이 말하고 있는
것에 대한 고려 없이 사용될 때 사이코드라마처럼 사용될 수 있다. 이것
이 지금까지 비블리오드라마 디렉터들이 사이코드라마처럼 비블리오드
라마를 진행한 이유였다고 생각한다.

또 다른 이유로는 비블리오드라마는 사이코드라마에 영향받아 탄생했
기 때문에 사이코드라마 디렉터들이 비블리오드라마를 다룰 때 생기는
문제이다.[8] 이 경우에도 비블리오드라마는 사이코드라마처럼 사용된
다. 〈영혼돌봄의 비블리오드라마〉에서 디렉터를 〈영혼돌봄의 안내자〉로
새롭게 제안한 것은 디렉터의 정체성을 생각해 보기 위해서이다.

---

6) Part 2. '06 비블리오드라마 3가지 요소, 5가지 기법'에 대한 내용을 참고 바란다.
7) Gerhard Marcel Martin, *Sachbuch Bibliodrama: Praxis und Theorie*, 2nd ed., (Stuttgart, DE: Kohlhammer, 2001), 10.
8) Jack Ward, "The Clergy and Psychotherapy," *Group Psychotherapy* 20(1967), 204-05.

교회의 탄생 배경에는 예수 그리스도와 그의 삶을 따르는 공동체가 있었다.[9] 교회는 예수와 그의 영혼돌봄을 따르는 삶을 신자들에게 가르치고, 인도한다. 이것은 예수의 영혼돌봄이 교회의 사역이며, 현대목회현장에서 필요한 것임을 알려 준다. 그간 비블리오드라마는 그 효용성이 뛰어남에도 교회현장에서 널리 사용되지 못했다. 여러 교회에서 비블리오드라마를 진행했지만 대부분의 교회가 필자의 디렉팅으로 비블리오드라마를 처음 경험한 경우가 대부분이었다. 비블리오드라마를 다년간 연구하고 실천하면서 그 이유를 예수 그리스도와 그의 영혼돌봄에서 찾을 수 있었다. 기존의 비블리오드라마는 교회현장의 필요인 예수와 영혼돌봄에 대해 그 필요성을 알지 못했다. 〈영혼돌봄의 비블리오드라마〉는 예수의 영혼돌봄을 정체성으로 비블리오드라마를 진행하기 때문에 목회현장의 필요를 채울 수 있다.

이것은 또한 비블리오드라마 디렉터가 사이코드라마의 디렉터와 어떻게 달라야 하는지 생각하게 한다. 사이코드라마는 개인을 위한 심리극이고, 비블리오드라마는 전체 참여자의 성경체험을 목적으로 한다. 〈영혼돌봄의 비블리오드라마〉는 디렉터가 예수와 영혼돌봄을 비블리오드라마에서 참여자들이 경험할 수 있도록 안내하는 것이 필요하다.

요컨대 〈영혼돌봄의 안내자〉인 디렉터는 참여자들이 예수 그리스도와 영혼돌봄을 경험할 수 있도록 영혼돌봄의 철학을 가지고 비블리오드라마를 구성하고 실천해야 한다. 다음에서는 〈영혼돌봄의 안내자〉인 디렉터가 〈영혼돌봄의 비블리오드라마〉를 어떻게 구성하고, 실천해야 하는지 그 구체적인 내용들에 대해 알아보겠다.

---

9) 클라우스 빈클러/ 신명숙 역, 「목회상담 영혼돌봄」(서울: 학지사, 2007), 107-112.

디렉터는 어떤 준비가 필요할까?

그렇다면 〈영혼돌봄의 비블리오드라마〉(이하, '비블리오드라마'로 통칭한다)[10]의 디렉터는 어떤 준비가 필요할까? 비블리오드라마와 사이코드라마의 경계가 되는 것은 성경이다. 성경은 역사적인 유물이 아니라 지금도 현대인에게 예수 그리스도를 알리고, 예수를 따라 살 수 있도록 그 말씀으로 인도한다. 성경의 핵심에는 예수 그리스도와 그의 삶인 영혼돌봄이 있다.[11] 현대인들은 비블리오드라마에서 성경을 통해 예수 그리스도를 만나고, 그의 삶인 영혼돌봄을 경험할 수 있다.

〈영혼돌봄의 안내자〉인 디렉터는 예수와 영혼돌봄으로 참여자를 안내하기 위해 〈영혼돌봄의 경험자〉, 〈철학이 있는 인도자〉, 〈실제적인 준비자〉로서 세 가지의 자세와 철학이 필요하다.

첫째, 디렉터는 〈영혼돌봄의 경험자〉이다. 과거 성경을 연구하는 필자에게 어떤 사람이 '성경연구를 잘하려면 국어를 잘하면 되는 거 아닌가요?'라고 질문했다. 물론 성경연구를 위해서는 문단과 문맥을 보는 힘이 필요하다. 그러나 성경연구는 지적인 능력 외에도 무엇보다 성경을 연구하여 삶에 적용하려는 겸손한 자세가 필요하다. 비블리오드라마 디렉터의 자세도 이와 다르지 않다. 디렉터가 영혼돌봄을 인도하려면 디렉터가 먼저

---

10) 〈영혼돌봄의 비블리오드라마〉는 기존의 비블리오드라마에 예수의 영혼돌봄을 더했다. 필자는 〈영혼돌봄의 비블리오드라마〉가 기존 비블리오드라마의 미래라고 생각하기 때문에 이하 '비블리오드라마'로 통칭하고, 그 독특한 특징을 나타낼 때는 〈영혼돌봄의 비블리오드라마〉라고 표기하겠다.

11) 안석모 외 7인, 『목회상담 이론 입문』, 75-76.

자신이 예수 그리스도를 만나고, 영혼돌봄을 경험하는 것이 필요하다.

둘째, 디렉터는 〈철학이 있는 인도자〉이다. 디렉터의 철학은 그의 디렉팅(directing)의 방향을 결정한다. 비블리오드라마의 처음시도는 성경에 사이코드라마를 결합한 방식을 사용했다. 그러나 성경을 사이코드라마의 형식으로 적용한 비블리오드라마는 참여자의 개인적인 경험과 정서에 초점이 맞춰지기 쉽기에 성경을 사용하는 비블리오드라마의 고유한 특성을 드러내기 어렵다는 결론에 이르렀다. 디렉터는 영혼돌봄의 철학을 가지고 비블리오드라마에서 영혼돌봄을 구체적으로 드러낼 수 있어야 한다.

셋째, 디렉터는 〈실제적인 준비자〉이다. 디렉터는 〈실제적인 준비자〉로서 1인 3역 이상이 필요하며, 구체적으로 비블리오드라마의 전체 과정을 구성하고, 준비사항을 체크하며, 현장을 점검하는 일련의 과정으로 성경을 드러내고 참여자를 영혼돌봄으로 안내한다.

이 세 가지는 〈영혼돌봄의 안내자〉인 디렉터가 비블리오드라마를 준비하기 위해 필요한 사항이다. 기존에는 디렉터가 비블리오드라마를 준비하기 위해 참고할 수 있었던 사항들은 비블리오드라마가 '웜업-드라마-나누기'로 구성되고, 그 내용들에는 무엇이 있는지 아는 정도였다. 그러나 실제로 현장에서 비블리오드라마를 진행하려면 디렉터가 준비해야 해야 할 것들은 위와 같이 상당히 많다.

이는 초보 디렉터들이 비블리오드라마를 디렉팅(directing)하는 것을 돕기 위한 방법이기도 하다. 그 구체적인 내용들은 다음과 같다.

영혼돌봄의 경험자, 디렉터

나는 저녁에 올더스게이트 거리에 있는 한 협회에 마지못해 갔습니다. 거기서 한 사람이 루터의 로마서 서문을 읽고 있었습니다. 9시 15분쯤에 그가 '그리스도를 믿는 믿음을 통해 하나님께서 마음의 변화를 일으키신다'고 설명하는 동안 나는 내 마음이 이상하게 따뜻해지는 것을 느꼈습니다. 나는 구원을 위해 오직 그리스도만을 신뢰한다고 느꼈습니다. 그리고 그분이 내 죄들을 없애시고, 나를 죄와 사망의 법에서 구원하셨다는 확신이 생겼습니다.   [존 웨슬리의 일기, 1738년 5월 24일][12]

〈영혼돌봄의 경험자〉인 디렉터는 예수와 영혼돌봄을 먼저 경험한 사람이 되어야 한다. 예수 그리스도를 믿고, 그의 삶에서 영혼돌봄을 실천하는 사람으로 존 웨슬리가 있다.

존 웨슬리(John Wesley, 1703-1791)는 부모로부터 철저한 신앙생활을 교육받았고, 성인이 된 후에도 누구보다 성실한 삶과 경건한 신앙생활을 했다. 그는 동생인 찰스 웨슬리와 홀리 클럽(Holy club)을 결성하여 성경을 연구하고, 신앙적 삶의 모범을 보여 준다. 규칙적인 성경 읽기와 기도, 금식과 명상, 독서 등을 했고, 자선활동을 다녔으며, 내적 성찰을 위해 일기 쓰기와 하루에도 몇 번씩 자신을 돌아보는 경건 생활을 훈련했다. 그에게 규칙쟁이들(Methodists)이라는 별명이

----

12) John Wesley, *The Works of John Wesley: Complete and Unabridged*, vol. I, 3rd ed., (Grand Rapids, MI: Baker Book House, 1979), 103.

오랜 기간 따라다녔다. [13]

그는 1738년 올더스게이트 거리(Aldersgate Street)의 모라비안의 집회에서 회심을 경험한다. 그 당시 웨슬리는 믿음에 대해서 고민했다. 위의 [존 웨슬리의 일기]에서 그는 루터의 로마서 서문을 들으며 마음이 이상하게 뜨거워지는 경험을 한다. 그 순간 웨슬리는 예수 그리스도만을 믿음으로 구원받고, 모든 죄에서 용서받았다는 확신이 들었다. [14]

웨슬리의 회심 체험은 그의 인생의 변화점이 되었다. 그의 설교〈믿음으로 말미암는 구원(Salvation by Faith)〉[15]에서 구원은 오직 예수 그리스도를 믿음으로 가능하다고 강조하였고, 내적 은총(inner grace)의 경험을 중요시했다. 또한 웨슬리는 영국 성공회가 교회 밖 설교를 금지했지만 예수 그리스도가 산상수훈을 한 것을 근거로 언덕, 공원, 집 등 교회 밖을 무대로 세계를 다니며 선교했다. 그는 '전 세계는 나의 교구(All the world is my parish)'[16]라고 생각하고 일 년에 4,500마일(약 7,250킬로미터) 이상을 이동했다. [17] 웨슬리의 사상과 노력으로 종교적, 도덕적으로 해이해진 영국 교회에 영적각성을 일으켰으며, 감리교(Methodist Church)가 탄생되었고, 성결 교회, 순복음 교회의 탄생에 영향을 주었다.

---

13) John Wesley, *The Works of John Wesley: Complete and Unabridged*, vol. V, 3rd ed., (Grand Rapids, MI: Baker Book House, 1979), 1-2.

14) *Ibid.*, 6.

15) *Ibid.*, 7-16.

16) *Ibid.*, 201.

17) Nehemiah Curnock, *The Journal of John Wesley*, (New York, NY: Capricorn Books, 1963), xxi.

예수를 만남
: 존 웨슬리의 경험은 예수 그리스도를 믿는 확신으로 이어진다

〈영혼돌봄의 안내자〉인 디렉터에 대한 영감은 존 웨슬리로부터 왔다. 존 웨슬리는 비블리오드라마가 탄생하기 이전의 사람이다. 그러나 그는 누구보다 예수 그리스도를 따르고, 그의 삶을 실천하는 사람이었다. 웨슬리는 모라비안의 집회에서 '마음이 따뜻해지는 경험'으로 예수 그리스도를 믿는 것에 대한 확신이 생겼다.

비블리오드라마 디렉터로 웨슬리가 떠오른 이유는 그는 몸의 경험을 통해 예수 그리스도에 대한 믿음을 확신한 〈영혼돌봄의 경험자〉이기 때문이다. 이것은 예수 그리스도를 인지적으로 아는 것에서 믿음의 확신으로 이어진 영적각성이다. 비블리오드라마에서 참여자가 예수 그리스도를 만나거나 경험하는 것은 웨슬리의 체험을 생각나게 한다. 참여자는 비블리오드라마에서 예수를 만나거나, 예수 역할을 해봄으로 영혼돌봄을 경험으로 알게 된다.

디렉터는 〈영혼돌봄의 경험자〉로 참여자들에게 영혼돌봄을 안내하기 위해 웨슬리처럼 먼저 예수 그리스도를 만나고 경험하는 것이 필요하다. 당연한 말이지만, 영혼돌봄을 경험하지 않는 사람이 영혼돌봄을 안내할 수는 없다.

예수의 삶(영혼돌봄)을 실천함
: 존 웨슬리는 규칙적인 경건 생활을 했다

웨슬리의 경건 생활은 홀리 클럽(holy club)으로 대표되며, 그는 규칙적인 경건 생활을 일생 동안 실천했다. 이것은 웨슬리가 성경 '한 책의 사람(homo unius libri)'이 되기를 원하여 성경대로 살려는 노력이었다. 그는 비블리오드라마나 영혼돌봄을 알지 못했지만 성경을 실천함으로 예수의 영혼돌봄을 따르는 삶을 살았다.

일례는 웨슬리가 야외 설교를 한 것에서 찾을 수 있다. 당시 웨슬리가 속해 있던 영국 성공회는 옥외 설교를 금지했다. 그러나 홀리 클럽에서 함께 활동했던 조지 휫필드(George Whitefield)가 야회 설교를 웨슬리에게 권유했다. 웨슬리는 반대 입장이었지만, 예수께서 산상수훈을 하셨던 것을 근거로 야외 설교를 수락한다.[18] 이처럼 웨슬리는 성경을 근거로 예수께서 하신 영혼돌봄을 따라서 실천한다.

웨슬리의 삶은 비블리오드라마의 디렉터에게 먼저 예수 그리스도를 만나고, 그의 삶이 영혼돌봄을 실천할 것을 말하는 것 같다. 현대에서도 진정한 영적인 거장들은 웨슬리처럼 예수의 삶을 그 말씀대로 실천하는 사람들이다. 디렉터는 웨슬리가 성경으로 예수께서 보여 주신 영혼돌봄을 따라서 실천한 것처럼 〈영혼돌봄의 경험자〉가 될 것이 요청된다.

필자는 디렉터로 비블리오드라마를 준비하면서 〈영혼돌봄의 경험자〉로 다음과 같은 사항들을 실천한다. **금식, 묵상, 기도, 예수 그리스도를 비블리오드라마에 초대하는 것**을 디렉터로 매번 실천한다. 사실 이러한 부분은 디렉터의 준비영역 중에서 사적인 부분이라고 할 수 있다. 그러나 다년간 디렉팅을 하면서 디렉터가 먼저 영혼돌봄을 경험하고, 이에 대한 실천과정이 중요하다는 것을 절실하게 깨달았다. 또한 이 실천과정이 비블리오드라마의 결과에 영향을 미치는 것을 거의 매번 보았기 때문에

---

18) Wesley, *The Works of John Wesley*, vol. V, 185.

이에 대해서 함께 생각해 보고자 한다.

　비블리오드라마 수업에서 이 과정은 비블리오드라마를 잘할 수 있는 히든 카드(hidden card)로 학생들에게 알려 준다. 디렉터는 처음부터 완벽하게 디렉팅(directing) 할 수 없고, 비블리오드라마를 진행하면서 경험으로 배우는 것들이 많다. 그 과정을 조금이나마 줄여줄 수 있는 것이 아래의 네 가지이다.

- **금식:** 금식은 현재의 상황과 나의 생각을 내려놓고 예수 그리스도를 채우는 작업이다. 금식으로 내 안에 있는 것들을 비우며, 본문을 통해 전체적인 비블리오드라마의 구성을 돌아보고, 객관적인 눈으로 비블리오드라마의 작업과 준비사항을 점검한다. 금식은 비블리오드라마 작업을 하나님의 손에 맡기고 성경 본문을 돌아보는 시간이다.

- **말씀 묵상:** 비블리오드라마의 본문을 묵상하고, 그 말씀의 의미를 먼저 생각해 본다. 신학 개론서나 주석을 찾아보기도 하지만 말씀 자체로 하는 묵상이 먼저이며, 더 중요하다. 디렉터는 말씀 묵상을 통해 본문의 순서를 머릿속으로 정리하고, 그려 본다.

- **참여자를 위한 기도:** 비블리오드라마를 진행하면서 가능하면 참여자들의 명단을 받는다. 참여자들이 비블리오드라마에 참여할 준비가 되고, 모든 순서를 통해서 그들에게 하나님의 은혜가 함께하길 기도한다. 또한 참여자 그룹의 발달단계를 체크하여 전체 그룹의 분위기를 파악하는 과정의 의미도 있다.

· **예수를 비블리오드라마에 초대:** 예수 그리스도를 해당 비블리오드라마에 초대하는 일은 사전작업의 가장 마지막에 단계에 한다. 모든 준비가 완료되면 기도로 예수 그리스도께서 비블리오드라마에 함께하시도록 초대한다.

철학이 있는 인도자, 디렉터

배는 작은 키로 움직이며 항로가 결정된다. 디렉터의 철학은 비블리오드라마의 방향과 정체성을 결정한다. 비블리오드라마는 그 방향과 정체성에 예수 그리스도와 그의 삶이 있다.

비블리오드라마는 참여자의 역할 경험으로 성경을 새롭게 알게 되는 방법이다. 비블리오드라마를 예수 그리스도와 영혼돌봄으로 진행하는 것은 목회현장의 필요를 충족시키는 일인 동시에 성경의 경험을 극대화할 수 있는 방법이다. 참여자들은 비블리오드라마에서 예수 그리스도를 만날 때 마음의 변화가 가장 컸다. 다음은 비블리오드라마에서 참여자들이 예수를 만났을 때 그 경험을 나누기(sharing)한 것이다.[19]

---

19) 2023년 2월에 전주 C 교회 중·고등부 동계수련회에서 '우물가의 여인'〈요한복음 4:5-15〉으로 비블리오드라마를 경험한 학생들이 느낀 점을 설문지로 작성한 내용이다. '느낀 점 나누기'는 설문지에 무기명으로 작성하였고, 학생 B~H는 중·고등부라는 것 외에 구체적인 성별, 나이의 정보는 알 수 없다. 곽우영, "예수 그리스도의 영혼돌봄으로 본 비블리오드라마: 비블리오드라마를 통한 목회상담적 제안," 「신학과 실천」 87(2023), 277.

직접 예수님 역할을 해서 여인에 대한 예수님의 마음과 사랑이 느껴졌다.

[예수 역할, 학생 B]

예수님이 한 생명을 얼마나 사랑하시는지 알게 되었다.

[샘물 역할, 학생 C]

예수님의 사랑을 다시 한번 느낄 수 있던 것 같아 좋았다.

[사마리아 여인 역할, 학생 D]

예수님 역할을 직접 보면서 예수님 입장도 알 수 있어서 좋았다.

[영생 역할, 학생 E]

예수님의 심정을 알게 되었다.　　　　　　　[선물 역할, 학생 F]

하나님에 대해 더욱 잘 알게 된 것 같다.　　　[피곤 역할, 학생 G]

예수님의 따뜻한 마음과 심정을 느낀 것 같다.　　[우물 역할, 학생 H]

　비블리오드라마에서 참여자들이 예수를 만남으로 '예수의 마음을 알 수 있었다'라는 것은 공통적으로 나타나는 특징이다. 예수 역할을 하거나 예수를 만난 것은 참여자에게 특별한 경험이다. 영혼돌봄은 예수를 통한 진정한 치유와 회복을 알려 준다. 기독교인에게 예수는 그리스도(Χριστός, 구세주)이며, 현존하는 믿음의 대상이기 때문에 예수와의 만남은 치료를 넘어선 진정한 구원과 치유를 경험하는 순간이다. 위의 사례에서 학생들은 현존하는 믿음의 대상인 예수를 만남으로 예수를 깊이 알게 되는 경험을 한다. 이를 통해 참여자들이 현장에서 영혼돌봄을 어떻게 경험하는지 알 수 있다.

비블리오드라마가 영혼돌봄의 정체성으로 진행되는 방법은 여러 가지이다. 영혼돌봄은 예수 그리스도 자체이며, 그분의 삶을 통해 드러나기 때문에 성경을 통해 예수께서 하신 일들을 따라가므로 할 수 있다. 〈영혼돌봄의 비블리오드라마〉는 신비의 영역이라고 여겨졌던 예수 그리스도와의 만남, 역할을 통한 경험으로 '영혼돌봄'을 가능하게 한다.[20]

여기에서는 비블리오드라마에서 영혼돌봄을 구체화시키는 방법들인 〈예수 그리스도의 역할을 하는 것〉, 〈예수 그리스도가 보여 준 삶을 실천하는 것〉, 〈예수 그리스도를 비블리오드라마에 초청하는 것〉, 〈비블리오드라마에 예수 그리스도의 임재가 있기를 기도하는 것〉을 알아보겠다.

첫째, 예수 그리스도의 역할을 하는 것이다.

예수 그리스도의 삶 자체를 영혼돌봄이라고 할 수 있다. '예수 역할'이 되어 그분의 삶을 직접 역할연기(role playing)해 봄으로 예수 그리스도의 마음과 생각, 행동을 돌아볼 수 있다. 하나님이나 예수 역할을 하는 것은 참여자에게 신비한 경험이다. 예수 그리스도의 역할은 '예수 그리스도와의 만남'이나 '예수 그리스도와의 관계 경험'이 된다.

기독교의 신자들을 기도, 성만찬, 설교, 말씀 등을 통해 하나님을 경험한다. 비블리오드라마의 역할은 살아 있는 말씀이신 그리스도를 경험하는 것으로 그 역할 경험만으로 의미 있는 일이다. 기독교에서 경험하는 의례나 말씀 읽기는 간접적인 경험이라면, 역할을 통한 경험은 직접적인 체험으로 예수를 아는 것이다.

---

20) *Ibid.*

둘째, 예수 그리스도가 보여 준 삶을 실천하는 것이다.

예수 그리스도의 삶은 공관복음에 그의 생애와 관련하여 나타난다. 구약성경은 어떨까? 신약은 예수 그리스도의 탄생을 기점으로 그 이후에 쓰였고, 구약은 예수 탄생 이전 시대이기 때문에 예수의 역할이나, 영혼돌봄에 대해서 의문이 생길 수 있다. 그렇다면, 구약성경에서도 영혼돌봄이 가능할까? 이 질문에 대한 대답은 '그렇다'이다.

구약성경을 통해서도 영혼돌봄이 가능하다. 구약성경에는 메시아이신 '예수가 오실 것'에 대한 약속이 쓰여 있다. 예수는 구약시대에 탄생하시지 않았지만, 그를 미리 보여 주는 인물들이 있다. 아브라함을 포함하여 이삭, 야곱, 모세, 다윗 등 구약시대에 예수를 미리 보여 주는 인물들로 이들을 통해 예수의 영혼돌봄을 알 수 있다. 이것은 성경을 예수 그리스도의 관점으로 보는 것이다.[21]

파란색 안경을 쓰고 세상을 보면 세상이 모두 파랗게 보이듯 '예수의 안경'을 쓰고 구약의 내용과 사건들을 해석할 때 예수의 영혼돌봄이 가능해진다. 이들을 통해 예수 그리스도가 하실 일들이나 그분에 대해서 미리 알 수 있고, 예수 그리스도에 대한 성경의 약속이 어떻게 성취되어 가는지도 볼 수 있다.

또한 구약성경 본문에는 예수가 등장하지 않지만, 비블리오드라마에 진행할 때 예수를 드라마에 초청하는 방법도 가능하다. 예수의 역할은

---

21) 성경 본문에 예수가 등장하지 않더라도 등장인물을 통해 영혼돌봄을 경험한 것은 Part 2. '04 비블리오드라마 역할과 영역 나누기'를 참고 바란다. 일예로 〈역할을 통한 영혼돌봄〉에서 수지(가명)는 '아버지 역할'을 예수에 비유하며 '아버지를 해 보니 예수님이 내려온 기분이었다'고 나누기(sharing) 한다.

관찰자, 조언자 등으로 나올 수 있다.

셋째, 예수 그리스도를 비블리오드라마에 초청하는 것이다.

성경 본문에 예수 그리스도나 하나님이 등장하면 디렉터는 비블리오드라마에 그 역할들을 배정할 수 있다. 그러나 본문에 예수께서 등장하지 않더라도 디렉터는 필요에 따라서 하나님과 예수 그리스도를 비블리오드라마에 참여시킬 수 있다.

보통 이 역할은 '모든 것을 지켜보는 관찰자', '모든 것 가운데 함께 계시는 분', '위험하거나, 도움이 필요할 때 힘이 되어 줄 수 있는 분' 등으로 나타날 수 있다. 비블리오드라마에 예수와 하나님 역할이 존재하는 것만으로도 참여자들에게 특별한 경험이 된다.

디렉터가 예수를 비블리오드라마에 가장 많이 드러나는 방법은 웜업(warm-up)을 통해서이다. 웜업에서 '나와 예수님의 거리측정', '만나고 싶은 예수님 찾기' 등으로 참여자는 예수를 만나는 경험이 가능하며, 비블리오드라마를 통해 영혼돌봄을 경험한다.

넷째, 비블리오드라마에 예수 그리스도의 임재가 있기를 기도하는 것이다.

위의 세 가지는 디렉터가 예수 그리스도를 비블리오드라마에 무대에 등장시켜서 참여자가 예수 역할이 되거나, 예수를 만남으로 영혼돌봄을 경험하는 방법이다. 네 번째는 기도를 통해 비블리오드라마에 예수 그리스도가 임재하시도록 초청하는 것으로 이것이 기존의 비블리오드라마나 사이코드라마와 다른 〈영혼돌봄의 비블리오드라마〉의 특징이다.

〈영혼돌봄의 비블리오드라마〉는 성경에 나타난 예수 그리스도와 그를 따라서 살았던 성경 인물들의 역할을 통해 성경에 면면히 흐르는 예수 그리스도와 그의 영혼돌봄을 경험할 수 있다. 비블리오드라마의 무대에 예수 그리스도를 초청하는 일은 비블리오드라마를 영혼돌봄의 현장으로 만드는 일이기도 하다. 영혼돌봄은 예수 그리스도이며, 그분의 삶의 발자취를 따라가는 것이기에 기도로 예수께서 임재하시기를 구하는 것도 영혼돌봄의 한 방법이 된다.

실제적인 준비자, 디렉터

디렉터의 영역은 비블리오드라마를 시연하는 무대일 뿐만 아니라, 극을 준비하는 과정도 포함되어야 한다. 디렉터가 준비해야 되는 과정은 무대에서 보이지 않지만, 이것이 없이는 실전이 어렵다는 것을 비블리오드라마 디렉터들은 공감할 것이다. 사람들이 보는 시연(play)과정은 마치 빙산의 일각처럼 디렉터의 수많은 노력들의 결정체이기 때문이다. 여기에서는 실제적으로 디렉터들이 비블리오드라마를 준비할 때 필요한 사항들을 **준비과정**, **사전작업**, **실전**으로 나누어서 알아보겠다.

비블리오드라마는 디렉터의 역량에 따라서 디렉팅(directing)은 차이가 난다.[22] 이것은 유능하고, 훌륭한 사람만 디렉터를 할 수 있다는 것을 의미하지 않는다. 디렉터는 교육, 훈련, 경험 등 여러 가지 준비가 필요하

---

22) Peter and Susan Pitzele, *Scripture Windows: Toward a Practice of Bibliodrama*, 2nd ed., (Teaneck, NJ: Ben Yehuda Press, 2019), 12-13.

며, 누구든지 적절한 교육과 훈련을 받는다면 디렉터로 성장할 수 있다. 또한 디렉터가 전문가로 성장하기 위해서는 교육과 훈련은 필수적이다. 필자에게 '유능한 디렉터가 누구인가?'라고 묻는다면 〈영혼돌봄의 안내자〉라고 대답할 것이다. 디렉터에게 철학은 준비과정들에 우선한다.

디렉터로서의 경험에서도 비블리오드라마에서 예수 그리스도와 그의 영혼돌봄이 드러날 때 성경의 재미도 함께 살아났다. 디렉터는 〈영혼돌봄의 안내자〉로서 참여자들이 예수를 만나고, 예수 역할을 통해 영혼돌봄을 경험할 수 있도록 인도해야 한다.[23] 역할을 통해 예수 그리스도가 되는 경험, 예수 그리스도와 만나는 경험들은 신자들에게는 자신들의 신앙을 돌아보고, 다시금 예수께도 돌아가는 영혼돌봄의 시간이 될 수 있다. 그다음이 준비과정들이다.

여기에서는 디렉터가 비블리오드라마를 준비할 때 필요한 실제적인 준비사항들을 다룬다. 비블리오드라마의 전체적인 구상과정과 그 구체적인 사항들을 알아봄으로 초보 디렉터들이라도 비블리오드라마를 구성할 수 있도록 도우려고 한다.

비블리오드라마의 전체준비과정에서 참여자들을 영혼돌봄으로 인도하기 위한 디렉터의 역할은 1인 3역 이상이 필요하다. 본문을 선택하고 전체적인 구조를 잡는 **준비과정**, 비블리오드라마 시행하기 위한 장소와 사람들을 파악하는 **사전작업**, 장비를 점검하고 드라마(drama)를 이끄는 **실전**까지 모두 디렉터가 준비해야 하는 영역이다.

---

23) 비블리오드라오드라마를 진행에 관련하여 구체적인 구성과 디렉팅(directing)은 Part 2. '05 비블리오드라마 대표 구조: 웜업-드라마-나누기'를 참고 바란다.

준비과정

준비과정은 비블리오드라마 시행하기 위해 현장을 준비하고, 참여자들을 파악하는 초기작업으로 사전준비모임 참석, 현장답사가 있다. 준비과정에서 비블리오드라마를 실시하게 전에 사전준비모임에 참석하는 것을 권유한다. 사전모임에 참석하는 것은 비블리오드라마를 실시하는 집단의 전체적인 분위기를 확인할 수 있으며, 모임의 성격, 참여 인원, 성별 등 구체적인 사항을 체크할 수 있다.

현장답사는 비블리오드라마가 실시되는 현장에 대한 점검이 가능하다. 디렉터는 현장에서 필요한 물목들을(마이크, 의자, PPT 활용 여부, 음악, 카메라 사용 등) 점검하고, 필요한 사항들을 체크할 수 있다. 또한 당일 현장 현장에서 도움이 가능한 스태프(staff)를 담당자에게 요청할 수 있으며, 비블리오드라마의 동선을 체크하여 전체적인 구상에 도움을 받을 수 있다.

비블리오드라마를 교회에서 진행할 때 담임목사님과 비블리오드라마의 진행 목적과 방향을 의논하여 성경 본문을 결정하는 것이 필요하고, 센터나 학교에서 진행되는 경우 담임선생님이나 센터장과 논의가 필요하다. 비블리오드라마를 요청하는 곳은 그 진행 목적이 있다. 요청하는 곳의 상황에 따라서 디렉터에게 모두 맡기는 경우도 많지만, 모든 행사에는 진행목적이 있기에 이것을 조율하는 것은 필수적이다.

이것을 성경을 특정 이익에 따라 오용한다고 볼 수는 없다. 왜냐하면 '성경은 말하고자 하는 바'가 있는 저자의 집필의도가 있는 책으로 비블리오드라마는 성경 내용을 드러내는 특성이 다른 목적들보다 우선하여 나타난다. 또한 디렉터가 전체 구상을 미리 하고 비블리오드라마를 진행하더라도 현장에서 이루어지는 비블리오드라마는 참여자들의 역동에 따라 다르게 나타난다. 오히려 교회나 센터, 학교의 진행목적에 맞추는 본문 선택은 적제적소에 필요를 채워 주기 위한 노력이라고 보는 것이 타당하다.

사전작업

사전작업은 본문을 선택하고 전체적인 구조를 잡는 비블리오드라마의 구성과정이다. 준비과정에서 비블리오드라마를 실시하는 목적을 파악하고, 현장에 대한 정보를 얻어 성경 본문을 선택했다면, 사전작업에서는 비블리오드라마에 전체적인 구조를 잡는다. 이것은 비블리오드라마 전 과정을 설계하는 것으로 디렉터로서 가장 중요한 작업은 이제부터 시작된다. 비블리오드라마는 외형적인 현장준비도 필요하지만, 그 내용과 구성을 설계하는 것이 비블리오드라마의 성패를 좌우한다고 할 만큼 중요한 작업이기 때문이다.

이 단계에서 디렉터들에게 기도와 말씀 묵상을 권유한다. 이것에 대해 〈철학적인 인도자〉에서 대략적인 내용을 다루었기 때문에 여기에서는 짧게 언급하려고 한다. 성경은 선인들의 삶과 지혜의 영감 있는 기록서이며, 저자인 하나님의 의도가 있는 책이다. '성경은 하나님의 감동으로 된 것으로 교훈과 책망과 바르게 함과 의로 교육하기에 유익하니.'〈디모데후서 3:16〉 기도와 말씀 묵상은 성경을 잘 활용하기 위해서는 성령을 통해 저자인 하나님의 도우심을 구하는 과정이다. 저자만큼 그 책의 집필 동기를 잘 아는 사람은 없다.

이 단계에서 디렉터는 비블리오드라마의 전체 구상을 완료한다. 그러나 위에서 언급했듯이 실전에서 디렉터의 구상대로 모두 진행되지는 않는다. 비블리오드라마는 역동적인 즉흥극의 특징이 있어서 참여자들이 현장에서 역할로 만들어가는 성경 이야기의 흐름을 따라가기 때문이다. 같은 본문으로 비블리오드라마를 진행할지라도 참여자들이 만들어 가는 이야기가 다른 것은 비블리오드라마의 독특성이자, 묘미이기도 하다. 그럼에도 디렉터가 비블리오드라마의 전체구상을 하는 것이 필요한 이유는 디렉터가 성경의 흐름을 파악해야 전체적인 분위기를 이끌 수 있고, 이런 준비가 있어야 디렉터가 현장에서 비블리오드라마가 성경 본문에서 벗어나지 않고, 참여자들이 성경을 잘 경험하도록 인도할 수 있기 때문이다.

비블리오드라마가 여타 사이코드라마, 드라마치료와 다른 이유는 이처럼 성경을 본문으로 사용하기 때문이라고 해도 과언이 아니다. 그리고 〈영혼돌봄의 비블리오드라마〉는 성경의 핵심인 예수와 영혼돌봄을 참여자들이 경험하는 것을 목적으로 한다. 디렉터는 비블리오드라마를 구성할 때 웜업(warm-up)부터 '성경 본문과 관련된 소시오메트리(사회측정법, sociometry)', '예수 그리스도와의 만남' 등을 적절하게 배치하여 참여자들이 전체과정에서 영혼돌봄을 경험할 수 있도록 돕는 것이 중요하다.

실전

실전은 당일 현장을 점검하고, 비블리오드라마를 시연(play)하는 것을 말한다. 디렉터가 준비과정과 사전작업을 통해 비블리오드라마를 꼼꼼하게 준비했을지라도 현장상황은 유동적일 수 있다. 당초 생각했던 참여 인원보다 현장인원이 더 적거나 많을 수 있고, 시간이 조정되거나, 마이크나 카메라에 문제가 생기는 일 등은 현장에서 흔히 발생하는 변수이다. 그러나 당일에 현장점검은 이런 문제들의 발생을 낮추고, 비블리오드라마가 디렉터의 전체 구성에서 벗어나지 않도록 도울 수 있다.

참고문헌

곽우영. "비블리오드라마의 향후 과제와 목회적 돌봄: 아동의 메소드 훈련을 적용한 아동 비블리오드라마를 중심으로." 「신학과 실천」 81(2022), 521-545.

_____. "예수 그리스도의 영혼돌봄으로 본 비블리오드라마: 비블리오드라마를 통한 목회상담적 제안." 「신학과 실천」 87(2023), 261-284.

안석모 외 7인. 『목회상담 이론 입문』. 서울: 학지사, 2020.

클라우스 빈클러/ 신명숙 역. 『목회상담 영혼돌봄』. 서울: 학지사, 2007.

Curnock, Nehemiah. *The Journal of John Wesley*. New York, NY: Capricorn Books, 1963.

Martin, Gerhard Marcel. *Sachbuch Bibliodrama: Praxis und Theorie*. 2nd ed. Stuttgart, DE: Kohlhammer, 2001.

Moreno, J. L. *Psychodrama*, Vol. I. 6th ed. Princeton, PA: Psychodrama Press, 2019.

Pitzele, Peter and Susan Pitzele. *Scripture Windows: Toward a Practice of Bibliodrama*. 2nd ed. Teaneck, NJ: Ben Yehuda Press, 2019.

Wesley, John. *The Works of John Wesley: Complete and Unabridged*, Vol. I. 3rd ed. Grand Rapids, MI: Baker Book House, 1979.

Wesley, John. *The Works of John Wesley: Complete and Unabridged*, Vol. V. 3rd ed. Grand Rapids, MI: Baker Book House, 1979.

Ward, Jack. "The Clergy and Psychotherapy." *Group Psychotherapy* 20(1967), 204-10.

Part 2

비블리오드라마의
구조

비블리오드라마의 예시

하와: 〈독백〉 그날은 검은 점박무늬가 있는 뱀이 왔어요. 그 점박
무늬는 독특했지만, 그것이 뱀이 가진 아름다움이라고 생각
했어요. 뱀이 나무를 보여 주었는데 그 열매는 엄청 크고, 전
체적으로 빨갛고 위쪽만 약간 주황색이었어요. 뱀이 먹으라
고 제 쪽으로 꼬리로 툭 쳐서 땅에 떨어졌는데, 그 열매가 너
무 맛있어 보여서 저절로 손이 가더라고요. 그래서 저도 모
르게 한 입 베어 먹었어요. 그리고 나의 호구 아담을 불렀죠.
아담은 내 말을 잘 들어서 내가 부르면 잘 오거든요. 아담에
게 주었더니 그 애도 먹더라고요.

디렉터: 당신은 열매를 왜 먹었나요?

하와: 그날은 비도 오지 않는데 천둥과 검은 구름이 있었어요. 뱀
과 함께 나무에 가니 열매가 무거워서 열매 윗부분의 주황색
꼭지가 나무에서 떨어질 것만 같았어요. 어차피 나무에서 떨
어지면 바닥에 떨어져서 썩을 것 아니에요. 마침 뱀이 제 쪽
으로 열매를 툭 떨어트려서 한 입 먹었어요. 사실 너무 맛있
어 보였거든요. 그런데 생각나더라고요. 큰일 났다! 야, 이
거 수습이 안 되겠는데! 그러면 아담도 같이 끼어들게 해야
지.(웃음)

디렉터: 아담이 끼어든 건 계획적인 거였군요!

하와: 네. 어차피 제가 하나님께 벌을 받는데 아담이 편하게 있을

수 있겠어요. 부부는 일심동체니까 함께 해야죠.(웃음)

'아담과 하와 이야기'〈창세기 3:1-8〉 중

- 06 비블리오드라마 3가지 요소, 5가지 기법

04

비블리오드라마 역할과 영역 나누기

디렉터: 하나님 역할을 해 보니 어땠어?

참여자: 하나님을 해 봐서 좋았어요.

디렉터: 아담과 하와가 다투었는데? 하나님이 창조하신 두 명이 다투는 모습을
보았는데도 좋았나요?

참여자: (작게 웃으며) 좋았어요.[1]

지혁(가명)이는 11세의 초등학생 남자아이로 다소 수줍은 듯이 보였
고, 손톱에 때가 낀 모습이 인상적이었다. 지혁이는 신앙이 없음에도 '하
나님 역할'을 선택했고, 비블리오드라마에 편안하게 적응하는 모습을 보
였다. 위의 대화는 비블리오드라마의 마지막 단계인 나누기(sharing)에
서 지혁이가 '하나님 역할을 한 느낌'을 말한 것이다.

---

1) 이 예시는 2021년 A 시 '작은 도서관'에서 아동을 대상으로 시행한 비블리오드라마에서 신
앙이 없는 11세 남자아이가 하나님 역할 경험을 나누기(sharing) 한 것이다. 참여자는 신앙
이 없음에도 하나님 역할을 편안하게 생각하고 좋아했다. 곽우영, "비블리오드라마의 향후
과제와 목회적 돌봄: 아동의 메소드 훈련을 적용한 아동 비블리오드라마를 중심으로," 「신
학과 실천」 81(2022), 527.

사이코드라마의 창시자 모레노(Jacob Levy Moreno, 1889-1974)는 자신의 첫 번째 사이코드라마를 4살 때 동네 아이들과 지하실에서 했던 하나님 놀이(God-playing)라고 했다. 놀이에서 모레노는 신이 되어 하늘을 날아 보려고 하다가 땅에 떨어져 팔이 부러진 경험을 했다. 그리고 그는 다른 아동들도 '하나님' 역할을 해 보고 싶어 하는 것을 알았고, 이 놀이를 통해 아이들의 무한한 창조성을 발견했다.[2]

지혁이와 모레노의 경험은 아동이 적극적이고, 창조적이게 하나님을 받아들이는 것을 보여 준다. 인간이 보이지 않는 하나님의 존재를 아는 것은 인간에게 영혼이 있으며, 무의식적으로 그 근원에 대한 원초적인 갈망이 있음을 간접적으로 시사한다. 모레노는 예수가 거리, 언덕, 회당 등 장소를 가리지 않고 가르치시는 것을 보고 그를 누구보다 위대한 치료자로 여겼지만,[3] 예수는 그 본질상 영혼돌봄 자체이시다. 참여자들은 예수 역할을 통해서 예수 그리스도를 만나고 경험할 수 있다.

비블리오드라마와 사이코드라마에서 역할과 역할이론은 핵심적이다. 비블리오드라마의 디렉터인 피터 핏첼(Petet A. Pitzele)은 비블리오드라마를 단적으로 '성경 인물을 연기하는 역할극'이라고 표현한다.[4] 비블리오드라마의 역할을 알기 위해서는 이에 영향을 준 모레노의 사이코드라마의 역할에 대해 아는 것이 필요하다.

---

2) J. L. Moreno, *Psychodrama*, vol. 1, 6th ed., (Princeton, NJ: Psychodrama Press, 2019), 71-72.

3) Zerka T. Moreno, Lief Dag Blomkvist and Thomas Rützel, *Psychodrama, Surplus Reality and the Art of Healing*, (New York, NY: Routledge, 2000), xv-xvi.

4) Peter and Susan Pitzele, *Scripture Windows: Toward a Practice of Bibliodrama*, 2nd ed., (Teaneck, NJ: Ben Yehuda Press, 2019), xix.

여기에서는 **I 부 사이코드라마의 역할**에서 〈역할의 탄생〉, 〈역할의 의미〉, 〈역할의 종류〉에 대해서 알아보고, **II 부 비블리오드라마의 역할**에서 〈비블리오드라마의 역할〉, 〈비블리오드라마의 역할 특성〉, 〈역할 활용 6단계〉에 대해서 알아보겠다.

I 부 사이코드라마의 역할

모레노는 역할이론의 창시자이며, 정신치료적인 역할과 역할놀이는 모레노에서 시작되었다. 혹자는 미드(George Herbert Mead, 1863-1931)를 정신치료적 역할개념의 선구자라고 보기도 하지만, 모레노의 역할개념은 그보다 앞섰다.[5] 모레노는 역할이론은 새로운 방법의 치료로 정신치료, 철학, 사회심리를 통합하여 예술적인 형태의 치료를 보여 주며, 이 결과물이 사이코드라마이다.

현대에 사용되는 많은 역할놀이(role playing)은 사이코드라마의 창시자 모레노가 처음 개발한 이래 여러 상담에서 쓰이고 있는 방법이다. 유치원에서 아이들이 부부놀이, 의사와 환자 등의 역할놀이를 하거나, 부부상담에서 아내와 남편의 입장을 바꾸는 장면들(role reversal)은 우리에게 익숙하다. 모레노의 역할기법은 현재 역할놀이, 역할훈련, 놀이치료, 모래놀이 등 역할을 활용하는 새로운 기법들의 시초가 되었다.

---

5) 모레노의 'Who Sall Survive?'는 1934년 1월에, 미드의 'Mind, Self and Society'는 1934년 12월에 각각 발매되었다. Moreno, *Psychodrama*, vol. I, 44.

최초의 비블리오드라마는 사이코드라마의 형식을 사용했고,[6] 비블리오드라마의 이론들은 사이코드라마에서 많은 부분 도움을 받았다. 이런 이유로, 비블리오드라마의 역할과 그 기법을 알기 위해서는 모레노의 사이코드라마 기법들을 알아야 한다.

비블리오드라마와 사이코드라마는 모두 심리극이며, 즉흥극이라는 특징을 공유하지만 그 성격과 목적이 다르다. 이 차이점을 '역할'의 관점으로 알아보면, 비블리오드라마는 참여자가 성경 역할 경험을 하는 것이 목적이고, 사이코드라마는 주인공의 역할확장으로 역할개발, 혹은 역할창조를 통해 삶의 갈등을 해결하는 것이 목적이다.

비블리오드라마의 역할에 대해 알아보기 위해 먼저 사이코드라마의 역할을 〈역할의 탄생〉, 〈역할의 의미〉, 〈역할의 종류〉로 알아보겠다.

역할의 탄생: 사이코드라마 역할의 발견

모레노의 역할이론은 그가 아리스토텔레스의 드라마에 대한 관심에서 온 결과이다. 모레노는 그리스의 드라마(연극)에서 역할의 의미를 발견했다. '역할'은 원래 작은 바퀴(rotula)란 라틴어에서 유래했고, 연극의 대본을 적는 두루마리(rolls), 연극의 대사인 역할(role)의 의미를 거쳐서 인간의 특성이나 기능적인 면을 가리키는 의미로 정착되었다.[7] 모레노는 배우가 무대에서 하는 '대사'를 자신의 배역을 드러내는 언어로 보았다.

---

6) Jack Ward, "The Clergy and Psychotherapy," *Group Psychotherapy* 20(1967), 204-05
7) Moreno, Blomkvist, Rützel, *Psychodrama*, xvi-xvii.

그는 연극의 '대사'처럼 인간의 '역할'도 자신의 특성을 보여 준다고 생각했다.

모레노는 새로운 치료모델로 연극을 탐구했다. 모레노가 역할을 보는 관점은 아리스토텔레스의 시론(poetics)에서 연극배우들의 역할에 대해서 논의하면서 나타났다. 아리스토텔레스는 연극을 본 관객들이 비극을 통해서 감정의 정화인 카타르시스를 경험하는 것을 보았다. 관객들이 느끼는 카타르시스는 주인공에 대한 안타까운 마음이거나, 관객 스스로도 비극을 경험할 수 있다는 두려운 마음으로부터 오는 것이다.[8]

그러나 모레노에게 배우들의 연기는 진정한 의미의 연기로 보지 않았다. 배우들이 스타니슬랍스키의 메소드 연기[9]로 무대에서 생생한 연기를 할지라도 그것은 단지 과거의 이야기일 뿐이다. 관객들은 배우들의 연기를 보고 카타르시스를 경험하지만, 정작 배우들은 연기를 통해 관객과 같은 카타르시스를 경험하지 못하고 있었다. 모레노는 이 원인을 배우들이 무대에서 실제 자신의 삶이 아니라 대본을 통해 연기하기 때문에 일어나는 문제라고 보았다.[10]

모레노가 본 카타르시스는 연기자들에게 필요한 것이다. 그는 연극에서 연기자가 느끼는 카타르시스가 더 근본적이라고 보았고, 연기자의 역할이 연극이 끝난 후에도 그들의 실제 삶에 침범해 고통을 준다는 것을 발견했다. 모레노는 배우들이 무대에서 대본을 연기하지 않고 자신의 삶

---

8) *Ibid.*, xvi.

9) '메소드 연기(method acting)'는 배우가 배역을 내면화하여 무대에서 연기하는 극사실주의 연기방법이다. 콘스탄틴 스타니슬랍스키/ 김균형 역, 『역할구성(스타니슬랍스키 연기론 2)』(서울: 소명, 1999), 16; Part 3. '07 역할을 위한 촉진제 "메소드 훈련"을 참고 바란다.

10) Moreno, Blomkvist, Rützel, *Psychodrama*, xvii.

의 문제를 말한다면 배우들도 새로운 카타르시스를 경험할 수 있다고 보았다. 배우들이 무대에서 자신의 감정을 연기하게 되면, 관객과 연기자들 모두 카타르시스를 경험할 수 있다.[11] 모레노는 여기에서 무대에서 자신의 이야기를 하는 즉흥극을 떠올렸다.

이 결과로 사이코드라마는 1921년 빈의 코메디안 하우스(Komediem haus)에서 공식적으로 탄생한다.[12] 이것은 자발성 극장(Theater of Spontaneity)으로 이어졌고, 자발성 극장에서 이루어지는 사이코드라마의 무대에서 주인공은 자신의 이야기를 즉흥극으로 자발적이고 창조적이게 연기할 수 있었다.[13] 사이코드라마의 탄생은 모레노가 아리스토텔레스의 연극에서 배우들의 역할에 대한 관심으로부터 나온 것이다.

역할(role)의 의미: 모레노의 역할개념

그렇다면 역할(role)이란 무엇일까? 모레노에게 모든 사람은 '역할수행자'이다. 인간은 태어날 때부터 자발적으로 역할을 생산하는 능력이 있으며, 자기(the self)도 그가 하는 역할에서 나온다.[14] 일반 심리학에서 자아(ego)는 인간 내부에 존재하지만, 모레노에게 자아는 행위(act)인 역할로 이루어진 것이다. 그는 역할을 인간의 자기(the self)가 외부로 표출된

---

11) *Ibid.*
12) Moreno, *Psychodrama*, vol. I, 70.
13) Moreno, Blomkvist, Rützel, *Psychodrama*, xvi-xvii.
14) Moreno, *Psychodrama*, vol. I, 167, 242.

것으로 정의한다.[15]

모레노가 창시한 역할이론은 그의 역할개념으로 잘 알 수 있다. 그의 공헌은 역할(role)을 중심으로 인간을 볼 수 있게 했고, 역할을 보는 사회심리학적인 토대를 만든 것이다.

모레노의 역할개념

사이코드라마와 비블리오드라마에서 역할을 활용하는 것은 모레노의 역할개념을 근원으로 한다. 사이코드라마는 역할(role)을 통해 주인공의 삶을 분석하고, 치료한다. 주인공은 무대에서 삶의 갈등을 역할을 통해 드러내고, 새로운 역할을 창조함으로 해결한다. 사이코드라마의 역할은 주인공이 실제 삶에서 하고 있는 '주인공의 역할들'이다. 그러나 비블리오드라마에서 역할은 성경 본문에서 참여자들이 선택한 '성경 역할'을 말한다. 비블리오드라마는 참여자들이 성경 역할을 경험하는 것이 목적이고, 사이코드라마는 주인공의 문제해결 목적으로 역할을 활용한다.

모레노는 역할을 **정신신체적 역할**(psychosomatic roles), **사이코드라마적 역할**(pshchodramatic roles), **사회적 역할**(social roles)의 세 가지로 구분한다. 이 분류로 유아의 탄생 시기부터 자기(the self)가 발달하며 점차적으로 자기의 기능들이 통합되는 것을 볼 수 있다.[16] 이것은 역할의 외부적 표현이라고 할 수 있는 자기(the self)의 심리적 발달단계이다. 모

---

15) 일반 심리학에서 자아(ego)나 자기(the self)는 인간 내부의 구성요소이다. 그러나 모레노는 인간의 행위에서 자아나 자기가 나온다고 본다. 인간은 태어날 때부터 역할들을 만들며, 이것들은 자기의 모습으로 말할 수 있다. Moreno, *Psychodrama*, vol. Ⅰ, 25, 45, 242.
16) *Ibid.*, 45.

레노의 역할 구분은 인간이 태어나면서 온전하지 못한 자기의 기능들이 합쳐지는 과정이며, 역할은 신체, 정신, 사회를 경험하도록 순차적으로 발달하는 것을 알려 준다. 이 과정으로 역할이 자기(the self)보다 먼저 있었고, 자기도 역할로부터 나온다는 것을 보여 준다.

또한 역할의 발달단계는 '자기(the self)의 출현'을 내적 과정으로 보는 메타심리학(metapsychology) 이론과 조화를 가능하게 했으며, '자기의 출현'에 관한 관점을 다양하게 해 준다.[17] 여기에서는 역할의 발달단계를 메타심리학과 연관하여 알아보겠다.

'정신신체적 역할'과 대상관계

정신신체적 역할(psychosomatic roles)은 '생리적 역할'로 불리기도 하며, '부분적인 자기'로 인식되는 신체(body)들의 역할들이다. 눈을 깜빡이기, 빨기, 안기 등이 눈을 깜빡이는 사람, 빠는 사람, 안는 사람의 역할 등으로 나타난다.

정신신체적 역할은 유아기의 상태로 부분적 자기(part self)의 역할들이 나타난다. 유아는 신체(body)를 부분적으로 인식하고, 이들에게 먹고, 자고, 성적인 행동들도 유아가 인식하는 부분의 자기들이다. 이것은 대상관계 학자들이 생애 초기 유아와 양육자의 관계를 보는 시각과 일치한다. 대상관계 학자들의 이론은 탄생 이후 유아의 심리상태를 보여 준다. 생애 초기 유아는 양육자와 자신의 경계를 짓지 못하고, 양육자를 부분 대상(part object)으로 인식한다. 또한 세상도 부분적으로 인식하며,

---

17) Moreno, *Psychodrama*, vol. I, 45, 46.

양육자의 손길(care)에 대한 환상이 있다.

멜라니 클라인(Melanie Klein, 1882-1960)은 생애 초기에서 1년까지 유아는 양육자를 전체 대상(whole object)으로 인식하지 못하고, 안아 주는 손, 젖을 주는 가슴 등의 부분적 대상(part object)으로 인식하게 된다고 보았다.[18] 뉴욕의 소아 정신분석 의사인 마가렛 말러(Margaret S. Mahler. 1897-1985)는 생애 초기 유아가 양육자와 심리적 융합을 하여 보통 주양육자인 어머니와 자기 자신을 경계 짓지 못하는 공생기(symbiosis)를 갖는다고 말한다.[19] 연습기(10-16개월)에 유아는 어머니의 행동이 자신이 한 것으로 받아들이는 전능성에 대한 환싱이 최절정이 이른다.[20] 도널드 위니컷(Donald W. Winnicott, 1896-1971)은 생애 초기에 유아는 자기감(sense of self)이 발달하지 않은 상태로 양육자로부터 모든 필요들을 제공 받는다. 그러나 유아는 모든 것을 공급해 주는 좋은 엄마가 아니라, 자신의 전능성이 이를 이뤄냈다는 착각을 한다.[21] 또한 하인즈 코헛(Heinz Kohut, 1913-1981)의 경우 생애 초기에 유아는 주양육자는 이상적인 자기대상(self object)으로 생각하고, 이 완벽한 자기대상과 자신이 하나라 환상이 있다고 보았다.[22]

---

18) 한나 시걸/ 홍준기 역, 『클라인 정신분석 입문』(경기: 눈출판그룹, 2020), 111.

19) 찰스 S. 카버/ 김교헌 역, 『성격심리학: 성격에 대한 관점』(서울: 학지사, 2012). 332.

20) Margaret S. Mahler and Fred Pine, eds., *The Psycological Birth of the Human Infant: Symbiosis and Individuation*, Rev ed., (New York, NY: Basic Books, 2000), 228.

21) Donald W. Winnicott, *The Maturational Processes and the Facilitating Environment: Studies in the Theory of Emotional Development*, Rev ed., (London, UK: Routledge, 1990), 145.

22) 최영민, 『쉽게 쓴 자아심리학』(서울: 학지사, 2017), 69.

'사이코드라마적 역할'과 정신분석

사이코드라마적 역할(pshchodramatic roles)은 '심리적 역할'로 불리기도 하며, 정신신체적 역할들이 좀 더 통합되어 정신(psyche)으로 구체화되는 요정, 도깨비, 꿈꾸는 사람의 역할 등 환상 속의 인물로 말해지는 역할이다. 모레노는 책 속의 주인공처럼 실존하지 않는 인물들이나 동물들도 여기 속한다고 보았다.

사이코드라마적 역할은 정신(psyche)의 성숙과정이다. 유아기의 환상은 유아의 정신에 큰 영향을 준다. 멜라니 클라인은 아동 놀이의 상징성을 주목했다. 아동은 놀이를 통해 불안과 환상으로 무의식의 갈등 표출하며, 초기 유아의 경우 전능한 환상을 더 많이 갖는다.[23] 이러한 환상의 구체화인 사이코드라마적 역할은 인간이나 동물, 혹은 사물의 모습을 하고 있지만 몽환적 성격을 보인다.

사이코드라마가 나온 시기는 무의식을 발견한 프로이트(Sigmund Freud, 1856-1939)의 심층심리학이 주류를 이루는 상황이었고, 모레노가 인간 행동을 기반으로 인간을 분석한 것은 당시로서 파격적인 일이었다. 프로이트는 자아를 인간에 내재하는 성격구조로 보았지만, 모레노는 외부로 표현되는 행위인 '역할'에서 자아가 나오는 것으로 본다. 모레노는 정신(psyche)을 전달하는 도구를 언어로 보는 정신분석의 입장에 동의하지 않고, 인간의 행위 그리고 상호작용이 언어 이면에 있는 더 근본적인 것들이라고 보았다.[24]

모레노는 '집단 정신치료의 아버지'로 불린다. 프로이트의 정신분석이

---

23) 한나 시걸, 『클라인 정신분석 입문』, 16-18.
24) Moreno, Blomkvist and Rützel, *Psychodrama*, xv.

개인의 심리분석에 초점이 맞추었다면, 모레노는 사이코드라마와 소시오메트리(sociometry), 소시오드라마(sociodrama)를 통한 사회심리학적 성격을 지닌 집단 정신치료의 서막을 열었다. 혹자는 위의 이유들로 프로이트와 모레노의 이론이 서로 대치되어 있다고 보기도 한다.

그러나 모레노와 프로이트는 여타 심리이론들처럼 문제에 접근하는 방식과 추구점이 다를 뿐이다. 비블리오드라마의 디렉터인 마르틴(Gerhard Marcel Martin, 1942-)은 비블리오드라마를 교회와 종교, 예술과 미학, 치료와 심층심리학의 세 가지 관점으로 발전시켜야 한다고 보았다.[25] 이것은 비블리오드라마의 통합예술적인 성격과 추구점을 보여 주는 것이며, 심리학의 영역에서 비블리오드라마는 정신분석과도 목표에 대한 접근방법에서 차이가 있음을 알려 준다.

모레노는 인간의 행동을 기반으로 한 '역할'의 중요성을 발견하고, 집단치료와 행위로 하는 심리치료의 새로운 지평을 열었다. 프로이트가 개인을 상담실에 치유한 반면에 모레노는 개인과 집단에 흐르는 기류(텔레, tele)를 연구했고, 치료의 장소는 가정, 학교, 거리 등의 여러 환경이었다.[26] 그는 예수께서 고통받는 사람들을 위해 세상에 나가서 치유하셨기 때문에 누구보다 위대한 치료자로 생각했다.[27] 〈영혼돌봄의 비블리오드라마〉는 모레노의 사상들을 차용했으나, 예수의 영혼돌봄을 그 정체성으로 하여 참여자들이 역할을 통해 성경을 이해하고, 상호적인 대인관

25) Gerhard Marcel Martin, *Sachbuch Bibliodrama: Praxis und Theorie*, 2nd ed., (Stuttgart, DE: Kohlhammer, 2001), 120-21.

26) J. L. Moreno, *Who Shall Survive? A New Approach to the Problem of Human Interrelations*, Rev. ed., (London, UK: Forgotten Books, 2018), 159-61.

27) Moreno, Blomkvist and Rützel, *Psychodrama*, xvi.

계 형성을 돕는다.

정신분석과 대상관계를 비롯한 여러 심리이론들과 개인상담의 경험들은 참여자의 심리를 다양한 방면으로 볼 수 있게 해 준다. 그러나 모레노의 '역할'을 과거의 경험에서 온 부산물로 보거나, 그 접근법을 대상관계로 대치하려는 시도들은 이론의 본질에서 벗어난 것들이다. 모레노가 본 역할은 과거로부터 오지 않았으며, 현재 사회적인 관계들과 연결되어 의미를 드러내는 것은 아니다. 프로이트가 무의식을 발견하여 인간 내면에 대한 탐구에 문을 열었다면, 모레노의 위대성은 '역할'이라는 행동에 사회적·심리적인 요소가 함축되어 있음을 발견한 것이다.

사회적 역할(social roles)

사회적(society) 역할은 의사, 교수, 경찰관 등의 직업으로 말할 수 있는 자기(the self)의 사회적 차원이다. 모레노의 역할은 순차적으로 자기의 통합과정을 보여 준다. 정신신체적 역할은 유아의 생리적인 모습인 물고, 빠는 것들로 이루어졌으며, 사이코드라마적 역할은 정신(psyche)이라고 할 수 있는 판타지적인 역할로 마녀, 도깨비, 요정 등 허구의 인물을 말한다. 마지막 사회적 역할은 앞의 역할들의 통합으로 사회(society)의 형성을 돕는다.

그러나 사회적 역할은 자기(the self)가 온전히 통합된 모습이 아니다. 모레노의 역할개념을 메타심리학과 함께 말할 수 있는 이유는 정신신체적 역할, 사이코드라마적 역할, 사회적 역할 모두 부분 자기들(part selves)로 자기(the self)의 점진적인 통합과정이기 때문이다. 모레노의 역할개념인 이들은 모두 전체 자기의 중간 부분들이며, 전체 자기는 생리

적, 심리적, 사회적 역할들이 점진적으로 통합되어야 말년에 나타나게 된다.[28]

위니컷은 의미 있는 실재를 일부 경험하게 하는 중간 단계인 중간대상을 말하는데,[29] 비블리오드라마에서 역할(role)은 성경 안에 내주하시는 하나님을 참여자들이 자연스럽게 인식하게 만들어 주는 중간대상(transitional object)으로 볼 수 있다. 참여자는 성경 역할을 통해 예수 그리스도나 하나님을 만남으로 영혼돌봄을 할 수 있고, 자신과 타인을 돌아보아 자기통찰에 이를 수 있다. 〈영혼돌봄의 비블리오드라마〉가 영혼돌봄(care of soul)을 담는 하나의 도구라면, 비블리오드라마에서 역할(role)은 참여자가 예수 그리스도의 영혼돌봄과 대인관계를 경험하게 하는 중간대상이다.

역할의 종류: 사이코드라마의 역할기법

모레노는 사이코드라마에서 역할(role)을 중심으로 주인공을 분석하고 치유했다. 그는 자아(the self)도 역할에서 나오며, 인간은 여러 역할들은 가지고 산다고 보았기 때문에 사이코드라마에서 주인공의 문제를 해결하는 방식은 그/그녀의 역할을 분석하고 개발하는 것이다. 모레노는 역할을 연구하고, 그는 필요에 따라서 역할분석, 역할도해, 역할놀이, 역할

---

28) Moreno, *Psychodrama*, vol. Ⅰ, 46.
29) 마이클 세인트 클레어/ 안석모 역, 『대상관계이론과 자기심리학』 (서울: CENGAGE, 2018), 123.

바꾸기(역할교대) 등으로 역할활용을 했다.

비블리오드라마에서 역할의 의미는 사이코드라마와 다르다. 비블리오드라마에서 역할은 참여자가 맡는 '성경 역할'을 의미한다. 사이코드라마는 주인공의 역할을 통해 개인의 문제를 해결하지만, 비블리오드라마는 참여자가 성경 역할을 통해 성경 본문을 체험한다.

여기에서는 비블리오드라마에서 역할들이 하는 기능들을 알기 위해 사이코드라마에서 사용되고 있는 역할기법들을 〈역할의 종류〉로 알아보겠다.

- **역할 맡기**(role taking): 사이코드라마는 무대에 주인공, 보조 자아, 관객이 올라간다. 역할 맡기는 사이코드라마에서 주인공이 평소에 삶에서 하는 역할들을 보조 자아들의 도움으로 무대에서 구성하는 것이다. 그러나 비블리오드라마는 참여자들은 드라마 단계(drama)에서 성경 본문에서 자신이 원하는 성경 역할을 선택하며, 이것을 역할 맡기로 본다. 비블리오드라마는 사이코드라마처럼 주인공이 존재하지 않으며, 참여자들의 역할로 드라마를 구성한다.

- **역할놀이, 역할연기**(role playing)[30]: 사이코드라마의 역할연기는 주인공이 무대에서 자신의 역할들을 펼쳐놓는 것을 말한다. 주인공은 자신이 평소에 삶에서 하는 역할들을 무대에서 자유롭게 연기한다. 이러한 과정은 역할놀이(role playing)이다. 궁극적으로 역할연기

---

30) 역할놀이에 대한 더 자세한 사항은 Part 3. '10 인간에 내재된 문화코드 '놀이''를 참고 바란다.

와 역할놀이는 같은 개념이다. 무대에서 주인공이 자유롭게 자신의 역할을 시연(play)하는 것은 역할놀이이자, 역할연기이다. 그리고 이 것은 모레노가 핵심적으로 사용한 방법이다.[31]

비블리오드라마에서 참여자가 성경 역할을 맡고, 드라마(drama)에서 이를 연기하는 것을 역할연기, 역할놀이라고 한다. 많은 비블리오드 라마 디렉터들도 참여자가 성경 본문을 연기하는 것을 '놀이'라고 표 현하여 '놀이'와 '연기'의 차이를 두지 않는다.[32] 영어의 *role playing*도 역할연기와 역할놀이의 두 가지 뜻이 있고, 독일어의 Spiel이 '놀이'와 '연기'를 모두 지칭하는 것에서도 이 둘을 동일하게 볼 수 있음을 알 수 있다.

· **역할훈련**(role training): 역할훈련은 사이코드라마에서 사용하는 기 법이다. 사이코드라마에서 주인공의 문제해결을 위해 역할을 분석하 고, 새롭게 창조(역할창조, role creating)하는 과정이다. 이러한 훈련 을 역할훈련이라고 한다.

· **역할 바꾸기, 역할교대**(role reversal): 역할 바꾸기는 상대방과 자신 의 역할을 바꿔서 경험해 보는 것이다. 역할 바꾸기는 모레노가 집에 서 자신의 어린 아들인 조나단과 했던 실험에서 그 유래를 찾을 수 있

---

31) J. L. Moreno, *Psychodrama*, vol. II, 2nd ed., (New York, NY: Beacon House, 1975), 140.
32) Samuel Laeuchli, "The Expulsion from the Garden and the Hermeneutics of Play," in *Body and Bible: Interpreting and Experiencing Biblical Narratives*, ed. Björn Krondorfer, (Philadelphia, PA: Trinity Press International, 1992), 27; Martin, *Sachbuch Bibliodrama*, 10; Peter and Susan Pitzele, *Scripture Windows*, xxiii.

다. 이에 대해 더 자세한 사항은 **Part 2. '06 비블리오드라마의 3가지 구성, 5가지 기법'**에서 알아보겠다.

· **역할창조**(role creating): 새로운 역할을 발견하거나, 새로운 역할을 개발하는 것이다. 사이코드라마에서 주인공이 자신의 문제해결을 위해 새로운 역할을 개발하는 것으로 말할 수 있다. 비블리오드라마는 사이코드라마처럼 역할창조를 하지 않는다. 그러나 역할창조가 주인공의 유연하고 적응적인 역할을 개발하는 것이라면, 비블리오드라에서 참여자가 역할 경험으로 치유되는 요인들인 자신과 타인에 대한 이해, 대인관계 경험 확장 등은 역할창조라고 할 수 있다.

· **역할 벗기**(deroling): 역할 벗기는 비블리오드라마의 마지막 단계에서 참여자가 자신의 역할(role)을 벗고 원래 자신의 모습으로 돌아오는 것이다. 흔히 디렉터는 "이제 한 바퀴 돌면 역할을 벗고 본래 여러분의 모습으로 돌아오는 겁니다"라는 멘트 등으로 참여자를 돕는다.

II부 비블리오드라마의 역할

〈비블리오드라마의 역할〉은 참여자들이 성경 본문에서 선택한 성경 역할들을 말한다. 참여자들은 성경 역할을 통해서 성경을 몸으로 체험한다. 이에 반하여 〈사이코드라마의 역할〉은 주인공의 역할로, 사이코드라마는 주인공 1명의 문제해결을 위해 주인공의 역할을 분석하고 개발(역할창조, role creating)한다. 비블리오드라마에서 역할은 성경을 경험하게 하는 중간대상(transitional object)으로 사이코드라마와 다르게 참여자 모두가 자신의 역할이 있고, 이것이 성경 경험의 통로가 된다.

피터 핏첼은 비블리오드라마에서 참여자들이 성경 역할을 통해서 성경 내용을 새롭게 이해하게 되기 때문에 비블리오드라마를 성경 인물로 하는 역할극으로 말한다.[33] 성경 역할을 통해 비블리오드라마를 체험하는 것은 '읽는 성경'에서 '몸으로 경험하는 성경'으로 성경 이해 방법이 변화된 것이다. 비블리오드라마에서 하는 성경 역할 경험에 대해서 이를 경험한 각 단체의 지도자들은 다음과 같이 소감을 말한다.

학생들이 성경 말씀을 잘 알게 되어서 좋은 것 같아요.

[천안 C 교회 중등부 부장교사][34]

아이들이 성경을 알 수 있어서 좋은 것 같아요.

[전주 C 교회 중·고등부 담당 교역자][35]

아이들이 성경을 새롭게 알 수 있는 방법인 것 같아요.

[A 시 지방회 담당 교역자][36]

33) Peter and Susan Pitzele, *Scripture Windows*, xix.
34) 2022년 천안 C 교회 중등부 부활절 예배 '무덤에서 예수를 찾는 여인들'〈마가복음 16:1-8〉부장 교사.
35) 2023년 전주 C 교회 중·고등부 동계수련회 '우물가의 여인'〈요한복음 4:5-15〉담당 교역자.
36) 2019년 침례교 K 지방회 여름수련회 '바디메오 이야기'〈마가복음 10:46-52〉담당 교역자.

비블리오드라마를 요청받아 진행한 곳에서 비블리오드라마를 마친 후 교사들과 담당 교역자들에게 비블리오드라마를 경험한 소감을 항상 묻는다. 이때마다 빠지지 않고 나오는 의견이 '학생들이 성경을 알 수 있어서 좋다'이다. 비블리오드라마는 설교, 공과 공부와 다르게 체험이 위주가 되는 방식이기 때문에 처음 비블리오드라마를 경험한 참여자들은 역할(role)로 성경을 경험하게 되는 새로운 방식에 놀라고, 흥미를 느낀다. 이러한 이유 중에 한 가지는 참여자 모두가 성경 역할을 맡기(role taking) 때문이다.

> 비블리오드라마라는 이름을 들었을 때 영화 보는 것인 줄 알았는데 활동으로 해서 재미있었다. 중·고등부 사람들이랑 더 가까워진 것 같아서 너무 좋았다. 다음에도 하고 싶다.
>
> [비블리오드라마에 참여한 소감, 남학생 영진(가명)][37]

비블리오드라마에서 참여자는 성경 역할로 상호적인 대인관계를 경험할 수 있다. 참여자가 역할을 통해 느끼는 감정은 비단 성경 역할에 대한 소회만이 아니라, 그 안에서 타인을 돌아볼 수 있는 계기가 된다. 영진이는 비블리오드라마를 통해 같은 중·고등부 사람들과 함께하는 경험을 '너무 좋았다'라고 표현한다. 비블리오드라마에서 많이 나타나는 나누기(sharing) 의 소감도 '다른 사람과 함께해서 좋았다'이며, 이것은 비블리오드라마의 역할이 상호적인 대인관계 안에서 이루어지기 때문이다.

---

37) 2023년 전주 C 교회 중·고등부 동계수련회 '우물가의 여인'〈요한복음 4:5-15〉 참여자.

참여자들은 나누기 단계(sharing)에서 역할(role)을 경험한 소감을 말한다. 참여자 자신이 맡은 역할에 대한 감정을 말하기도 하고, 역할에 대해 분석하기도 한다. 그러나 무엇보다 예수 그리스도가 비블리오드라마에 등장한 경우 참여자들은 자신이 예수 역할을 하거나, 예수를 만나는 상대역이 아님에도 예수 그리스도와의 만남을 깊이 공감한다.

> 예수님이 안아 주는 장면에서 예수님이 안아줄 때 따뜻할 것 같고, 더울 것 같다. 예수님 마음이 착할 것 같다. 예수님이 안아 주면 좋을 것 같다. 또 재밌을 것 같다.
>
> [청중 역할, 초등학교 3학년 여학생 수련(가명)][38]

> 예수님이 느끼신 것을 같이 느껴지는 것이 좋다.
>
> [영생 역할, 중·고등부 남학생 현성(가명)][39]

사이코드라마와 비블리오드라마의 가장 큰 차이는 비블리오드라마가 성경을 본문으로 사용한다는 것이며, 성경은 예수 그리스도의 이야기를 핵심적으로 말한다. 역할이 성경을 경험하는 통로이기 때문에 드라마(drama) 안에 등장하는 예수 그리스도는 그분의 등장만으로도 그곳을 영적치유의 공간으로 만든다. 참여자들이 예수 역할로 직접 예수가 되어 보거나, 역할을 통해 예수를 만나는 경험은 영혼돌봄을 경험하는 순간이다. 〈영혼돌봄의 비블리오드라마〉는 예수 그리스도와 그분의 영혼돌봄을

---

38) 2019년 A 시 교회 부속 지역아동센터 '돌아온 아들의 비유'〈누가복음 15:11-16〉 참여자.
39) 2023년 전주 C 교회 중·고등부 동계수련회 '우물가의 여인'〈요한복음 4:5-15〉 참여자.

정체성으로 한다. 예수 그리스도는 그분 자체가 영혼돌봄이시며, 예수께서는 영혼돌봄의 삶을 사셨다. 그리고 예수 사후에는 교회 공동체가 예수와 영혼돌봄을 전한다. 〈영혼돌봄의 비블리오드라마〉는 비블리오드라마를 새로운 목회상담으로 제안하여 개인돌봄 위주였던 목회상담을 예수의 사명을 이어받은 교회처럼 공동체로 회복시킨다. 이런 이유로 비블리오드라마에서 역할로 예수 그리스도를 만나거나, 경험하는 것이 필요하다.

여기에서는 〈비블리오드라마의 역할〉에 대한 그 특성과 활용을 알아보기 위해 〈비블리오드라마의 역할 특성: 1차적 대상, 2차적 대상〉, 〈역할 활용 6단계〉에 대해서 알아보겠다.

비블리오드라마 역할 특성: 1차적 대상, 2차적 대상

비블리오드라마는 몸을 사용한 창조적인 성경 해석 방법이다. 참여자는 성경 본문에서 자신이 끌리는 대로 역할을 선택(역할 맡기, role taking)하고, 드라마(drama)에서 역할연기한다. 참여자는 선택한 역할과 실제 자신의 모습과 비교해 볼 수 있고, 역할연기(role playing)를 통해 타인 역할과의 만남으로 새로운 대인관계를 경험한다.

1970년 유럽은 성경을 이성적으로 적용한 신학적 비평만이 성경의 해석학이었는데, 비블리오드라마는 몸을 통한 개인의 경험이 성경의 새로운 해석 방법이 되게 했다.[40] 이것은 심층심리학과 신학의 만남, 사이코

---

40) Gerhard Marcel Martin, "The Origins of Bibliodrama and Its Specific Interest in the Text," in *Body and Bible: Interpreting and Experiencing Biblical Narratives*, ed. Björn

드라마로 인간정신에 대한 과학적 측정(소시오메트리, sociometry)이 가
능해지면서 교회가 개인의 창의성에 대해 눈을 뜨게 된 결과였다.

비블리오드라마는 역할을 통한 개인의 경험이 중요하다. 참여자는 성
경 역할을 통해서 자신을 돌아보고, 타인과의 관계 경험을 몸으로 체득한
다. 성경 역할 경험은 몸으로 자신과 타인을 이해하는 상호주관적인 경
험이다.[41] 이처럼 비블리오드라마의 역할은 자기이해와 타인이해가 가
능한 특징이 있다.

참여자가 맡은 성경의 역할(role)은 자신의 실제 모습과 비교할 수 있
는 '1차적 대상'이다. '2차적 대상'은 타인의 역할이며, 드라마에서 대인
관계를 형성하고 자신의 역할과 비교가 가능한 대상이다. '1차적 대상'
을 통해 거울처럼 자신의 모습을 비춰 본다면, '2차적 대상'은 상호적인
(interact) 대인관계를 경험하게 해 주는 대상이다.

여기에서는 자기이해와 타인이해를 가능하게 하는 '1차적 대상'과 '2차
적 대상'으로 비블리오드라마의 역할 특성을 말해 보겠다.

1차적 대상
: 역할을 통해 자기 모습을 새롭게 발견한다

아버지 역할을 했어요. 아버지 역할을 한 느낌은 첫째와 둘째를 못 볼
것 같았어요. 첫째 아들은 매일 부려먹기만 했잖아요. 그렇게 성경에
쓰여 있잖아요. 그래서 좀 마음이 안 좋았어요. 둘째 아들은 돈을 다 써

Krondorfer, (Philadelphia, PA: Trinity Press International, 1992), 86-87.
41) Martin, *Sachbuch Bibliodrama*, 11.

버렸는데, 그래도 나를 좋다고 해 주니까 좀 미안했어요. 너무 첫째 아들에게 개인적으로 미안했어요.

실제로 집에서 첫째예요. 둘째랑, 셋째랑 싸울 때 각자의 편을 들어줄 수가 없어서 미안했어요. 여기서 아버지를 할 때도 비슷한 느낌이었어요. 아버지 역할이 재미는 있었어요. 아버지 역할을 할 때 첫째 아들에게는 미안한 감정이지만, 둘째 아들에게는 마음에 들지는 않지만, 그냥 파티를 해 준 느낌이었어요. 하지만 역할을 하면서도 '둘째 아들이 다른 나라에 가서 돈을 다 썼는데 왜 파티를 해 줄까? 이상하다.'라고 생각했어요. 나는 평소에 첫째 아들에 더 가까워요.

[아버지 역할, 초아(가명) 인터뷰, 초등학교 4학년 여자][42]

비블리오드라마는 역할 경험으로 인간이해를 할 수 있는 목회상담이다. 인간이해는 '자기이해'와 '타인이해'의 두 가지 측면으로 나타난다. 드라마(drama)는 참여자가 역할을 선택하면서 시작한다. 참여자가 비블리오드라마에서 선택하는 성경 역할은 '1차적 대상'으로 참여자는 자신의 역할로 스스로 돌아볼 수 있다.

이 사례에서 초아는 '돌아온 아들의 비유'〈누가복음 15:25-32〉에서 아버지 역할을 했다. 인터뷰에서 초아는 실제 자신과 역할의 차이 때문에 마음에 갈등이 있었음을 말한다. 비블리오드라마에서 '아버지'는 유산을 미리 받아 모두 낭비한 둘째 아들을 기다리고, 돌아온 아들을 위해 잔치까지 해 주었다. 초아는 아버지의 이런 모습을 이해하지 못하는 것에서 실제 첫

42) 2019년 A 시 교회 부속 지역아동센터 '돌아온 아들의 비유'〈누가복음 15:25-32〉를 진행했다.

째인 자신의 모습을 떠올렸다.

초아는 아버지의 마음이 '집에서 둘째와 셋째 동생이 싸움 때 각자의 편을 들어주지 못해 난감한 자신의 마음'과 같다고 공감을 표현했다. 그리고 자신의 역할인 '아버지'보다 '첫째 아들' 역할이 더 자신과 비슷하다고 말한다. 이처럼 비블리오드라마에서 참여자가 선택한 성경 역할은 참여자의 실제 성격과 자연스럽게 비교가 되어 참여자가 자신을 돌아보게 한다.

비블리오드라마는 참여자의 역할을 통해 성경을 체험하는 것을 목적으로 하기 때문에 이를 위해 참여자가 자신의 역할을 이해하고 몰입하는 것이 필요하다. 참여자는 이 과정에서 자연스럽게 '1차적 대상'인 자신의 역할과 실제 자신의 모습을 비교하게 된다.

이것은 거울에 비유할 수 있다. 거울에 자신의 모습을 비춰 볼 수 있듯이 참여자는 1차적 대상에 실제 자신의 모습을 투영시켜 자신을 모습과 비교해 볼 수 있다. 참여자가 실제 자신의 모습과 성경 역할 사이에 느끼는 차이점은 '자기이해'를 확장시킬 수 있다.

참여자는 역할연기(role playing)를 위해 역할을 탐색할 때 자신의 역할에 동질감이나 괴리감을 느낄 수 있다. 역할에 대해 동질감을 느낄 때 참여자는 성경 역할과 자신을 동일시하는 경험을 한다. 이 동일시는 참여자의 자발성을 높이고, 참여자가 성경 내용을 익숙하게 경험할 수 있는 촉매제가 된다. 반대로 참여자가 역할에 대해 차이점을 더 많이 느끼는 경우 참여자의 역할 경험은 타인을 알아가는 기회가 된다.

참여자가 드라마에서 하는 성경 역할 경험은 성경 이야기를 내가 경험하는 이야기로 변화시킨다. 참여자는 1차적 역할인 자신이 맡은 역할에 동질감이 높을수록 역할에 몰입하기 쉽고, 반대로 성경 역할에 괴리감을 느낀다 할지라도 참여자는 새로운 카타르시스를 경험하거나 새로운 역할을 경험을 통해 성장할 기회가 된다.[43]

2차적 대상
: 역할을 통한 대인관계 경험은 타인이해를 향상시킨다.

예수님 역할에서 채연(가명)이와 손을 잡았는데 보통 그렇게 하지 않아서 자존심이 좀 상하고, 부끄러웠어요. 잡은 손이 거칠거칠했어요. 평소에 저였으면 '핸드크림 좀 발라라' 했을 거예요. 저와는 다르게 예수님 역할은 인내심인 것 같아요. 예수님은 인내심이 있으신 것 같아요.

[예수 역할, 수지와 채연(가명) 초등학교 5학년 여자][44]

'2차적 대상'은 타인 역할이다. 참여자는 '1차적 대상'인 자신의 역할을 통해 거울처럼 실제 자신의 모습을 비춰본다면, '2차적 대상'은 타인을 통해서 자신을 비교하고 돌아본다. 즉, '2차적 대상'은 드라마(drama)에서 타인을 만나는 경험이며, 대인관계 경험을 확장하는 것이다.[45]

참여자는 드라마에서 역할연기(role playing)할 때 생각이나 감정의 변화를 경험한다. 위의 사례에서 수지와 채연이는 '돌아온 아들의 비유'〈누가

---

43) 모레노는 자발성 극장에서 여배우 바바라는 평소 해 왔던 것의 반대 역할을 무대에서 연기하면서 치료되었다. 실제 삶에서 분노하던 모습은 카타르시스를 느끼는 듯한 웃음으로 변했다. Moreno, *Psychodrama*, vol. Ⅰ, 73-75.
44) 2019년 A 시 교회 부속 지역아동센터 '돌아온 아들의 비유'〈누가복음 15:11-16〉를 진행했다.
45) *Ibid.*, 153.

복음 15:11-16〉에서 모두 예수 역할을 선택했다. 성경 본문에 예수는 등장하지 않았지만 '모든 것을 지켜보는 관찰자 역할'로서 드라마에 함께했다. 둘은 '예수 역할'을 함께 의논했고, 드라마의 마지막에 손을 잡고 함께 등장한다. 하지만 수지는 이 장면에서 손을 잡는 것이 평소의 자신의 모습과 달라서 불편하다고 말한다.

수지는 채연이와의 만남을 통해 자신의 모습과 예수 역할을 비교할 수 있었다. 그리고 또 다른 예수 역할인 채연이와 '손잡는 장면'을 통해서 자신의 역할을 다시 한번 돌아보았다. 이 장면에서 수지가 발견한 예수의 모습은 '인내심'이다. 같은 예수 역할이지만 채연이의 역할과 만날 때 수지는 평소와 다른 행동을 해야 하는 것에 잠시 갈등했다. 그러나 "예수님 역할은 인내심이다"라고 생각하고 채연이의 손을 잡았다.

2차적 대상[46]은 대인관계의 경험이다. 대인관계 경험은 두 사람 이상의 만남으로 드라마 안에서 이루어진다. 수지는 사례에서 타인 역할을 대할 때 느끼는 거부감을 극복하는 모습으로 대인관계 경험을 넓혔다. 그리고 자신과 타인의 역할이 모두 '예수'였기 때문에 예수 그리스도에 대해 생각하고 그 행동을 실천하여 영혼돌봄을 했다.

비블리오드라마는 역할을 통해 대인관계를 경험하는 직접적인 방식이다. 지금까지 전 연령에게 비블리오드라마를 실시한 결과 이러한 방법은 모든 연령에게 효과적이었다. 수지가 속한 아동집단의 경우 직접 경험을 통해 타인이해를 배우는 방식은 아동의 정서적·심리적 발달을 도울 수

---

46) 비블리오드라마의 역할(role)은 성경을 기반으로 하여 인물, 동물, 자연, 감정 등도 될 수 있다. 여기에서는 이해를 돕기 위해 '2차적 대상'을 사람으로만 한정하려고 한다. 이는 인물 역할을 통한 예시만으로도 그 외 대상들에 대한 예측이 충분히 가능하기 때문이다.

있는 방법이다.[47] 그리고 내향적이거나 소극적인 참여자가 비블리오드라마에서 역할로 하는 대인관계 경험으로 타인을 이해하고, 사회성을 향상시키는 것에 도움을 받을 수 있다.[48]

비블리오드라마와 사이코드라마는 모두 즉흥극으로 모레노의 역할기법을 활용한다. 사이코드라마는 주인공의 실제 문제로 무대를 구성한다면 비블리오드라마는 참여자가 성경 역할을 무대에서 경험할 수 있게 돕는다. 사이코드라마는 실제 삶의 역할을 확장(role creating)시켜 주인공의 문제를 해결하는 방법이다. 사이코드라마의 방식은 효과적으로 자신의 문제를 해결할 수 있지만, 주인공이 자신의 실제 삶을 무대에서 보여주는 것에 대한 부담감이 생길 수 있다.

이에 비해 비블리오드라마는 성경 인물 역할(role)을 통해 참여자가 자신과 타인에 대한 이해가 깊어질 수 있는 목회상담이다. 목회상담은 예수의 영혼돌봄을 정체성으로 하며, 성경 역할을 통한 경험으로 인간이해를 하기 때문에 사이코드라마보다 심리적인 안정감을 느낄 수 있다. 비블리오드라마는 참여자가 역할을 통해 자신과 타인을 돌아볼 수 있으며, 상호적인 대인관계를 경험할 수 있다.

융(Carl Gustav Jung, 1875-1961)은 페리조나(persona)를 인간이 사회

---

47) 피아제(Jean Piaget, 1896-1980)는 인지발달단계에서 아동은 구체적 조작기(7-12세)이다. 아동은 직접 경험(구체적 경험)을 통한 논리적 사고로 타인의 생각이 나와 다르는 것을 알 수 있다. 아동의 역할 경험은 구체적 사고를 발달시켜 타인이해라는 심리적 발달을 가능하게 한다. 신명희 외 8인, 『발달심리학』, 2판, (서울: 학지사, 2019), 247-49.

48) 이것은 수지의 사례에서 잘 나타난다. Part 3. '09 치유로 이끄는 '자발성과 창조성"을 참고 바란다.

적인 역할을 수행하기 위한 일종의 '가면'으로 이야기한다.[49] 페리조나는 사회적으로 잘 기능하는 사람이 되기 위한 장치라는 것에서 모레노의 역할개념 중 사회적 역할에 비교할 수 있다. 그러나 페리조나가 진정한 자기를 은폐하고 외부에 가면으로 표현되는 사회적 역할이라면, 모레노의 사회적 역할은 부분 자기(part self)로 진정한 자기(the self)가 외부로 표현된 것이다.[50]

인간은 태어나면서 필연적으로 타인과 함께 살아가야 한다. 이를 위해 자신을 이해하고, 타인을 이해하는 것이 필요하다. 1차적 대상으로 자기 이해가 심화된다면, 2차적 대상은 대인관계에서 상호역동을 경험할 수 있는 대상으로 성경에 대한 이해와 타인에 대한 이해를 심화시킬 수 있다.

역할활용 6단계

비블리오드라마는 집단상담으로 목회상담이다. 목회상담은 내담자가 전인성을 회복하도록 돕는 예수 그리스도의 영혼돌봄으로 공동체와 함께하는 상담이다.[51] 비블리오드라마는 역할(role)을 통해 참여자가 자신

---

49) 페리조나(persona)는 연극의 '가면'을 어원으로 하며, 사회적 역할에 적응하기 위한 기능적 인격이다. 모레노의 사회적 역할은 자기(the self)가 외부로 나타난 것이지만, 융에게 페로조나는 진정한 자기를 은폐하는 것이다. 페리조나는 진정한 자아가 아닌 열등한 인격으로 페리조나의 탄생은 홀로 존재할 수 없는 인간이 필연적으로 타인과 함께 살아가기 위한 일종의 사회적 생존방식이라고도 생각할 수 있다. 엘리노어 바르쯔/ 이보섭 역, 『융학파 사이코드라마: 놀이 속에서 자기를 만나다』(서울: 라피스, 2018), 108, 138-39.

50) Moreno, *Psychodrama*, vol. Ⅰ, 25, 45, 242.

51) 곽우영, "비블리오드라마의 향후 과제와 목회적 돌봄," 525.

과 타인 심리를 돌아볼 수 있으며, 영혼돌봄을 경험한다. 역할은 참여자가 하나님을 인식하게 돕는 중간대상이며, 참여자의 심리성장을 돕는 도구이다.[52]

비블리오드라마의 핵심인 '역할이론'을 활용한 역할활용 6단계는 아동 비블리오드라마를 통해 나타난 참여자의 변화과정이다. 먼저, 아동을 연구하기 위해 초등학교에서 60회기 이상의 예비연구(pilot study)를 실시했고, 본집단의 연구결과에서 12명의 참여자들은 12회기 동안 6단계의 공통적인 심리변화가 나타났다.[53]

이 과정을 통해서 비블리오드라마를 경험한 참여자들의 심리적 치유효과와 성장단계를 알 수 있었고, 이를 토대로 역할활용 6단계를 구성했다. 역할활용 6단계로 디렉터들은 참여자들의 성장단계를 이해할 수 있고, 비블리오드라마의 전체과정을 예측할 수 있다. 이는 초보 디렉터들이 어려워하는 비블리오드라마의 전체 구성을 돕고, 디렉터가 참여자를 이해할 수 있게 해 주며, 비블리오드라마로 영혼돌봄을 준비할 수 있도록 하는 기초자료가 된다.

역할활용 6단계로 나타난 참여자의 심리적인 변화는 감정인식, 감정표현, 감정이입, 타인이해, 타인공감, 자기돌봄이다. 이것은 감정이해로 시작하여 자기통찰에 이르는 참여자의 심리적 성장과정이다. 이러한 변화는 참여자들이 비블리오드라마에서 역할을 맡을 때 시작된다.

---

52) *Ibid.*, 521-22.
53) *Ibid.*, 528-30.

1단계 감정인식

심리치료의 기본은 자신을 아는 것이다. 비블리오드라마는 '역할'을 매개로 하여 자신이 어떤 사람인지를 알게 된다. 또한, 비블리오드라마에서 참여자가 역할을 통해 자신을 돌아볼 때 심리적인 치유가 시작된다. 역할(role)은 참여자가 자신을 돌아볼 수 있는 거울과 같은 작용을 하며, 자기이해는 감정인식으로 시작된다.

> 장점을 알게 되었다. 상대방의 마음을 조금이라도 잘 알게 되었다.
>
> [참여자 E]
>
> 내가 하고 싶은 것을 선택하기 어려웠다. 우체부라면 나는 중간에 포기했을 것이다.   [참여자 K]

비블리오드라마 오리엔테이션(1회기)을 끝낸 참여자들은 첫 회기(2회기)에 참여자의 심리를 파악하기 위해 심리극을 실시했다. '행복을 잃어버린 우체부'는 현재 자신의 심리적 상태를 돌아보는 내용으로 '편지를 전하는 우체부가 강을 건너다가 편지들을 잃어버린 내용'이다. 참여자들은 각자 잃어버린 편지가 되어 현재 자신의 상황을 돌아보게 된다. 실제적으로 2회기는 참여자들의 성향을 알아보는 오리엔테이션에 가깝다.

비블리오드라마를 실시하기 위해서 참여자의 동의를 얻고, 아동의 경우 부모의 동의도 얻는다. 또한 개별 인터뷰를 실시하여 참여자들이 비블리오드라마에 바라거나 기대하는 점, 참여동기를 점검한다. 2회기는 전체 참여자들이 집단으로 모였을 때 성향을 측정하는 것이며, 향후 비블리오드라마의 진행방향을 조정하기 위해서 실시한다.

참여자들은 현재 자신의 상황을 돌아보았다. 참여자 E는 초등학교 5학년 남자아이로 자신의 장점을 알고, 타인의 마음을 조금 이해하게 되었고, 참여자 K는 초등학교 6학년 여자아이로 감정적인 혼란한 마음을 말한다. 이러한 심리는 참여자들의 개인적인 성향을 반영한다.

디렉터들은 개별 인터뷰를 통해서 참여자들의 상태를 확인하는 것도 중요하지만, 참여자들 집단의 성향을 확인하는 것도 필요하다. 모레노는 웜업에 소시오메트리(sociometry)를 통해서 집단의 성향을 확인했다. 비블리오드라마가 단회기가 아닐 때 집단원들의 성향을 파악하는 것은 비블리오드라마를 전회기 구성할 때 수정과 보완을 가능하게 한다.

2회기는 참여자들의 감정이 표출이 시작되는 회기이여, 참여자들이 중·장기 비블리오드라마를 통해 나타나는 심리변화의 첫 번째는 **감정인식**이다.

2단계 감정표현

첫 회기를 경험한 참여자들은 다음 회기에서 역할(role)에 적극적으로 자신을 대입하려고 노력했다. 이것은 비블리오드라마의 역할에 몰입하는 과정이다. 참여자들은 3회기 '씨 뿌리는 자의 비유'〈마가복음 4:2-9〉에서 역할이 주는 의미를 알기 시작했고, 드라마(drama) 안에서 자신들의 역할에 관심과 흥미를 가지고 몰입하기 시작한다. 이 회기에서 참여자는 역할을 통해 자신의 감정도 서서히 알아차리게 되고, **감정표현**이 나타난다.

(역할을 하면서 중요한 태도는) 잘하지 못해도 역할을 하는 것이다.

[참여자 C, I]

(역할을 하면서 중요한 태도는) 역할을 열심히 하는 것이다.

[참여자 G]

참여자들은 자신의 역할(role)을 이해할 뿐만 아니라 열심히 참여할 이유를 스스로 발견한다. 상담에서도 내담자가 상담에 적극적으로 참하는 동기는 내담자의 치유효과와 연관된다. 참여자 C, I, G는 각각 초등학교 3학년 여자, 5학년 여자, 5학년 남자아이로 3회기 비블리오드라마 나누기(sharing)에서 역할에 열심히 하는 것에 의의를 두었다. 참여자들은 비블리오드라마를 놀이로 재미있게 경험하며 드라마(drama) 안에서 자기와 타인에 대한 여러 가지 감정을 표현한다.

비블리오드라마에서 참여자들이 자발적으로 열심히 참여할 때 상호지지적인 대인관계와 심리치유를 경험하는 것은 부수적으로 나타나는 효과들이다. 이러한 과정은 3회기에서 참여자들이 자신의 역할에 자발적으로 몰입하여 놀이하는 과정에서 경험한다.

3단계 감정이입

비블리오드라마 4회⟨누가복음 15:11-16⟩, 5회⟨누가복음 15:17-24⟩, 6회⟨누가복음 15:17-32⟩의 '돌아온 아들의 비유'를 통해서 참여자들은 타인의 역할에 **감정이입**하여 함께 느끼는 모습을 공통적으로 보인다. 이것은 참여자들이 비블리오드라마에 몰입하는 상태를 보여 주는 것으로 타인의 역할에 자신의 감정을 대입해 보는 단계이다.

예수님이 안아 주는 장면에서 예수님이 안아줄 때 따듯할 것 같고, 더

울 것 같다. 예수님 마음이 착할 것 같다. 예수님이 안아 주면 좋을 것
같다. 또 재밌을 것 같다.   [참여자 B, 4회기]

역할이 힘들어도 망토를 두르고 이야기를 다시 한번 들어보아서 좋았
다. 아버지가 마음이 아팠을 것 같다. 아버지의 마음을 느낌. 아버지가
잃어버린 아들을 찾아서 기쁜 마음이 들었다.   [참여자 K, 5회기]

너무 재미있었어요. 왜냐하면 아들의 손을 잡고 뛰면서 비블리오드라
마 하는 게 너무 재미있고 모두 함께해서 기분이 좋았어요.
                                                    [참여자 D, 6회기]

무언가 기쁘면서 되게 설 고, 아들이 자신에게 돈을 거의 가져갔는데
도 데리고 와서는 파티를 열고 기뻐해 달라고 사람들에게 얘기하고, 그
정도로 사랑하는 걸 알았다.   [참여자 I, 6회기]

참여자 B는 초등학교 2학년 여자아이로 예수가 등장하는 장면을 자신
의 경험처럼 느낀다. 참여자 K는 초등학교 6학년 여자아이로 '둘째 아들'
역할을 통해 아버지의 마음을 헤아려 보았다. 참여자 D는 초등학교 3학
년 여자아이로 아버지와 아들의 만남을 기뻐하였고, 모두 함께하는 경험
을 좋아한다. 참여자 I는 초등학교 5학년 여자아이로 '둘째 아들' 역할을
통해 아버지의 마음을 알고, 그 사랑을 경험하는 기회가 되었다. 이처럼
감정이입은 타인의 마음을 느껴 보는 경험으로 대인관계에서 상대방의
입장을 헤아려 볼 수 있는 시작점이 된다.
'돌아온 아들의 비유'에서 아버지와 둘째 아들의 이야기에 참여자들은

다른 어느 회기들보다 감정적으로 더 고양되고, 몰입하는 모습을 보였다. 참여자들은 이야기에 몰입하여 타인의 역할에 자신의 감정을 적극적으로 대입할 수 있었고, 참여자 D의 반응처럼 긍정적인 감정이 집단에 공유되어 집단응집력을 보인다.

비블리오드라마에서 디렉터는 참여자들이 역할에 몰입하여 성경을 새롭게 경험할 수 있게 돕는다. 참여자들이 역할에 몰입할 때 참여자들은 드라마(drama)를 놀이하듯 즐기는 모습으로 드러나고, 자신과 타인의 성경 역할에 대한 이해가 향상된 것으로 나타난다. 또한 경험상 예수 그리스도가 웜업(warm up)이나 드라마(drama)에 등장할 때도 이러한 효과가 나타났다.

나누기(sharing)에서 참여자들 대부분이 비블리오드라마에서 '만족함을 느꼈다', '(드라마의 모든 게) 다 좋다'라며 긍정적인 피드백을 주었다. 특히 예수의 등장은 참여자들의 **감정이입**을 한층 고조시켰다. 참여자들은 아버지 역할을 통해서 실제 자신의 아버지와의 만남처럼 생각하여 **감정이입** 했으며, 예수 역할을 통해서 예수를 만나는 상황에 몰입했다. 이것은 **감정이입**의 효과가 타인이해를 통하여 사회성을 기를 수 있는 것을 보여 주고, 예수 역할이나 예수와의 만남으로 참여자들이 예수 그리스도를 더 깊이 경험함을 알려 준다.

4단계 타인이해

타인이해는 참여자들이 자신과 타인의 다름을 알고, 타인 역할을 이해하는 것이다. 7회기 '돌아온 아들의 비유'〈누가복음 15:25-32〉와 8회기 '잃어버린 드라크마'〈누가복음 15:8-10〉에서 참여자들이 타인을 이해하는 측면이 공통적으로 나타났다. 그간 진행된 비블리오드라마를 통해서 참여자들은 역할(role)의 의미를 알고, 자신의 역할뿐만 아니라 타인의 역할에 자신의 마음을 대입할 수 있게 되었다.

> 해 보니 그래도 첫째 아들에게 착한 면이 있구나 했어요. 둘째도 미안한 마음이 있는 걸 알았어요. 그래서 이성이 있구나 생각이 됐어요.
>
> [참여자 K, 7회기]

> 나는 내가 동전이었다면 주인이 돈을 써서 왔다 갔다 했을 것이다. 하지만 지금의 내가 정말 좋다.　　　　　　[참여자 E, 8회기]

'돌아온 아들의 비유'에서 아버지와 첫째 아들의 갈등이 다루었고, '잃어버린 드라크마'에서는 주인과 잃어버린 동전의 이야기가 나온다. 두 드라마(drama)는 각각 아버지와 첫째 아들의 갈등, 주인과 동전의 갈등이 표출된다. 참여자 K는 초등학교 6학년 여자아이로 '첫째 아들' 역할로 둘째 아들의 마음을 이해했으며, 참여자 E는 초등학교 4학년 남자아이로 '동전 역할'로 주인의 마음을 헤아려 보았다.

성경에 나타난 갈등은 성경 역할의 특징을 두드러지게 하며, 반목하는 대상을 통해 참여자들을 갈등 구조로 초청한다. 이를 통해 참여자들은 타인의 역할에 자신의 감정을 대입하여 생각해 보며, 자신의 역할과 타인 역할의 차이를 경험으로 알게 된다.

타인이해는 대인관계의 상호작용과 그 미묘한 차이를 이해할 수 있는 좋은 경험이다. 비블리오드라마 회기가 거듭될수록 참여자들은 역할을 더 깊이 이해했으며, 자신의 역할과 더불어 타인역할을 이해하는 능력이 향상되었다. 역할(role)에 대한 이해는 자연스럽게 타인에 대한 관심으로 이어지고, 긍정적인 상호작용(interact)을 형성한다.

비블리오드라마를 진행하면서 참여자들의 다툼이 줄고, 협력하는 모습이 나타나는 것은 타인의 감정을 이해하는 효과라고도 할 수 있다.[54]

5단계 타인공감

타인공감은 상대의 마음이나 상황을 이해함으로 자신도 비슷한 감정을 느끼는 것이다. 비블리오드라마 9회기 '잃어버린 드라크마'⟨누가복음 15:8-10⟩와 10회기 '자라나는 씨의 비유'⟨마가복음 4:26-29⟩를 통해서 참여자는 타인의 마음을 좀 더 이해하고, 타인이 느끼는 감정에 함께 공감하는 모습이 공통적으로 나타났다.

잃어버린 동전이 주인을 만나서 찾은 동전이 되어서 좋았다. 왜냐하면 동전이 좋아해서이다.   [참여자 G, 9회기]

상대방의 마음을 더 알 수 있었다.   [참여자 C, G, I, 10회기]

9회기 '잃어버린 드라크마'는 주인이 동전을 찾고 친구를 불러 잔치하는 이야기이며, 10회기 '자라나는 씨의 비유'는 참여자들이 씨앗이 되어 함께 자라는 것을 경험하는 이야기이다. '잃어버린 드라크마'에서 참여자

---

54) *Ibid.*, 533.

G는 초등학교 5학년 남자아이로 '동전 역할'에 몰입하여 기뻐했으며, '자라나는 씨의 비유'에서 참여자 C, G, I는 각각 초등학교 2학년 여자, 5학년 남자, 5학년 여자아이로 씨앗의 경험을 통해 하나님의 마음을 알고 즐거워한다.

이 회기들에서 참여자들은 동전과 하나님의 마음을 알고 이해했다. 이처럼 **타인공감**은 타인역할에 자신의 감정을 대입해 봄으로 타인을 이해하고, 타인의 마음을 함께 느끼고 즐거워하는 것이다. 또한 예수 역할이나 하나님 역할을 만나는 것은 참여자가 영혼돌봄을 경험하는 순간이다. 영혼돌봄은 예수 그리스도가 자체가 영혼돌봄이시며, 그분의 한 일을 말한다.[55] 참여자들이 하나님 역할을 통해 그분을 경험하는 것은 영혼돌봄에 참여하는 일이 된다.

타인이해나 **타인공감**은 거울 효과(mirroring)와 같다. 비블리오드라마 참여자들이 타인 역할을 이해하고, 그들의 행위를 긍정적으로 인식하면 현실의 비슷한 상황에서 이를 대입해 볼 수 있다. 사회성은 여러 사람들과 대인관계의 경험을 통해 향상될 수 있다. 비블리오드라마는 자기 역할과 타인 역할을 통해 안전한 상황에서 질 높은 대인관계의 상호작용을 경험함으로 현실에서 이 효과가 나타날 수 있으며, 비블리오드라마 참여자들은 실제적으로 이 효과를 경험했다.[56]

---

55) 안석모 외 7인, 『목회상담 이론 입문』(서울: 학지사, 2020), 75-76.
56) 곽우영, "비블리오드라마의 향후 과제와 목회적 돌봄," 532-33.

6단계 자기돌봄

타인에 대한 이해와 공감의 심화는 변화된 상황에 적응하고 스스로를 돌보는는 **자기돌봄**으로 연결된다. 비블리오드라마 11회기 '겨자씨의 비유'〈마가복음 4:30-32〉와 12회기 총평에서 참여자들은 비블리오드라마를 통해 자신의 감정과 타인의 감정을 이해하고 공감하는 과정을 경험했고, 이전보다 감정조절이 향상되어 대인관계가 개선된 변화점을 보인다. 참여자들이 역할(role) 경험으로 자신을 돌아보고, 스스로 달래며 위안할 수 있는 기능인 **자기돌봄**이 비블리오드라마의 마지막 회기에서 공통적으로 드러났다.

> 무서움, 두려움, 불안함이 모두 사라졌다. 하나님의 마음이 들어간 나무. 평화롭다.
>
> [참여자 G, 11회기]

> 누나들에게 까불었는데, '하지 말라'라고 하면 변하는 것 같다. 하기 전에는 툭하면 화내고 했는데, 기다리고 몇 번 참는다. 예전에는 툴툴거리고, 괜히 신경질 내고 했는데, 계속 참고, 툴툴거리지도 않는다.
>
> [참여자 A, 12회기]

11회기 '겨자씨의 비유'는 겨자씨가 자라서 큰 나무가 되는 이야기로 하나님의 나라에 대한 비유이다. 참여자들은 씨앗, 나무, 새가 되어서 이를 경험했고, 12회기에서 상대방의 변화점을 나누기(sharing)하며 자신과 타인의 변화를 돌아볼 수 있었다. 참여자 G는 초등학교 5학년 남자아이로 '겨자씨' 역할을 통해 하나님의 마음을 느끼고, 평화로움을 경험했으며, 참여자 A는 초등학교 3학년 남자아이로 다른 참여자들은 그가 비블리오드라마를 참여해 참을성이 길러졌다고 보았다.

참여자들은 총 12회기 비블리오드라마를 통해 자기이해에서 타인이해로 심리적인 성숙을 이루어 간다. **자기돌봄**은 타인에 대한 이해가 다시 자신에 대한 통찰로 선순환되는 것을 보여 준다. 참여자들의 변화점들은 자기이해가 타인이해의 전제가 되며, 타인이해는 다시 자기이해를 심화시켜 자기통찰에 이르게 함을 보여 준다. 참여자들은 12회기 비블리오드라마를 통해 변화된 상황에서 스스로를 돌아보고 위로할 수 있는 자기위안의 기능을 이루어 갔다.

역할활용 6단계는 아동을 참여자로 진행되었지만, 이것이 비단 아동만을 위한 것은 아니다. 아동의 성장과 발달의 결과물은 성인까지 영향을 미친다. 아동기는 성장과 배움의 시기로 상호적인 대인관계와 환경에 적응하는 사회성을 기르는 것이 필요하다. 12회기의 비블리오드라마를 통해서 참여자들은 자신과 타인에 대한 이해가 깊어졌으며, 대인관계가 개선되고 환경에 적응하는 것을 경험으로 체득했다. 이것은 개인의 성장과 발달에 필요한 기능을 비블리오드라마를 통해서 배울 수 있음을 보여 준다.

또한 역할활용 6단계는 참여자들의 인식변화를 다룬다. 이들의 인식변화는 감정인식, 감정표현, 감정이입, 타인이해, 타인공감, 자기돌봄으로 나타나며, 이것은 심리적인 성장과 발달로 설명할 수 있다. 자기이해는 자신의 감정을 인식하는 것으로 시작되며, 타인이해로 연결된다. 그리고 타인이해는 환경의 변화를 받아들이고 스스로 위안할 수 있는 자기돌봄으로 귀결된다. 이를 통해 자신의 감정을 인식하는 것이 심리치료의 기초가 되며, 자신과 상황에 대해 종합적인 이해하고 스스로를 위안하는 자기돌봄이 심리적 성장의 결과임을 보여 준다.

참여자들은 성경 역할 경험을 통해 심리적인 변화와 성장을 이루어 갔다. 역할은 참여자들이 성경을 경험하는 통로이자, 심리적인 이해와 발달을 가능하게 한다. 특히 역할로 예수와 하나님을 만나는 경험은 영혼돌봄이 이루어지는 순간이다. 예수 역할은 등장만으로도 비블리오드라마의 무대를 영적치유의 공간으로 만든다. 예수를 통한 영혼돌봄은 자신과 상황을 뛰어넘는 메타인지(metacognition)가 열리는 순간으로 참여자들에게 삶의 진정한 의미와 방향을 알려 준다.

역할을 통한 영혼돌봄

(예수님을 만나서) 떨렸고, 기분이 좋았어요.

[바디메오 역할, 중등부 수연(가명)][57]

참여자는 비블리오드라마에서 역할로 성경 인물이 직접 되어 보는 경험을 한다. 이 경험 안에는 역할을 통해 성경을 새롭게 보게 되고, 자신과 타인에 대한 이해도 심화된다. 특히 예수 역할이나 하나님을 역할을 통해 경험하는 영혼돌봄은 예수 그리스도를 만남으로 영적치유를 경험하는 순간이다.

여름수련회에서 비블리오드라마에 참여한 수연이(가명)는 '바디메오

---

57) 2019년 침례교 K 지방회 여름수련회 '바디메오 이야기'〈마가복음 10:46-52〉 참여자.

이야기'〈마가복음 10:46-52〉에서 소경 바디메오 역할로 예수를 만났다. 예수를 만나는 순간의 느낌은 '떨렸다. 기분이 좋았다'라고 표현한다. 비블리오드라마에서 하나님이나 예수를 만나는 경험은 참여자들에게 신선한 충격이다. 비블리오드라마에 예수 역할이 등장하면 대부분의 참여자들은 예수를 보고 자신의 감정을 대입한다.[58]

비블리오드라마에서 예수와의 만남으로 영혼돌봄이 이루어진다. 그리고 직접 예수나 하나님 역할을 했을 때 그분에 대해 더 밀접한 감정을 느낄 수 있다. 예수 역할 경험은 유치부, 초등부, 중등부, 고등부, 대학부, 대학원 학생들은 연령과 발달단계에 따라 다르게 느낀다.

(하나님 역할이) 좋았어요. [하나님 역할, 초등학교 4학년 태환(가명)][59]

(예수님 역할이) 좋았어요.　　　　　[예수 역할, 중학교 수길(가명)][60]

나에게도 조건 없이 무한한 사랑을 주시니 감사하다.
[예수 역할, 중·고등부 지연(가명)][61]

---

58) 비블리오드라마에서 예수를 만난 경험에 대한 나누기(sharing)는 Part 1. '03 영혼돌봄의 안내자, 디렉터'를 참고 바란다.

59) 2021년 A 시 작은 도서관 '아담과 하와'〈창세기 3:1-7〉초등부 남자 참여자.

60) 2019년 침례교 K 지방회 여름수련회 '바디메오 이야기'〈마가복음 10:46-52〉중등부 남자 참여자.

61) 2023년 전주 C 교회 중·고등부 동계수련회 '우물가의 여인'〈요한복음 4:5-15〉중·고등부 여자 참여자.

하나님이 가까이 있다고 느껴져요.

[하나님 역할, 20대 대학생 태희(가명)][62]

예수님은 긍휼과 사랑이시다. [예수 역할, 50대 대학원생 수영(가명)][63]

초등학생 태환이(가명)는 신앙이 없음에도 하나님 역할을 좋아하고, 편안하게 생각했다. 그는 나누기에서 하나님 역할 경험을 '좋았어요'라고 표현한다. 중학생 수길이(가명)도 예수 역할을 자원하여 많은 사람들 앞에서 예수가 되어 바디메오를 만났으며, 역할을 한 느낌을 태환이와 같은 말로 표현을 한다. 남자 초등학생의 경우는 자신의 감정이나 마음을 표현하는 것을 어려워하고, 중학교 남자아이들 역시 사춘기로 인해 자신의 감정 표현을 어색해한다. 이들에게 '좋았어요'라는 말은 많은 것을 함축하고 있다.

중·고등부 지연이(가명)는 예수 역할을 통해 예수 그리스도의 무한한 사랑을 경험했고, 20대의 대학생 태희(가명)는 하나님 역할을 통해 하나님을 감정적으로 밀접하게 느꼈으며, 50대 대학원생 수영이(가명)는 예수 역할을 통해 예수의 긍휼과 사랑을 느꼈다고 말한다. 이들에게 하나님이나 예수 역할은 그분의 사랑을 경험하는 시간이었다.

예수 그리스도를 비블리오드라마에서 만나거나, 그분의 역할을 해 보는 것은 '영혼돌봄'을 직접적으로 체험하는 것이다. '영혼돌봄'은 예수 그

---

62) 2023년 전주 D 교회 교회수련회 '돌 베게에서 잠든 야곱'〈창세기 28:10-19〉 청년부 여자 참여자.

63) 2021년 H 대학 목회상담학과 MT '우물가의 여인'〈요한복음 4:5-15〉 대학원생 여자 참여자.

리스도 자체이시며, 예수는 삶을 통해 영혼돌봄을 보여 주셨다. '예수 역할'을 한 지연이는 예수 그리스도가 되어 사마리아 여인을 만났고, 그것을 통해 예수의 헌신과 사랑을 다시 경험했다. 지연이는 자신이 예수 역할을 한 경험으로 예수의 사랑을 자신과 연결시킬 수 있었다.

역할활용 6단계는 비블리오드라마에 참여한 참여자들의 성장 과정과 변화과정이다. 그러나 비블리오드라마는 보통 한 번의 단기 세션으로 이루어지는 경우가 많으며, 비블리오드라마는 사이코드라마처럼 한 번의 참여에도 참여자의 변화를 이끌어 낼 수 있는 특징이 있다. 이것은 비블리오드라마의 성경 인물 경험을 사이코드라마에서 주인공이 경험하는 '역할창조'에 비교할 수 있다. 역할창조는 역할을 개발하는 것으로 유연하고 적응적인 새로운 역할을 개발하는 것이다. 비블리오드라마는 단기 세션일지라도 참여자가 성경 역할 경험으로 자신과 타인을 새롭게 돌아보고, 상호적인 대인관계 형성을 배울 수 있다. 참여자가 '예수 역할'을 하는 것은 예수 그리스도를 통한 영적치유와 돌봄으로 영혼돌봄을 경험하는 새로운 역할창조의 영역이다.

이러한 변화는 역할활용 6단계의 마지막 단계인 '자기돌봄'과 유사하다. 자기돌봄은 '자기통찰'이라고도 볼 수 있으며 자신과 상황을 종합적으로 이해하여 적용하는 과정이다. 참여자들은 드라마(drama)에서 예수를 만남으로 '예수 역할'이 아니더라도 예수를 상징하는 인물에 그분의 마음을 대입하여 느껴 보는 경험을 할 수 있다. 초등학교 4학년인 초아(가명)는 '돌아온 아들의 비유'〈누가복음 15:11-24〉에서 아버지 역할을 했고, 이 역할 경험으로 예수의 마음을 이해했다.

아버지를 해 보니 예수님이 내려온 기분이었다. 우리가 예수님을 떠나면 예수님이 슬퍼서 계속 찾고, 아들이나 딸이 돌아오면 기뻐서 잔치해 주는 마음을 알 것 같다.   [아버지 역할, 초등학교 4학년 여자, 초아(가명)][64]

'예수 역할'은 직접적인 경험으로 비블리오드라마를 통해서 예수의 마음을 느끼고, 예수께서 무엇을 원하시는지를 생각해 볼 수 있게 해 준다. 그리고 예수 역할이 아니더라도 위의 초아의 나누기(sharing)처럼 성경 역할을 통해 예수의 마음을 알 수도 있다. 참여자들은 비블리오드라마에서 예수 그리스도를 통한 영혼돌봄을 경험함으로 예수를 알고, 진정한 삶의 의미와 목적을 돌아볼 수 있다.

심리학은 인간의 내부를 조명하여 적응적인 삶(doing)으로 살 수 있도록 돕지만, 목회상담은 존재(being)의 회복을 목표로 한다. 존재의 회복의 다른 말은 전인성(wholeness)의 회복이라고 할 수 있으며,[65] 이는 예수 그리스도를 통해 삶의 의미와 목적을 회복하는 것을 의미한다. 비블리오드라마에서 역할(role)은 공동체의 작업으로 성경에 대한 새로운 이해를 가능하게 하고, 예수의 영혼돌봄을 경험할 수 있게 안내하는 좋은 목회상담 방법이다.

---

64) 2019년 A 시 교회 부속 지역아동센터 '돌아온 아들의 비유'〈누가복음 15:11-24〉 참여자.
65) 안석모 외 7인, 『목회상담 이론 입문』, 18.

참고문헌

곽우영. "비블리오드라마의 향후 과제와 목회적 돌봄: 아동의 메소드 훈련을 적용한
　　아동 비블리오드라마를 중심으로."「신학과 실천」81(2022), 521-545.

마이클 세인트 크레어/ 안석모 역.『대상관계이론과 자기심리학』. 서울: CENGAGE, 2018.

신명희 외 8인.『발달심리학』. 서울: 학지사, 2019.

안석모 외 7인.『목회상담 이론 입문』. 서울: 학지사, 2020.

엘리노어 바르쯔/ 이보섭 역.『융학파 사이코드라마: 놀이 속에서 자기를 만나다』.
　　서울: 라피스, 2018.

찰스 S. 카버/ 김교헌 역.『성격심리학: 성격에 대한 관점』. 서울: 학지사, 2012.

최영민.『쉽게 쓴 자기심리학』. 서울: 학지사, 2017.

콘스탄틴 스타니슬랍스키/ 김규형 역.『역할구성(스타니슬랍스키 연기론 2)』. 서울:
　　소명, 1999.

한나 시걸/ 홍준기 역.『클라인 정신분석 입문』. 경기: 눈출판그룹, 2020.

Laeuchli, Samuel. "The Expulsion from the Garden and the Hermeneutics of Play."
　　In *Body and Bible: Interpreting and Experiencing Biblical Narratives*, ed. Björn
　　Krondorfer, 27-56. Philadelphia, PA: Trinity Press International, 1992.

Mahler, Margaret S. and Fred Pine, eds. *The Psycological Birth of the Human
　　Infant: Symbiosis and Individuation*. Rev ed. New York, NY: Basic Books, 2000.

Martin, Gerhard Marcel. "The Origins of Bibliodrama and Its Specific Interest in the
　　Text." In *Body and Bible: Interpreting and Experiencing Biblical Narratives*, ed.
　　Björn Krondorfer, 85-101. Philadelphia, PA: Trinity Press International, 1992.

Martin, Gerhard Marcel. *Sachbuch Bibliodrama: Praxis und Theorie*. 2nd ed.
　　Stuttgart, DE: Kohlhammer, 2001.

Moreno, J. L. *Psychodrama*, Vol. Ⅰ. 6th ed. Princeton, NJ: Psychodrama Press, 2019.

Moreno, J. L. *Psychodrama*, Vol. Ⅱ. 2nd ed. New York, NY: Beacon House, 1975.

Moreno, J. L. *Who Shall Survive? A New Approach to the Problem of Human*

Interrelations. Rev. ed. London, UK: Forgotten Books, 2018.

Moreno, Zerka T., Lief Dag Blomkvist and Thomas Rützel. *Psychodrama, Surplus Reality and the Art of Healing.* New York, NY: Routledge, 2000.

Pitzele, Peter and Susan Pitzele. *Scripture Windows: Toward a Practice of Bibliodrama.* 2nd ed. Teaneck, NJ: Ben Yehuda Press, 2019.

Ward, Jack. "The Clergy and Psychotherapy." *Group Psychotherapy* 20(1967), 204-10.

Winnicott, Donald W. *The Maturational Processes and the Facilitating Environment: Studies in the Theory of Emotional Development.* Rev ed. London, UK: Routledge, 1990.

05

비블리오드라마 대표 구조:
웜업-드라마-나누기
- 웜업(warm-up), 드라마(drama), 나누기(sharing)

　비블리오드라마(Bibliodrama)는 성경(biblion, 책)과 드라마(drama, 행위)의 합성어이며, 이 명칭에서 알 수 있듯이 성경 역할 경험을 통해 참여자들이 성경을 알게 되는 새로운 방법이다. 비블리오드라마의 진행을 알기 위해서는 그 구조를 이해하는 것이 필요하다.

　비블리오드라마는 모레노의 사이코드라마 방식을 성경에 도입하여 시작되었기 때문에 그 구조는 사이코드라마와 유사한 점이 있다. [1] 모레노는 자발성 극장을 3단계의 무대로 배치하여 사이코드라마를 현실(reality), 인터뷰(interview), 행동(action)의 세 단계로 구성했다. 현실 단계는 웜업(warm-up)으로 집단에서 주인공이 선출되며, 인터뷰는 주인공의 역할연기(role playing)를 준비시키고, 마지막 행동 단계에서는 주인공

---

[1]　Jack Ward, "The Clergy and Psychotherapy," *Group Psychotherapy* 20(1967), 204-05; Gerhard Marcel Martin, *Sachbuch Bibliodrama: Praxis und Theorie*, 2nd ed., (Stuttgart, DE: Kohlhammer, 2001), 70-71; Gerhard Marcel Martin, "The Origins of Bibliodrama and Its Specific Interest in the Text," in *Body and Bible: Interpreting and Experiencing Biblical Narratives*, ed. Björn Krondorfer, (Philadelphia, PA: Trinity Press International, 1992), 87.

의 문제를 해결하기 위해 잉여현실에서 그의 삶을 확장하여 탐색한다.[2]

이에 비하여, 비블리오드라마의 구조는 디렉터에 따라서 세 단계 혹은 다섯 단계 등으로 나눈다. 마르틴(Gerhard Marcel Martin)은 비블리오드라마를 대략 세 가지 과정으로 본다. 신체의 감각인 몸을 깨우고, 무대에서 실제로 놀아보며, 성서의 경험이나 집단의 경험을 대화로 나누는 단계이다.[3] 피터 핏첼(Peter A. Pitzele)은 비블리오드라마의 형식을 웜업(warm-up), 연기(action), 성찰(reviewing)의 세 단계로 나눈다. 웜업은 그 용어처럼 드라마를 위한 '예열과정'이고, 연기는 성경 인물에 대한 역할극을 수행하며, 성찰은 연기 이후 나누기를 하는 종결단계이다.[4]

여기에서는 비블리오드라마의 구성을 웜업(warm-up), 드라마(drama), 나누기(sharing)의 세 단계로 구분한다. 웜업은 참여자들의 심신을 깨우고, 드라마는 역할연기를 통해서 성경을 직접경험하며, 마지막 나누기는 집단과 참여자의 경험을 공유한다. 또한 〈영혼돌봄의 비블리오드라마〉에서는 비블리오드라마의 정체성을 예수의 영혼돌봄(cura animarum, care of soul)으로 정의한다.

비블리오드라마가 사이코드라마와 다른 가장 큰 차이점은 성경을 사용하는 것이다. 사이코드라마는 주인공의 문제해결이 목적이고, 비블리오드라마는 참여자가 역할(role)로 충분히 성경을 경험하기 위한 목적으로 진행한다. 〈영혼돌봄의 비블리오드라마〉는 성경에서 보여 주는 구조

---

2) J. L. Moreno, *Psychodrama*, vol. Ⅰ, 6th ed., (Princeton, NJ: Psychodrama Press, 2019), 71-72.

3) Martin, *Sachbuch Bibliodrama*, 10.

4) Peter and Susan Pitzele, *Scripture Windows: Toward a Practice of Bibliodrama*, 2nd ed., (Teaneck, NJ: Ben Yehuda Press, 2019), 13-17.

를 중심으로 드라마를 전개하며, 참여자들 모두가 역할을 맡아 공동체가 드라마를 경험할 수 있게 구성한다.

〈영혼돌봄의 비블리오드라마〉에서 영혼돌봄은 성경이 핵심적으로 말하는 예수 그리스도와 그가 보여 주신 삶을 따르는 것이며,[5] 엄밀히 말하면 성육신한 하나님이신 예수 그리스도는 영혼돌봄 자체이시다.[6] 비블리오드라마의 정체성을 예수의 영혼돌봄으로 정의하는 것은 비블리오드라마의 전체 구성을 통해 이를 구현하는 것이다.

〈영혼돌봄의 비블리오드라마〉의 세 단계는 다음과 같이 간략히 요약할 수 있다.

(1) **웜업(warm-up)**은 참여자의 몸과 마음을 깨우는 단계이다. 보통 놀이를 통해 참여자들의 자발성을 높이고, 집단의 응집력을 강화한다. 〈영혼돌봄의 비블리오드라마〉는 비블리오드라마의 전체 구성을 성경 본문을 중심으로 구성하며, 웜업에서는 본문과 관련한 놀이를 사용한다. 놀이는 단순한 놀이에서 복잡한 놀이로 진행하며, 영혼돌봄을 위해 '예수 그리스도를 만나는 자리'가 되게 한다. 디렉터는 웜업을 통해 참여자들의 성향과 집단의 분위기를 파악하여 전체 진행을 좀 더 세부적으로 조율할 수 있다.

---

5) 클라우스 빈클러/ 심명숙 역, 『목회상담 영혼돌봄』 (서울: 학지사, 2007), 107-11; 안석모 외 7인, 『목회상담 이론 입문』 (서울: 학지사, 2020), 75; Part 1. '02 영혼돌봄의 비블리오드라마'를 참고 바란다.

6) 곽우영, "예수 그리스도의 영혼돌봄으로 본 비블리오드라마: 비블리오드라마를 통한 목회상담적 제안," 「신학과 실천」 87(2023), 271-72.

(2) **드라마(drama)**는 참여자가 성경 역할을 맡고, 역할연기(role playing) 하여 '몸으로 성경을 체험'하는 단계이다. 이 단계에서 중요한 것은 참여자들이 성경 본문을 통해서 자발적으로 역할을 선택하고, 자신의 역할에 몰입하여 역할연기를 하는 것이다. 이때 참여자들은 예수 역할을 맡거나, 예수를 만나는 것으로 영혼돌봄을 경험할 수 있다.

(3) **나누기(sharing)**는 참여자들이 자신의 역할 경험과 비블리오드라마에서 느낀 점을 집단과 공유한다. 디렉터는 성경 본문에 대한 해석을 통해 참여자들의 이해를 도울 수 있으며, 비블리오드라마 진행에 대한 피드백(feedback)을 받기도 한다. 공동체에 감정과 생각을 공유하는 것은 하나의 문화를 공유하는 것이며, 〈영혼돌봄의 비블리오드라마〉는 영혼돌봄의 경험을 공유함으로 살아 있는 말씀의 경험으로 공동체의 신앙적 성장과 성숙을 독려할 수 있다.

마르틴은 비블리오드라마의 특징을 마지막에 성서로 돌아오는 과정이라고 보았다.[7] 그러나 〈영혼돌봄의 비블리오드라마〉는 이에 더 나아가 참여자들이 비블리오드라마를 통해 성경이 핵심적으로 말하는 예수 그리스도를 경험하는 자리로 본다.

---

7) Peter and Susan Pitzele, *Scripture Windows*, xix.

웜업(warm-up)

웜업(warm-up)은 일반적으로 운동선수들이 시합에 나가기 전 몸 푸는 과정을 말한다. 비블리오드라마에 웜업이 있는 이유는 드라마(drama)로 가기 전 참여자들의 긴장을 풀고 몸의 감각을 깨우는 위밍업(warming-up)으로도 말해진다. 이에 더하여 〈영혼돌봄의 비블리오드라마〉는 성경 본문과 연관하여 웜업을 구성하여 비블리오드라마 전체가 '성경'이라는 하나의 주제로 연결하고, 예수의 영혼돌봄을 정체성으로 웜업부터 예수의 영혼돌봄을 경험할 수 있도록 한다.

성경 내용으로 구성된 웜업은 참여자들을 자연스럽게 성경으로 이끈다. 성경을 미리 알 수 있도록 '놀이하는' 웜업을 통해 참여자들은 성경의 내용을 조금씩 인지한다. 〈영혼돌봄의 비블리오드라마〉는 웜업부터 참여자들이 성경 내용을 이해하게 되기 때문에 드라마에서 역할을 선택하고 몰입하는 것이 더 수월해진다.

웜업이 시작은 대부분 간단한 몸풀기 동작이다. 몸과 마음을 이완시키는 작업인 웜업은 참여자들에게 '비블리오드라마'라는 잉여현실(surplus reality)에 들어갈 수 있게 초대장을 보내는 것과 같다. 비블리오드라마에서는 일반적으로 웜업에서 놀이를 사용한다. 놀이는 현실과 자연스럽게 결별하는 놀이공간을 만드는데 비블리오드라마에서는 잉여현실(surplus reality)에 들어가는 것을 촉진시킬 수 있다.[8] 웜업은 보통 간단한 동작에서 복잡한 동작으로 진행되고, 명상, 간단한 몸풀기, 춤, 음악, 노래, 악기,

---

8) 김광웅, 유미숙, 유재령, 『놀이치료학』, 7판, (서울: 학지사, 2011), 16-17.

그림, 그리기 및 쓰기 등의 다양한 방법을 사용할 수 있다.

웜업은 참여자들의 성향이나 발달단계에 따라서 웜업의 구성이 달라져야 한다. 아동의 경우 웜업을 재미있는 놀이로 구성하는 것은 중요한 요소이다.[9] 아동은 놀이를 통해 발달하고 성장했으며, 다른 연령보다 놀이에 쉽게 몰입하여 자발성과 창조성을 보여 준다. 초등학생들을 대상으로 웜업을 진행할 때 아동이 좋아하는 놀이를 추천받거나, 재미있는 놀이를 성경 본문을 중심으로 진행할 수도 있다.

모레노가 개발한 사회측정법(소시오메트리, sociometry)은 참여자의 선택을 통해 긍정적 상호작용을 연습하고 배울 수 있다. 모레노는 집단에서 사람들의 관계와 상호적인 만남의 중요성을 알았다. 소시오메트리는 집단 안에서 개인이 선택과 그 효과를 볼 수 있으며, 상호관계를 형성에 도움을 주기 때문에[10] 웜업에 소시오메트리를 활용하는 것은 참여자들이 서로를 알아가고, 새로운 상호소통의 방식을 배울 수 있어서 유용한 방법이다.

〈영혼돌봄의 비블리오드라마〉는 성경 내용과 소시오메트리, 놀이 등을 연결하여 진행한다. 또한 웜업은 단순한 방식에서 복잡한 방식으로 점진적으로 심도 있게 진행하여 참여자들이 성경 본문에 집중할 수 있게 구성한다. 〈영혼돌봄의 비블리오드라마〉는 비블리오드라마를 통해서 예수 그리스도의 영혼돌봄을 경험할 수 있도록 구성하는데, 웜업에서는 '예수 그리스도와의 만남'을 여러 기법으로 사용한다.

---

9) 아동을 대상으로 한 웜업은 Part 4. '12 아동을 위한 비블리오드라마 가이드'를 참고 바란다.
10) Zerka T. Moreno, Lief Dag Blomkvist and Thomas Rützel, *Psychodrama, Surplus Reality and the Art of Healing*, (New York, NY: Routledge, 2000), 92-93.

다음은 '돌아온 아들의 비유 IV'⟨눅 15:25-32⟩를 웜업으로 구성한 예시들이다. 웜업은 총 3가지를 사용했으며, 성경 본문과 연관하여 소시오메트리, 스펙트로그램, 빈 의자 기법의 순서로 진행했다. 웜업은 성경 본문을 사용하여 단순한 구성에서 복잡한 구성으로 진행되도록 구성했고, 마지막 웜업은 참여자들이 빈 의자 기법을 통해서 예수 그리스도와의 만남이 있도록 배치했다.

A. 소시오메트리 예시
: "부모님에게 독립한 나이"로 줄서기

"여러분은 몇 살 때 부모님에게 독립하셨나요? '독립'은 부모님과 떨어져 나와 살았던 그 나이를 말합니다."

"이제 한 줄로 서실 텐데, 왼쪽 끝으로 갈수록 독립했던 나이가 어렸던 분들이 서시고, 오른쪽으로 갈수록 부모님에게 독립했던 나이가 많은 분들이 서시면 됩니다."

"만약 부모님과 함께 사시는 분들이 계시다면, 오른쪽 끝에 서주시면 됩니다. 줄을 서시려면 옆에 있는 분들과 서로 물어보셔야 서야 하는 위치를 알 수 있습니다."

모레노는 두 명 이상의 모임은 단순한 개인들의 집합체가 아닌 사회집단으로 보았고, 집단의 역기능을 최소화하고 긍정적 기능을 최대화하는 방법을 연구했다.[11] 그 연구의 일환인 소시오메트리(sciometry)는 선택을 통한 상호역할 관계를 배울 수 있다. 여기에서는 소시오메트리의 '객관적 수량화'만을 사용하였고, 인터뷰 후에 참여자들이 이 경험을 나눌 수 있는 시간을 주었다.

'돌아온 아들의 비유 IV'는 우리가 흔히 '탕자의 비유'로 불렀던 본문이다. 아버지의 유산을 미리 받아 흥청망청 돈을 낭비한 둘째 아들의 이야기로, 둘째 아들은 돈을 탕진한 후 먹을 것이 없어 다시 집으로 돌아온다. 아버지는 그 아들이 돌아온 것을 크게 기뻐하고 잔치를 열어 주지만 첫째 아들은 동생의 행동을 못마땅하게 여긴다.

이 본문의 웜업으로 '부모에게 독립한 나이'로 줄서기를 하는 것은 집 나간 둘째 아들에 대한 메타포(metaphor)로 성경의 상황을 나의 상황에 빗대어 가볍게 생각해 볼 시간을 준 것이다. 웜업은 너무 무겁지 않고, 가볍고 넓은 관점으로 현실에 적용하는 것이 좋다. 소시오메트리는 성경 이야기의 잉여현실에 가볍게 발을 디딜 수 있는 장치가 된다.

줄서기가 끝나면 디렉터(director)는 인터뷰를 통해 참여자들에게 "몇 살 때 독립했나요?", "나보다 늦게 독립한 사람, 혹은 일찍 독립한 사람들을 보는 기분은 어떤가요?" 등을 물을 수 있고, 이를 통해 집단의 성향과 참여자 개인의 성향을 알아볼 수 있다. 소시오메트리를 통한 웜업은 참여자들의 성향, 특징, 성격 등을 상호소통의 방식으로 파악할 수 있다. 이러한 웜업은 집단의 긴장을 낮추어 참여자가 상호교류할 수 있는 분위기를 만든다.

---

11) J. L. Moreno, *Who Shall Survive? A New Approach to the Problem of Human Interrelations*, Rev. ed., (London, UK: Forgotten Books, 2018), xi-xii.

B. 스펙트로그램 예시
: 아버지와 닮은 모습 찾기

"이 자리에 여러분들의 친아버님은 계시지 않지만, 여러분의 아버님과 닮은 분을 찾는 시간을 가져 보려고 합니다."

"부모님의 자식인 여러분도 부모님을 100% 닮는 것은 어려운 일입니다. 옷 입은 모습, 스타일, 어투, 잠깐 스치는 느낌 등 아주 작은 느낌이라도 좋습니다."

"나의 아버지와 0.1%라도 비슷한 점이 있다면, 그 사람 뒤로 가서 어깨에 손을 올려 주세요."

'아버지와 닮은 모습 찾기'는 '돌아온 아들의 비유 IV'에서 아버지의 모습을 생각나게 하는 웜업이다. 스펙트로그램의 웜업은 아버지에 대한 끌림이 있는 사람을 찾는 것으로 텔레(tele)의 방식을 적용한 것이다.[12] 텔레를 통해 집단에서 주관적인 끌림이 있는 사람을 찾는 것으로 참여자의 '선택'을 통한 소시오메트리의 방법이 숨어 있다.

'아버지 찾기'의 스펙트로그램은 참여자들이 주관적인 감정과 심리적 이미지들을 사용하기 때문에 앞의 웜업보다 구체적이고 세밀해진 방식이

---

12) 텔레(tele)는 '사람들 사이의 끌림'을 의미한다. 모레노는 사이코드라마를 진행하며 집단에서 사람과 사람 사이에 쌍방향적으로 생기는 느낌을 텔레라고 표현한다. J. L. Moreno, *Psychodrama*, vol. II, 2nd ed., (New York, NY: Beacon House, 1975), 5-6; Moreno, Blomkvist, Rützel, *Psychodrama*, 72; Moreno, *Psychodrama*, vol. I, 37-38; Moreno, *Who Shall Survive?*, 432.

다. 참여자들은 웜업을 통해 비블리오드라마 자체에 점점 몰입하게 된다.

참여자들이 모든 선택이 끝나면 디렉터는 참여자들을 소규모의 그룹으로 만들어 '자신의 아버지와 어떤 점이 비슷한지', '아버지를 선택한 느낌이 어땠는지'를 대화를 통해서 의견을 나누게 한다. 그룹 토의를 통해 참여자들은 집단응집력을 형성하고, 집단활동에 몰두하는 효과가 생긴다.

'돌아온 아들의 비유 Ⅳ'에서 아버지는 하나님을 비유한다. 누가복음 15장의 내용은 잃어버린 영혼에 대한 하나님의 마음을 보여 주는 비유들로 구성되어 있다. '돌아온 아들의 비유 Ⅳ' 이전에는 '잃은 양의 비유', '되찾은 드라크마의 비유'가 있었다. 〈영혼돌봄의 비블리오드라마〉에서 성경의 내용으로 웜업을 구성할 때 디렉터는 성경 본문의 흐름과 배경을 아는 것이 요청된다. 성경 내용으로 구성되는 웜업은 참여자들을 자연스럽게 드라마(drama)로 연결시킨다.

C. 빈 의자 기법
: 세 의자에 계신 예수님

"여기 의자 세 개에 여러분들이 보고 싶어 하시는 예수님을 모셔왔습니다."

"첫 번째는 손 벌려 환영해 주시는 예수님이 계시고, 두 번째는 함께 울어주는 예수님이 계십니다. 세 번째는 가르침을 주시는 예수님이 계십니다."

"오늘 여러분은 어떤 예수님을 만나고 싶으신가요? 만나기 원하는 예수님의 의자 앞에 한 줄로 서주시겠습니다."

디렉터:	('함께 울어주시는 예수님' 앞에 선 참여자에게 인터뷰한다) 지금 여기에 줄을 서셨는데, 이 예수님은 어떤 분이신가요?
참여자 B:	'함께 울어 주시는 예수님'이요.
디렉터:	예수님을 만나셨는데, 느낌이 어떠신가요?
참여자 B:	포근하고, 따뜻해요.
디렉터:	우리가 예수님을 만나는 것은 흔치 않은 일입니다.
참여자 B:	네.
디렉터:	그래도 여기서 예수님을 만나셨는데, 혹시 예수님에게 하고 싶은 이야기가 있을까요?
참여자 B:	항상 함께해 주셔서 감사해요.
디렉터:	〈메아리 기법〉'항상 함께해 주셔서 감사해요.'

'예수 그리스도를 만나는 웜업'은 그분의 등장만으로도 그곳은 예수께서 함께하시는 영혼돌봄을 하는 잉여현실이 된다. 순수한 놀이 정신도 태초부터 신성한 제의(예배)를 행동에 구현했다.[13] 웜업에서 참여자가 예수를 만나는 것은 영혼돌봄에 참여하고, 비블리오드라마는 이를 경험할 수 있는 거룩한 놀이라고 할 수 있다.[14]

슬프거나, 힘든 경험을 웜업으로 사용할 때는 특별한 주의가 필요하다. 참여자들은 웜업을 통해 자신의 상태가 드러나기 때문에 참여자가 원치 않는 감정의 소용돌이를 경험할 수 있다. 위의 빈 의자 기법에서는 '함께

---

13) Johan Huizinga, *Homo ludens: A study of the play-element in culture*, Rev. ed., (Mansfield, CT: Martino Publishing, 2014), 18-19, 25.
14) 곽우영, "예수 그리스도의 영혼돌봄으로 본 비블리오드라마," 268-69.

울어주시는 예수님'에 줄을 선 참여자들에게는 섬세한 질문이 필요하다.

웜업은 집단원들이 서로를 알아가고, 비블리오드라마에 몰입하기 위한 과정이다. 웜업의 진행은 '쉬운 웜업'에서 '복잡한 웜업'으로 점차적으로 분화되는 과정을 사용하여 비블리오드라마에 참여하는 효과를 극대화하는 것이 필요하다.

〈영혼돌봄의 비블리오드라마〉는 예수의 그리스도의 영혼돌봄을 경험하기 위해 예수 그리스도와의 만남이 있는 웜업을 진행한다. 예수와의 만남은 웜업의 효과를 극대화시키는 작업이며, 다년간의 연구와 경험에서도 예수께서 등장하는 웜업은 참여자들이 비블리오드라마에 몰입효과를 극대화시켰다. '예수 그리스도와 만나는 웜업'은 보통 웜업의 마지막 순서에서 다룬다.

드라마(drama)

"아버지는 모든 아들을 회개하게 하셨다. 그래서 아버지는 하나님 같은 분이시다." [승철(가명)의 나누기(sharing)][15]

비블리오드라마에서 드라마(drama)는 참여자들이 역할을 선택하여 무대에서 역할연기(role playing)하는 단계이다. 피터 핏첼(Peter A. Pitzele)

---

15) 2019년 A 시 교회 부속 지역아동센터 '돌아온 아들의 비유'〈누가복음 15:25-32〉를 진행했다. 승철(가명)은 초등학교 5학년 남학생으로 둘째 아들 역할을 했다.

은 비블리오드라마를 '성경 인물을 연기하는 역할극'이라고 정의한다.[16] 드라마는 참여자들이 역할연기로 성경을 경험하는 것이 핵심이다. 비블리오드라마는 참여자들이 역할 경험으로 성경을 이해하는 새로운 성서해석의 방법이다. 참여자들은 역할(role)을 통해 성경을 이해하고 경험한다. 역할연기를 어려워하는 참여자들은 〈메소드 훈련〉을 통해 무대에 적응하고, 자신의 역할을 이해할 수 있다.

위의 사례는 '돌아온 아들의 비유 Ⅳ'에서 집 떠난 '둘째 아들 역할'을 한 승철(가명)이의 나누기(sharing)이다. 성경 본문은 돌아온 둘째 아들에 대한 불만을 첫째 아들이 토로한 장면이었다. 아버지는 이 드라마에서 첫째 아들과 둘째 아들의 말을 모두 듣고 위로해 주었다. 드라마가 끝난 후 나누기에서 둘째 아들은 아버지를 '모든 아들을 회개케 하시는 하나님과 같은 분'으로 새롭게 깨달았다. 직접경험을 통해 성경을 알게 되는 방식은 성경을 읽거나, 설교로 듣는 방식보다 성경의 상황과 인물의 정서를 보다 입체적으로 이해할 수 있다.

기독교에서는 하나님의 말씀과 그의 가르침을 오래 기억하고, 따르기 위한 방법으로 성경을 읽고, 암기하고, 쓰고, 가르친다. 비블리오드라마로 하는 역할놀이는 성경을 경험으로 새롭게 이해하게 되는 새로운 방식이다. 역할연기는 참여자가 역할에 몰입하여 역할을 자신의 것으로 받아들이는 과정이 중요하다.

비블리오드라마가 성극(Biblical drama)과 다른 차이는 성극은 대본으로 역할을 연기하지만 비블리오드라마의 참여자는 즉흥연기(impromptu

---

16) Peter and Susan Pitzele, *Scripture Windows*, xix.

act)를 한다. 즉흥연기는 참여자의 자발성과 창조성에 기대는 즉흥극에서 나타나는 연기방법으로 무대에서 과거의 이야기를 재현하는 것이 아니라, '지금-여기' 현재에서 역할 그 자체가 되어 역할연기를 한다.

역할에 몰입할 때 드라마에서 하는 자신의 역할연기는 무대에서 진실이 되며, 성경의 이야기가 자신이 경험하는 이야기로 전환된다. 이 과정에서 성서가 새롭게 해석되고, 역할연기로 인한 상호작용으로 성경 본문에 대한 깊이 있는 이해를 할 수 있다.

아래는 드라마의 진행 과정으로 드라마 단계에 무엇을 해야 하는지 보여 준다.

첫째, 성경 본문을 읽고, 묵상한다. 성경 본문을 받은 참여자들은 일정한 시간 동안 공간을 거닐거나 서서, 혹은 앉아서 각자 자유롭게 일정한 묵상하는 시간을 갖는다.

둘째, 성경 말씀으로 놀이한다.[17] 함께 모여 말씀을 읽고, 단어나 문장을 상기하는 시간을 갖는다. 단어나 문장을 가지고 퀴즈나 게임을 하기도 하고, 전지나 도화지에 글과 그림으로 표현하기도 한다. 성경 본문을 활용한 작업과정을 거치면서 참여자들은 마음에 단어나 문장을 발견하게 된다.

셋째, 역할을 선택한다(role taking). 참여자들이 성경 이야기에서 자신의 역할을 맡는 과정이다. 참여자는 성경 본문을 통해 자신이 원하는 역할(role)을 정하게 된다.

---

17) 말씀으로 놀이하는 과정은 웜업으로 사용하기도 한다. Part 4. '12 아동을 위한 비블리오드라마 가이드'에서 8회, 10회의 비블리오드라마를 참고 바란다.

넷째, 무대에서 역할연기(role playing)를 한다. 성경 본문을 통한 역할 연기는 디렉터의 진행으로 무대에서 시연된다. 성경 본문을 절 단위의 순서로 진행하는 방법, '흰 불꽃'[18]을 통해 성경의 맥락을 새롭게 해석하여 진행하는 방법 등 디렉터의 성향과 참여자의 연령과 분위기에 따라 비블리오드라마의 구성은 다양하게 할 수 있다.

예시 1) 성경 본문을 절 단위의 순서로 진행하는 방법: 성경 본문이 주어진 대로 순서대로 따라가며 무대를 구성하는 방법이다. 해당 절에 나오는 인물을 무대에 등장시키며, 그 상황으로 역할연기한다.

예시 2) 성경의 맥락을 새롭게 해석하여 진행하는 방법: 성경의 맥락을 새롭게 해석하여 진행하는 방법은 성경 본문에서 나오지는 않았지만, 성경의 '흰 불꽃'인 전체 맥락을 사용하여 드라마를 구성하는 방법이다. 일례로 동생을 시기하여 죽인 '가인과 아벨'〈창 4:1-8〉의 이야기로 드라마를 구성할 때 모의재판을 열었다. 등장인물은 가인, 아벨, 부모(아담과 하와), 예수와 하나님이 계셨고, 그 재판에서는 가인과 아벨이 각각 자신의 입장을 변론하고, 부모는 함께 그들의 이야기를 들었다. 그리고 이 모든 것을 지켜보시는 하나님과 예수께서 계셨다.

드라마 진행 예시

아래의 사례는 '돌아온 아들의 비유 Ⅳ'〈눅 15:25-32〉로 첫째 아들이 집으로 오면서 아버지가 둘째 아들을 위해 잔치를 한 이야기를 듣고 화를 내고,

---

18) '흰 불꽃'에 대해서는 Part 1. '01 최초의 비블리오드라마'에서 〈비블리오드라마의 성경 해석: 미드라쉬(מדרש)〉을 참고 바란다.

아버지는 이를 달래주는 장면이다. 등장인물은 아버지, 첫째 아들, 둘째 아들이다. '아버지 역할'은 한 명이지만, '아들들의 역할'은 여러 명이 같은 역할을 맡아서 역할이 중복되었다.

이 내용은 성경을 맥락을 새롭게 해석하여 진행하는 방법으로 드라마의 진행예시를 보여 주기 위해서 중요장면을 중심으로 기록되었고, 일부 각색된 부분이 있다.

디렉터: (아버지는 무대 중앙에 있고, 그 앞에 빈 의자 한 개를 놓는다. 의자 앞에는 색깔 천들을 놓는다. 그 후 첫째 아들들에게 말한다) 이 의자는 첫째 아들을 위한 의자입니다. 여러분은 지금 아버지를 만나서 여러분의 마음을 전할 시간을 가지려고 합니다. 타국에서 온 동생을 만난 지금은 어떤 마음 드시나요? 첫째 아들들은 지금 여러분의 마음을 나타낼 수 있는 천를 하나씩 골라서 의자 앞으로 줄을 서주세요. (첫째 아들들이 천을 고른 후 줄을 선다) 아버지가 의자 뒤에서 여러분을 보고 계십니다. 아버지 앞에 있는 의자에 천을 덮고, 여러분이 아버지께 하고 싶은 말을 해 주세요.

첫째 아들 a: (자주색 천을 놓는다) 흥청망청 돈을 써 버린 둘째 아들을 위해서 잔치를 벌여서 짜증이 났어요.

첫째 아들 b: (갈색 천을 놓는다) 아버지와 어머니가 잘못하셨네요. 저(첫째 아들)와 둘째 아들 모두를 제대로 키우지 못하신 것 같아서 아버지가 잘못하신 것 같아요. (겸연쩍은 듯이 웃는다)

디렉터: (원래 있던 의자 옆에 다른 의자를 하나 더 놓는다. 그 후 둘째 아들들에게 말한다) 이제 둘째 아들인 여러분의 차례입니다. 이 의자는 여러

분을 위한 의자입니다. 형을 만난 기분은 어떠신가요? 여러분도 아버지에게 여러분의 마음을 말할 수 있는 시간을 드리겠습니다. 여러분의 마음을 나타낼 수 있는 보자기를 가지고 줄을 서주세요. (둘째 아들들이 천을 고른 후 줄을 선다) 아버지 앞에 있는 의자에 천을 덮고, 여러분도 아버지께 하고 싶은 말을 해 주세요. (갑자기 아버지가 말을 한다)

아버지: 둘째 아들을 못 볼 것 같아요.

디렉터: 아버지 하실 말씀이 있으시군요. '둘째 아들을 못 볼 것 같다'라고 이야기하셨는데 무슨 이유가 있으실까요?

아버지: 네. 제가 첫째 아들에게는 사랑을 많이 못 주었어요. 지금 첫째 아들이 말하는 것을 보니까, 제가 둘째 아들에게 잘해 주는 모습을 보여 주면 질투할 것 같아서 둘째 아들이 말하는 것을 보면 안 될 것 같아요. 못 볼 것 같아요.

디렉터: (첫째 아들을 보며) 첫째 아들, 아버지는 여러분에게 너무 미안해서 둘째 아들을 못 볼 것 같다고 하시는데 여러분의 생각은 어떠세요?

첫째 아들 a: 동생의 생각도 궁금해요.

첫째 아들 b: 아버지가 마음대로 하셔도 상관없을 것 같아요. 동생 이야기를 들어도 아무 상관없어요.

디렉터: 아버님, 첫째 아들도 동생(둘째 아들)의 마음이 궁금하고, 동생의 이야기를 들으셔도 상관없다고 합니다. 아버님 이제 둘째 아들의 이야기를 들으실 수 있으실까요?

아버지: 네.

디렉터: (둘째 아들을 보며) 둘째 아들, 아버지가 여러분의 마음도 듣고 싶다고 합니다. 이제 시작해 주세요.

둘째 아들 c: (의자에 검은 천을 놓는다) 돈을 흥청망청 써서 죄송한 마음이 들었어요, 이제는 돈을 함부로 쓰지 말아야겠다는 생각했어요.

둘째 아들 d: (주황 천을 놓는다) 죄송해요. 먼 나라에 가서 노느라고 돈을 다 써 버렸는데 파티까지 해 주셔서 죄송했어요.

둘째 아들 c: (노란 천을 놓는다) 돈을 아무 데나 막 써서 미안한 마음이 있었어요. 받아 주셔서 감사해요.

둘째 아들 d: (녹색 천을 놓는다) 형이 화가 많이 나서 저도 여기 있어야 할지 고민이 돼요.

둘째 아들 e: (살구색 천을 놓는다) 죄송한 마음도 있고, 아까 형과 이야기할 때 형이 너무 화가 많이 나서 조금 무서운 마음도 있어요.

디렉터: (둘째 아들 e을 보며) 형(첫째 아들)이 화가 많이 나서 좀 무서운 마음도 들었군요.

둘째 아들 e: 네.

디렉터: (첫째 아들들을 보고) 둘째 아들은 형이 화가 나서 조금 무섭답니다. (첫째 아들들은 '당연하지 않냐'는 표정을 지었다) 그다음 둘째 아들은 차례대로 나와 주세요.

둘째 아들 f: (초록색 천을 덮는다) 두렵고, 미안하고, 죄송한 마음이요. 내가 아버지 돈을 조금 더 쓰면 아버지가 나를 버릴 것 같았어요.

디렉터: 내가 한 행동 때문에 아버지가 나를 버릴지도 모른다는 마음이 들었군요. 많이 슬펐을 것 같은데, 괜찮나요?

둘째 아들 g: 네.

디렉터: 아버지는 나중에 이 둘째 아들을 좀 위로해 주셔서 할 것 같습니다. (나머지 둘째 아들들까지 말하기를 마치고, 디렉터는 두 의자를 나란히 놓

는다) 아버지, 여기 두 아들의 마음이 있습니다. 먼저 첫째 아들의 마음을 느껴 보는 시간을 갖겠습니다. 아버지는 첫째 아들의 마음이 담긴 의자 위의 천에 손을 올리시고, 눈을 감고 잠시 그 마음을 느껴 보시겠습니다. (아버지는 첫째 아들의 천이 올라간 의자에 손을 올리고, 잠시 눈을 감는다) 첫째 아들의 마음이 느껴지셨으면 이제 눈을 떠주시고, 첫째 아들을 보고 해 주고 싶은 이야기를 해 주시겠습니다.

아버지: 아들아, 미안해. 둘째 아들에게 돈을 너무 많이 주고, 너희들은 부려먹어서 너무 미안했어. 둘째 아들이 돈을 다 써 버리고 돌아왔는데도 파티를 열어 줬고, 그걸 너희들이 좋아하지 않는 모습을 보니까 너무 미안했어.

디렉터: 이제는 둘째 아들의 마음을 느껴 보겠습니다. (아버지는 둘째 아들의 천이 올라간 의자로 가서 손을 올리고, 잠시 눈을 감는다) 둘째 아들의 마음이 느껴지셨으면 눈을 뜨시고, 둘째 아들에게도 이야기해 주시겠습니다.

아버지: 아들아, 돈을 막 쓰고 들어와서 좀 짜증이 나기는 했어. 그런데 너희들이 내 핏줄이라서 돌아온 것이 기쁘기도 했어. 그리고 걱정도 됐어.

디렉터: 이제 이 두 감정들을 하나로 합칠게요. (아버지 앞에 있는 두 의자의 천을 한 의자로 합친다) 이제 한 의자에 이 감정들을 놓을게요.

중략

드라마의 초반에는 종에서 소식을 듣는 첫째 아들(25-27절), 첫째 아들의 분노(28절), 아버지의 아들의 대화(29-30절)가 나온다. 이 성경 본문에서 첫째 아들이 분노와 이를 위로하는 아버지의 모습을 볼 수 있지만, 성경의 내용에서 '첫째 아들과 둘째 아들의 갈등'이 맥락적으로 흐르고 있음을 유추할 수 있다. 이런 이유로 드라마에서는 성경 본문에 나오지 않는 둘째 아들을 등장시켜 아버지, 첫째 아들, 둘째 아들이 삼자대면을 하는 장면으로 구성했다.

비블리오드라마는 성경의 내용을 잘 살리는 구성이 중요하다. '돌아온 아들'의 비유에서 형이 동생에 대한 언짢은 마음을 아버지에게 표현한 장면은 인물의 갈등이 최고조를 이룬다. 또한 해당 본문에서 잔치를 할 정도로 '둘째 아들을 반기는 아버지의 모습'과 이를 듣고 '분노하는 첫째 아들의 모습'은 감정의 극적인 대비를 보여 준다.

드라마의 구성에서 흰 불꽃의 상상을 통해 '형과 동생의 갈등'은 무대에서 재창조되었고, 이후에 이어지는 드라마에서 아버지가 두 아들의 마음을 함께 느껴 보고 첫째 아들을 위로해 주는 것(31-32절)으로 이야기는 마무리되었다.

'돌아온 아들의 비유'에서 아버지는 하나님을 비유로 한 것이다. 이 본문은 누가복음 15장 앞부분에 '잃은 양의 비유'(1-7절), '되찾은 드라크마의 비유'(8-10절)와 함께 잃어버린 영혼에 대한 하나님의 마음과 사랑을 알 수 있는 비유이다. 실제로 초등학교 집단에서 '돌아온 아들의 비유 IV'를 진행했을 때 성경에는 하나님이나, 예수의 이야기가 나오지 않았지만 나누기에서는 다음과 같은 내용이 나왔다.

아버지가 된 것은 '예수님이 내려온 기분'이 들었어요. 우리가 예수님 곁을 떠나면 예수님이 슬퍼해서 계속 찾고, 아들/딸이 돌아오면 기뻐서 잔치해 주는 것이라고 생각이 되었어요.

['아버지 역할' 나누기(sharing), 초등학교 4학년 여자]

나누기(sharing)는 역할을 벗고(derolling), 위와 같이 비블리오드라마를 경험한 소감을 전체와 공유한다. 비블리오드라마의 경험은 나누기에서 대단원의 막을 내린다.

나누기(sharing)

디렉터: 이제 나누기까지 하셨으니, 비블리오드라마의 모든 순서를 기도로 마치겠습니다.

성수: 목사님(손을 번쩍 든다).

디렉터: 어, 그래. 아직 못다 한 이야기가 있나요?

성수: 제가 기도를 하고 싶어요.

디렉터: 그래. (웃으며 마이크를 넘겨준다)

성수: 하나님 오늘 저희를 여기에 모이게 해 주셔서 감사합니다. 예수님 이름으로 기도합니다.

[비블리오드라마에 성수(가명), 초등학생 남자아이][19]

나누기(sharing)는 드라마(drama)가 끝나고 참여자들이 모여앉아서 시작하며, 보통은 둥그렇게 의자를 배치하여 앉는다. 비블리오드라마의 마지막 단계이기도 한 나누기 시간은 참여자들이 역할 벗기(deroling)를 하고, 역할을 한 느낌과 소감 등을 전체와 공유한다.

---

19) 2022년 초교파 여름수현회(어린이 캠프)에서 '돌아온 아들의 비유〈누가복음 15:11-24〉를 진행했다.

모레노의 사이코드라마에서 나누기(sharing)는 무대 안/밖의 경험을 나눈다. 사이코드라마는 주인공의 삶에 치유를 목적이기 때문에 무대에서 하는 새로운 경험과 무대 밖의 삶의 경험은 나누기의 주요한 소재이다.[20] 사이코드라마의 방법을 계승한 비블리오드라마에서도 '경험 나누기'는 중요한 소재이다. 모든 참여자들이 역할을 맡는 비블리오드라마에서 나누기로 자신과 공동체가 경험을 표현하는 것은 성경의 의미를 이해하고, 감정과 정서를 공유하며, 경험의 의미를 확장하는 시간이다.

이 사례는 2022년 초교파 어린이 여름캠프에서 비블리오드라마를 나누기까지 진행한 후 기도로 마치려는 상황에서 한 초등학생이 마치는 기도를 자신이 하고 싶다고 나서는 순간의 기록이다. 성수(가명)는 보기에도 병약해 보이는 9세가량의 남자아이로, 교사들이 옆에서 챙겨 주는 아이였다. 디렉터가 기도로 마치려는 순간 손을 들었고 너무나도 해맑게 웃으며 자신이 '기도를 하고 싶다'라고 강력하게 의사표현을 했다.

디렉터가 그에게 마이크를 넘겨주자, "하나님, 오늘 저희를 여기에 모이게 해 주셔서 감사합니다. 예수님 이름으로 기도합니다"라고 기도했다. 이 마지막 기도의 순간은 편안하고 빠르게 지나갔다. 비블리오드라마의 종결은 꼭 기도로 마치지 않아도 된다.

비블리오드라마의 나누기는 사이코드라마와 다르게 드라마(drama)의 역할을 벗고 본래의 자신의 모습으로 돌아오는 것, 그리고 비블리오드라마를 통해서 느낀 점이나 소감을 집단과 공유하는 것이 이루어진다. 그리고 〈영혼돌봄의 비블리오드라마〉에서 이루어지는 영혼돌봄의 경험을

---

20) Peter and Susan Pitzele, *Scripture Windows*, 118.

상호 간에 공유한다.

　디렉터에 따라서 성경 본문을 해석해 주거나, 참여자들에게 필요한 내용을 알려 주기도 한다. 또한 비블리오드라마 전체 진행에 대한 피드백(feedback)을 받으며, 디렉터는 비블리오드라마의 진행에 대해 참여자들의 질문에 답해 주기도 한다.

　이것은 다음의 '나누기의 특성'으로 정리할 수 있다.

　첫째, 역할 벗기(deroling)를 한다. 참여자는 나누기 단계에서 자신의 역할을 벗고 본래 자신의 모습으로 돌아온다.[21] 역할 벗기의 방법은 여러 가지가 있다. 몸 털기, 한 바퀴 돌기, 눈을 감았다 뜨기 등으로 디렉터는 참여자에게 일정한 디렉션을 통해서 역할에서 빠져나오게 한다. 놀이에도 시작과 끝이 있듯이 참여자들이 역할 경험을 하는 것은 드라마(drama)이고, 역할 벗기를 통해 현실의 모습으로 돌아오는 것은 나누기(sharing)이다.

　둘째, 역할 경험을 나눈다. 역할을 맡은 경험을 나누는 것은 성경 인물과 성경 내용을 심도 깊게 돌아볼 수 있는 시간이다.[22] 참여자들이 역할 경험을 통해 몸으로 경험하게 된 새로운 성경 이해를 공동체와 공유한다. 또한 역할 경험은 참여자 자신의 실제 모습에 투영되어 참여자 스스로 돌아보는 시간이 된다. 이런 경험을 공동체와 공유할 때 참여자는 공동체로부터 심리적이고 정서적인 지지를 받을 수 있다.

---

21) *Ibid.*, 16.
22) Martin, *Sachbuch Bibliodrama*, 10; Peter and Susan Pitzele, *Scripture Windows*, 16-17.

셋째, 비블리오드라마에 대한 참여 경험을 나눈다. 참여자들은 비블리오드라마의 구성인 '웜업, 드라마, 나누기'에 참여한 개인적인 소회를 공유한다. 집단상담에서 이해와 공감은 공동체에서 심리적 상호이해와 정서적인 상호돌봄이 이루어지는 시간이다. 이것은 공동체의 결속을 강화시키고, 성경을 통한 경험은 하나의 문화를 공유하는 경험이라고 할 수 있다.

넷째, 영혼돌봄의 경험을 공동체와 공유할 수 있다. 〈영혼돌봄의 비블리오드라마〉는 예수 그리스도의 영혼돌봄을 참여자들이 경험하는 것을 정체성으로 한다. 참여자들이 경험한 영혼돌봄을 공유함으로 공동체의 신앙적 성장과 성숙을 격려할 수 있다.

요컨대 나누기(sharing)은 비블리오드라마에 대한 참여 경험과 새로운 성경 해석, 그리고 영혼돌봄의 경험을 공동체와 공유할 수 있다. 참여자들은 이 시간에 자신의 감정을 돌아보고 정리할 수 있으며, 타인에 대한 이해가 확장된다. 또한 성경 체험과 예수 그리스도의 영혼돌봄의 경험을 집단에 공유하는 것은 공동체가 비블리오드라마의 목적을 완성하며, 영적 성장과 성숙을 독려하는 시간이 될 수 있다.

나누기는 드라마(drama)에서 참여자들이 느낀 점과 새로운 감정에 대한 이해를 나누며, 전체 참여자는 타인의 경험을 공감하고 돌아보는 상호돌봄의 시간이다. 이를 통해 역할 경험으로 성경을 보는 방식은 그간 객관적 이해를 통해 성경을 보는 방식에서 '직접경험'이라는 주관적 방식으로 말씀을 새롭게 해석할 수 있게 한다. 또한 〈영혼돌봄의 비블리오드라마〉를 통해 영혼돌봄의 경험을 공유함으로 공동체가 예수 그리스도의 영혼돌봄의 문화를 공유할 수 있다.

비블리오드라마 나누기의 유의사항

1940년대 후반에 모레노는 정신과 의사들에게 사이코드라마를 소개하려고 젊은 여성을 주인공으로 사이코드라마를 했다. 이를 마친 후 정신과 의사들은 그녀를 분석하고 해석했고, 그녀는 두세 마디를 대답한 한 후 심리적으로 무너지고 있었다.[23]

모레노의 사례는 나누기(sharing)에서 주의할 점을 보여 준다. 참여자에 대한 분석이나 해석은 비블리오드라마에서도 도움이 되지 않는다. 집단상담에서 나누기는 서로의 감정이 교류되고, 공감을 형성하는 시간이다. 비블리오드라마에서 나누기는 집단전체의 상호돌봄과 성경을 통한 진정한 교감에 목적이 있다. 그러나 좋은 나누기가 되기 위해서는 몇 가지 주의해야 하는 요소들이 있다.

첫째, 상대방의 판단하거나 비난하지 않는다. 잘못된 나누기는 '나라면 -하지 않았을 거예요', 'ㅇㅇ이는 이렇게 하는 게 나을 것 같아요'처럼 타인의 행동을 비난하거나 판단하는 것이다. 이것은 비블리오드라마의 불편한 점을 말하지 않는 것을 의미하지 않는다. 오히려 나누기에 나타난 참여자의 어려움이나 불편한 점들은 디렉터에게 다음 비블리오드라마를

---

23) Moreno, Blomkvist, Rützel, *Psychodrama*, 63.

수정하고 보완할 수 있는 기회이다.

비블리오드라마에서 나누기는 참여자들의 경험을 공동체에 공유하며 상호돌봄을 하는 자리이다. 타인에 대한 판단이나 비난에는 타인에 대한 이해나 공감이 자리 잡을 수 없고, 그를 통해 참여자가 얻게 되는 유익은 없다고 단정적으로 말할 수 있다.

둘째, 나누기의 언어를 바꾸어야 한다. 나누기는 비블리오드라마를 경험한 것을 상호이해하고 공감하는 자리가 되어야 한다. 비블리오드라마는 목회상담으로 예수 그리스도의 영혼돌봄을 담는 도구이다. 영혼돌봄의 비블리오드라마는 예수께서 삶으로 보여 주신 영적치유를 개인과 공동체에 회복하는 목회상담이며, 집단상담이다.

참여자들의 경험이 전체로 공유되는 것은 자신이 경험한 영혼돌봄을 나누며 서로 치유하고, 회복하는 자리가 되어야 한다. 성경 역할 경험에서 느낀 점을 나눈 것도 좋고, 성경 역할을 통해 참여자 자신을 돌아본 내용도 유익하다. 그리고 나누기에서 상호공감은 공동체의 연결감과 긍정적인 유대감을 강화시켜 주는 역할을 한다. 비블리오드라마의 나누기는 다음과 같이 시작되기를 추천한다. 다음은 몇 가지의 예시이다.

· 나도 ○○과 같은 경험을 해 본 적이 있어요. 〈동조〉
· 나도 이런 느낌을 받았어요. 〈공감〉
· 내가 ○○ 역할이었다면 ○○처럼 못 했을 것 같아요. 〈칭찬〉
· 나도 나중이 이 ○○역할을 해 보고 싶어요. 〈도전〉

비블리오드라마 진행의 보완

상철(가명)이는 예전에 진짜 뭐만 건드리면 울었거든요. 살짝 잘못하면 자기가 울었어요. 저희한테는 말대꾸하고 그랬어요. 요즘에는 살짝 '어쩌라고'를 말하긴 하지만, 안 우는 거 보면 대단해요. 다른 사람을 의지하는 모습이었는데, 이제는 자기 혼자 해결해요. 누나들에게 말대꾸했는데 이거(비블리오드라마)하고는 말대꾸도 안 해요.

[비블리오드라마 이후 변화, 초등학교 4학년 상철(가명)][24]

초등학생들과 12회기 비블리오드라마를 진행하며 4회기를 마쳤을 때 4학년 남학생 상철이(가명)가 엉엉 울며 그 장소를 떠나지 않았다. 비블리오드라마를 진행하며 개인 사전인터뷰를 할 때 개당 몇백 원 정도 하는 사탕을 주었고, 2회 때부터 웝업(warm-up)의 게임에서 우승한 학생에게도 비블리오드라마 회기를 마칠 때 비슷한 선물을 주었다. 이것은 참여자들이 웝업의 게임이나, 드라마에 참여를 유도하는 방법이었다.

그러나 상철이는 문제가 생기면 주로 우는 것으로 자신의 의사를 표현하는 편으로 눈물로 사탕을 못 받은 서운함을 나타냈다. 이 사건은 다음 회기부터는 모든 참여자들이 비블리오드라마에 참여한 후에 작은 막대사탕을 받는 것을 약속하고 마무리가 되었다. 그날 이후로 모든 학생들은 비블리오드라마에 참여한 것만으로도 사탕을 한 개씩 받았고, 게임을 우승하거나 열심히 참여한 학생은 간식을 1개씩 더 받았다.

---

24) 상철(가명)이는 초등학교 4학년 남학생으로, 2019년에 A 시 교회 부속 지역아동센터에서 실시한 비블리오드라마 12회기에 참여했다.

성인과 달리 아동들의 집단상담에서 작은 캔디나 선물은 집단의 동력을 얻는 요인이 되기도 한다. 초등부 외에 영아, 유아, 유치부와 같은 연령의 아이들에게도 작은 간식과 같은 상품은 비블리오드라마뿐만 아니라 놀이나 교육에서도 참여 효과를 이끌어 낼 수 있는 방법이다. 상품이 과하면 오히려 역효과가 날 수 있지만, 사탕과 같은 상품은 아이들이 비블리오드라마에 잘 참여할 수 있는 촉매제가 된다. 상철이의 울음은 디렉터들에게 참여자들의 발달단계별 특징을 알려 주고, 비블리오드라마에서 보완할 수 있는 준비가 무엇인지 알려 준다. 상철이는 비블리오드라마의 12회기를 모두 마친 후 '울지 않고, 타인을 의지하지 않으며 혼자 문제를 해결하는 모습'으로 변화가 생겼다.

하루는 여정이(가명)가 비블리오드라마에서 이런 말을 했다. "선생님 피곤해서 눈을 뜰 수가 없어요." 당시는 여름이었고, 에어컨을 틀지 않아서 그 장소가 평소보다 더웠다. 여정이는 더운 것을 졸린 것으로 생각했다. 이런 반응은 비블리오드라마 진행한 장소가 너무 더울 때, 혹은 너무 넓거나, 좁은 공간에서 비블리오드라마를 진행할 때 나온다. 환경이 주는 제약은 비블리오드라마의 효과를 반감시키는 요인이다.

사전에 장소를 미리 답사하거나, 주최 측과 논의하여 이것을 예방하는 것도 필요하다. 그러나 현실에서는 이를 제어할 수 없는 경우도 종종 생기기 때문에 디렉터는 환경의 제약조건을 최소화하고, 참여자가 비블리오드라마에 몰입할 수 있는 방법들을 몇 가지 대비해 가는 것이 필요하다. 이러한 대응은 디렉터의 경험이 필요한 부분이기도 하다.

또한 같은 본문으로 진행한 비블리오드라마를 각기 다른 연령대인 10대, 20대, 30대, 40대에 실시한 결과 연령대별로 비블리오드라마에 바라는 점들을 달랐다. [25] '비블리오드라마에서 개선해야 할 점이 있다면 무엇일까요?'라는 설문에서 연령별로 세 집단으로 나누어진 10대에서-40대까지의 약 100명의 참여자들은 '개선할 점이 없다'라는 응답이 거의 대부분이었다. 그러나 '드라마를 좀 더 길게 하고 싶다'라고 하거나, '나누기 시간을 길게 했으면 좋겠다'라는 몇 개의 소수의견이 있었다.

사실 비블리오드라마에서 1-2% 정도 되는 소수의견보다 전체의견에 무게를 두는 것이 중요하다. 어떤 단체나 모임에 가던지 부정적 의견은 소수의견으로 나오게 되어 있다. 그러나 비블리오드라마가 발전하려면 디렉터는 마음이 열려 있어야 한다. 비블리오드라마가 진행되는 현장의 상황은 늘 변할 수 있으며, 디렉터가 전체 상황을 면밀히 살펴볼 수 있어야 상황에 대한 적응력이 높아지기 때문이다.

상철이는 울음으로 자신의 감정을 표출했지만, 소극적인 참여자는 이에 대한 감정을 표현하지 못하고 속으로만 삭혔을 것이다. 비블리오드라마가 효과적으로 진행된다 할지라도 너무 덥거나, 추운 날씨와 장소의 제약은 디렉터의 역량을 반감되게 하는 요인이다. 그리고 비블리오드라마에 대한 소수의견은 특정한 성향을 가진 집단에 비블리오드라마를 실시할 때 집단의 성향이나 성격을 고려하여 비블리오드라마를 준비할 수 있는 자료가 된다.

---

25) 2021년 과천의 D 교회에서 '최후의 설교'〈요한복음 16:5-15〉로 10-40대가 속한 세 개의 부서에 비블리오드라마를 실시하고, 설문지를 작성했다.

다양한 나누기의 활용

비블리오드라마의 나누기는 보통 현장에서는 참여자들이 경험을 말하는 것으로 진행되지만, 설문지를 사용하기도 한다. 필자의 경우 상황에 따라서 한 가지, 혹은 두 가지를 모두를 사용한다.

〈설문지〉

설문지의 작성은 참여자가 자신의 감정이나 생각을 돌아보고 정리할 수 있는 시간이 되고, 현장에서 '말하기'로 나누기를 하는 것은 참여자들과 경험이 공유하여 상호이해를 하는 시간이 된다. 비블리오드라마는 역할(role)을 통해 상호적인(interact) 대인관계를 경험하고, 그 경험을 통해 지식과 배움이 생긴다. 이를 언어로 공동체와 공유할 때 공감, 동조, 도전 등 공동체의 이해, 치유, 단합 등의 효과가 나타난다.

비블리오드라마를 여러 회기로 진행할 때 필자는 나누기를 매회기 '말하기'로 진행하고, 다음 회기가 시작되기 전에 설문지를 작성을 한다. 참여자들은 설문지를 통해 지난 시간 진행된 비블리오드라마의 경험을 돌아보고, 현재 이루어지는 회기에 대해 기대감과 궁금증을 갖게 된다. 이것도 일종의 웜밍업으로 볼 수 있다.

〈그림〉

또한 그림을 통한 나누기 방법도 있다. 어떤 회기는 그림으로 비블리오드라마를 표현하고, 나누는 시간을 갖는다. 그림을 사용하는 방법은 상상력이 풍부한 아동에게 유용한 방법이다. 그러나 그림은 비단 아이들의 전유물이 아니다. 어른들도 그림을 통해 말로 표현하지 못한 감정을 담

아낼 수 있으며, 어떨 때는 '그림으로 하는 나누기'가 더 깊은 내용을 담아
내기도 한다.

〈색종이, 편지봉투〉

색종이나 편지봉투를 사용하여 나누기를 하는 방법도 색다르다. 색종
이를 사용할 때 참여자들은 소감을 쓸 뿐만 아니라 그림을 그리기도 한
다. 편지봉투를 사용하면 마치 편지를 쓰듯 자신의 감정과 경험을 드러
내기도 한다. 그리고 이를 발표하는 시간으로 나누기를 하는 것도 참여
자들의 감정이나 경험들을 공동체와 재미있게 나눌 수 있는 방법이다.

참고문헌

곽우영. "예수 그리스도의 영혼돌봄으로 본 비블리오드라마: 비블리오드라마를 통한 목회상담적 제안." 「신학과 실천」 87(2023), 261-284.

김광웅, 유미숙, 유재령. 『놀이치료학』. 서울: 학지사, 2011.

안석모 외 7인. 『목회상담 이론 입문』. 서울: 학지사, 2020.

클라우스 빈클러/ 신명숙 역. 『목회상담 영혼돌봄』. 서울: 학지사, 2007.

Huizinga, Johan. *Homo Ludens: A Study of the Play-Element in Culture*. Rev. ed. Mansfield, CT: Martino Fine Books, 2014.

Krondorfer, Björn. "The Whole Gamut of Experience: Historical and Theoretical Reflections on Play." In *Body and Bible: Interpreting and Experiencing Biblical Narratives*, ed. Björn Krondorfer, 5-26. Philadelphia, PA: Trinity Press International, 1992.

Martin, Gerhard Marcel. *Sachbuch Bibliodrama: Praxis und Theorie*. 2nd ed. Stuttgart, DE: Kohlhammer, 2001.

Martin, Gerhard Marcel. "The Origins of Bibliodrama and Its Specific Interest in the Text." In *Body and Bible: Interpreting and Experiencing Biblical Narratives*, ed. Björn Krondorfer, 85-101. Philadelphia, PA: Trinity Press International, 1992.

Moreno, J. L. *Psychodrama*, Vol. Ⅰ. 6th ed. Princeton, NJ: Psychodrama Press, 2019.

Moreno, J. L. *Psychodrama*, Vol. Ⅱ. 2nd ed. New York, NY: Beacon House, 1975.

Moreno, J. L. *Who Shall Survive? A New Approach to the Problem of Human Interrelations*. Rev. ed. London, UK: Forgotten Books, 2018.

Moreno, Zerka T., Lief Dag Blomkvist and Thomas Rützel. *Psychodrama, Surplus Reality and the Art of Healing*. New York, NY: Routledge, 2000.

Pitzele, Peter and Susan Pitzele, *Scripture Windows: Toward a Practice of Bibliodrama*. 2nd ed. Teaneck, NJ: Ben Yehuda Press, 2019.

Ward, Jack. "The Clergy and Psychotherapy." *Group Psychotherapy* 20(1967), 204-10.

06

비블리오드라마 3가지 요소, 5가지 기법

너무 재미있었어요. 왜냐하면 아들의 손을 잡고 뛰면서 연극해서 너무
재미있고, 모두 함께 해서 기분이 좋았어요.

[아버지 역할 나누기(sharing), 여자 연지(가명)][1]

비블리오드라마는 어떻게 구성되며, 어떤 기법을 사용할까? 이를 알기
위해서는 사이코드라마를 구성하는 기본요소들을 먼저 살펴봐야 한다.
비블리오드라마는 모레노(Jacob L. Moreno, 1889-1974)에 사이코드라마
의 기본요소와 기법들은 차용하여 시작되었다. 최초의 비블리오드라마
는 사이코드라마의 기술에 성경에 적용한 것으로 그 배경에는 신학과 성
경을 교육하는 방법에 대한 시대적인 변화요구가 있었다.[2]

---

1) 연지(가명)는 초등학교 3학년으로 2019년 아산 A 교회에서 초등학생을 대상으로 '돌아온
   아들의 비유'〈누가복음 15:17-32〉에 참여했다.
2) Jack Ward, "The Clergy and Psychotherapy," *Group Psychotherapy* 20(1967), 204-05;
   Gerhard Marcel Martin, *Sachbuch Bibliodrama: Praxis und Theorie*, 2nd ed., (Stuttgart,
   DE: Kohlhammer, 2001), 70-71; Gerhard Marcel Martin, "The Origins of Bibliodrama and
   Its Specific Interest in the Text," in *Body and Bible: Interpreting and Experiencing Biblical*

비블리오드라마는 몸을 활용하는 역할연기(role playing)를 통해 성경을 경험으로 알 수 있는 방법으로 행동적인 기법들을 사용한다. 일반상담이 상담실에서 진행된다면 비블리오드라마는 성경을 본문으로 집단(공동체)을 대상으로 진행한다.

위 사례에서 연지(가명)는 '돌아온 아들의 비유 Ⅲ'〈눅 15 17:32〉에서 '아버지 역할'로 참여했다. 초등학생들은 비블리오드라마를 처음 접해 본 참여자들이 많았기 때문에 비블리오드라마를 연극이나 TV의 드라마에 비유하기도 한다. 성경 본문은 집 나간 아들이 다시 돌아와 아버지와 함께 기뻐 뛰며 잔치를 베푸는 장면이었다. 참여자들은 이 장면에서 아버지가 잘못한 아들을 다시 받아들이는 것을 이해하지 못했지만, 아버지가 아들을 받아주는 것에서 아버지에 큰 사랑을 느꼈다.

참여자들이 아버지에 대한 양가감정[3]을 느낀 것은 드라마에 역할로 참여해서 성경을 입체적으로 경험했기 때문이다. 경험을 통해 성경을 입체화하는 것은 역할연기로 성경을 알게 되는 비블리오드라마만의 특징이자, 장점이다. 종래에 성경을 배우는 방식은 읽거나, 연구하거나, 설교를 듣는 것 등이었으나, 비블리오드라마는 참여자의 역할 경험으로 성경을 입체적으로 알게 되는 새로운 성서해석학이다.

여기에서는 비블리오드라마를 구성하는 기본요소와 기법을 알아보려고 한다. **Ⅰ부 비블리오드라마의 3가지 기본요소**에서는 〈참여자〉, 〈무대〉, 〈디렉터〉를 살펴보고, **Ⅱ부 비블리오드라마의 5가지 기법**에서는 〈역할 바꾸기〉, 〈이중자아〉, 〈거울기법〉, 〈텔레〉, 〈메아리〉에 대해서 알

Narratives, ed. Björn Krondorfer, (Philadelphia: Trinity Press International, 1992), 87.
3) '양가감정'은 하나의 대상에 사랑과 미움처럼 대립되는 두 감정이 공존하는 것이다.

아보겠다.

I 부 비블리오드라마의 3가지 기본요소

비블리오드라마가 사이코드라마와 가장 큰 차이는 성경을 본문으로 사용하는 것이다. 기독교 전통에서 성경은 일반 서적이 아닌 하나님의 영감으로 저작된 것으로 동화나 일반 서적들과 다른 독특한 위상을 갖는다.〈딤후 3:16〉 기독교인에서 성경은 영적 성장과 영성의 근원이며, 성경으로 지금도 살아 계신 하나님의 말씀에 역동(dynamic)을 경험할 수 있다.〈히 4:12〉 이런 이유로 비블리오드라마에서 참여자들이 역할을 통해 몸으로 성경을 경험하는 것은 말씀에 참여하는 영적인 경험이라고 할 수 있다.[4]

비블리오드라마는 즉흥극(impromptu play)으로 무대에서 드라마의 형식으로 진행된다.[5] 비블리오드라마는 참여자가 드라마에서 성경 역할 경험을 충분히 하는 것을 목적으로 하며,〈영혼돌봄의 비블리오드라마〉는 예수 그리스도의 영혼돌봄을 정체성으로 비블리오드라마를 진행한다.

〈영혼돌봄의 비블리오드라마〉는 '무대, 참여자, 디렉터' 세 가지를 기본 요소로 한다. 비블리오드라마가 영향받은 사이코드라마는 주인공의 문제를 해결하기 위해 '주인공, 디렉터, 보조 자아, 관객, 무대'의 다섯 가지

---

4) 곽우영, "예수 그리스도의 영혼돌봄으로 본 비블리오드라마: 비블리오드라마를 통한 목회상담적 제안,"「신학과 실천」87(2023), 268-69.

5) Ward, "The Clergy and Psychotherapy," 204-05.

요소를 활용한다.[6] 반면에 〈영혼돌봄의 비블리오드라마〉는 모든 참여자들이 역할을 선택하고 드라마에서 역할연기를 함께 하기 때문에 '주인공, 보조 자아, 관객'을 '참여자'에 통합시켰다.

여기에서는 비블리오드라마의 세 가지 기본요소인 〈참여자〉, 〈무대〉, 〈디렉터〉에 대해서 알아보겠다. 먼저 비블리오드라마 기본요소의 특징에 대해서 살펴보겠다.

첫째, 사이코드라마가 주인공 1명을 위한 즉흥극이라면, 비블리오드라마는 참여자들이 역할(role)을 통해 경험으로 성경을 알게 해 주는 즉흥극이다. 비블리오드라마는 '주인공'의 자리에 '참여자들'이 있으며, 〈영혼돌봄의 비블리오드라마〉는 참여자들 모두가 성경 체험하는 것을 목표로 한다. 이런 이유로 〈영혼돌봄의 비블리오드라마〉는 따로 '관객과 보조 자아'를 두지 않으며, 무대(stage), 참여자(participant), 디렉터(director)의 세 가지를 기본요소로 한다.

둘째, 사이코드라마는 '주인공'을 위해 무대를 구성하고 주인공의 삶이 시연되는 반면에 비블리오드라마는 성경을 본문으로 구성하며 '참여자들'이 성경을 역할연기한다. 비블리오드라마에서 드라마(drama)의 진행은 성경의 내용을 드러내는 것이 중요하고, 참여자들은 역할연기에 몰입하는 것이 요청된다.

셋째, 사이코드라마는 주인공의 문제해결을 목표로 하지만, 〈영혼돌봄의 비블리오드라마〉는 참여자들이 성경 역할 경험 성경을 체험하는 것을

---

6) J. L, Moreno, *Psychodrama*, vol. 1, 6th ed., (Princeton, NJ: Psychodrama Press, 2019), 37-40.

목표로 하며, 비블리오드라마 안에서 예수 그리스도의 영혼돌봄을 경험
할 수 있도록 구성한다.

참여자(participant)

> 한 아이가 나에게 물었다. "날아 보는 게 어때?" 나는 팔을 펼쳤고, 날아
> 보려고 했다. 잠시 후 나는 떨어졌고, 오른쪽 팔이 부러진 채로 바닥에
> 있는 내 자신을 발견했다. 이것은 내가 기억하는 한 내가 이끌었던 첫
> '비공식' 사이코드라마 세션이었다. 나는 디렉터이자 주인공이었다.
>
> [모레노가 4세 때 처음 시도한 비공식 사이코드라마][7]

비블리오드라마에서 참여자는 비블리오드라마에 참가한 사람들이다.
사이코드라마는 참가자들은 '주인공, 관객, 보조 자아'로 구분되지만, 비
블리오드라마는 모든 사람을 참여자(participant)로 통합한다. 비블리오
드라마는 성경 이야기로 구성되어 참여자들이 성경 역할을 선택하고, 드
라마에서 역할놀이를 통해 성경을 경험한다.

이 사례는 모레노가 4살 때 친구들과 지하실에서 '하나님 놀이(God-
playing)'를 한 경험이다. 모레노는 의자를 쌓고 맨 위 의자에 하나님처럼
앉았고, 다른 아이들은 천사들이 되어 자발적으로 그 주위를 돌며 노래하
고 춤을 추었다. 여기에서 모레노는 주인공(protagonist)이었고, 다른 친

---

7) Ibid., 71-72.

구들은 보조 자아들(auxiliary egos)이었다.

이 사례가 성경이었다면 등장인물을 '하나님, 천사들'이고 역할놀이로 구성했을 것이다. 비블리오드라마의 목적은 '참여자들의 성경 경험'이기 때문에 디렉터는 하나님과 천사들이 자신의 역할을 충분히 경험할 수 있도록 이들을 독려하고 무대에서 체험하게 했을 것이다. 이처럼 비블리오드라마는 드라마 단계에 등장하는 모든 참여자들이 자신의 역할을 충분히 경험하게 하는 것이 목적이므로 참여자들의 역할 경험이 중요하다.

사이코드라마는 주인공의 문제해결을 위한 심리극이다. 그러나 비블리오드라마는 참여자들의 성경 역할 경험이 중요하기 때문에 드라마에서 역할을 선택하고, 역할연기하는 과정이 중심이 된다. 사이코드라마에서 주인공의 자발성과 창조성이 향상되어 문제해결에 이르는 것이 목적이라면, 비블리오드라마는 모든 참여자가 역할을 충분히 경험하는 것이 목적이다.

무대(stage)

그런데 프로이트 박사님, 저는 당신이 멈춘 곳에서 시작합니다. 당신은 진료실에서 사람들을 만나지만, 저는 그들을 거리나 그들의 집에서, 그들의 자연스러운 환경 가운데서 만납니다. 당신은 사람들의 꿈을 분석합니다. 저는 그들에게 다시 꿈을 꿀 수 있는 용기를 주려고 합니다. 저는 사람들에게 어떻게 하나님을 연기하는지를 가르칩니다.

[1912년 모레노가 프로이트 강의를 듣고 한 말][8]

비블리오드라마는 즉흥극으로 무대에서 성경 이야기를 드라마의 형식으로 진행한다. 비블리오드라마는 '웜업, 드라마, 나누기'의 구성으로 되어 있으며,[9] 성경 이야기는 드라마 단계에서 이루어진다. 비블리오드라마의 진행자인 디렉터는 성경 구절로 장면을 구성하며 참여자를 배치해 드라마를 진행한다.

이 사례는 모레노가 프로이트를 일생에 한 번 1912년 빈에서 만난 일화이다. 그는 자신의 방법이 프로이트와 어떻게 다른지 설명했다. 정신분석은 상담가와 환자가 치료실에서 만나 언어로 치유하지만 모레노의 무대는 거리, 집, 학교 등 삶의 공간들이었다.[10] 사이코드라마도 오스트리아 빈의 공원들에서 아동들과 즉흥극과 놀이한 경험에 영향을 받았다.[11] 모레노가 예수를 가장 위대한 치료자로 말한 것은 예수께서 고통받는 사람들이 있는 현장에서 치료하셨기 때문이다.[12]

비블리오드라마는 사이코드라마에 영향을 받은 즉흥극으로 참여자들은 성경을 통해 즉흥 연기를 한다. 비블리오드라마가 성극(Biblical drama)과 다른 것은 성극은 대본을 암기해서 배우가 연기를 한다면, 비블리오드

---

8) *Ibid.*, 75.
9) Part 2. '05 비블리오드라마의 대표 구조: 웜업-드라마-나누기'를 참고 바란다.
10) *Ibid.*, 72.
11) Björn Krondorfer, "The Whole Gamut of Experience: Historical and Theoretical Reflections on Play," in *Body and Bible: Interpreting and Experiencing Biblical Narratives*, ed. Björn Krondorfer, (Philadelphia, PA: Trinity Press International, 1992), 12.
12) Zerka T. Moreno, Lief Dag Blomkvist and Thomas Rützel, *Psychodrama, Surplus Reality and the Art of Healing*, (New York, NY: Routledge, 2000), xvi.

라마는 참여자가 원하는 역할을 선택하여 자발적으로 역할연기한다.

참여자들은 비블리오드라마를 재미있는 놀이로 참여하고, 많은 사람들은 비블리오드라마는 놀이라고 말한다.[13] 비블리오드라마는 놀이의 요소인 자발성, 창조성, 즐거움, 놀이공간(잉여현실), 역할놀이가 있는 성경으로 하는 놀이이다.[14] 원시 시대의 신성한 의례는 놀이 정신을 바탕으로 형성되었다.[15] 비블리오드라마가 말씀을 드라마로 재연하는 신성한 놀이라고 할 수 있으며, 무대는 드라마가 진행되는 놀이공간이다.

디렉터(director)

예수는 최고의 치료 행위자처럼 사도들을 보조 자아로 두었고, 그가 무엇을 해야 할지를 즉각적으로 알려 주시는 하나님을 사이코드라마의 디렉터로 두었다.　[모레노가 영향받은 위대한 치료적 행위자, 예수][16]

사이코드라마의 창시자 모레노(Jacob Levy Moreno, 1889-1974)는 예

13) Samuel Laeuchli, "The Expulsion from the Garden and the Hermeneutics of Play," in *Body and Bible: Interpreting and Experiencing Biblical Narratives*, ed. Björn Krondorfer, (Philadelphia, PA: Trinity Press International, 1992), 27; Peter and Susan Pitzele, *Scripture Windows: Toward a Practice of Bibliodrama*, 2nd ed., (Teaneck, NJ: Ben Yehuda Press, 2019), xxiii; Martin, *Sachbuch Bibliodrama*, 10.

14) 김광웅, 유미숙, 유재령, 『놀이치료학』, 7판, (서울: 학지사, 2011), 20.

15) Johan Huizinga, *Homo Ludens: A Study of the Play-Element in Culture*, Rev. ed., (Mansfield, CT: Martino Publishing, 2014), 14-15; Martin, *Sachbuch Bibliodrama*, 123.

16) Moreno, *Psychodrama*, vol. I, 78.

수를 종교적 삶의 위대한 치료자로 말한다. 예수는 공생애 기간에 세상을 무대로 위급한 사람을 즉시적으로 치료하시고, 문제를 직접 해결하시며, 살과 피를 통해 위대한 역할(role)들을 행동으로 보여 주셨다.[17] 모레노는 예수와 종교적인 성인들의 행위에 깊은 정신적 카타르시스의 형식을 발견했다.

이 예시에서 예수는 치료 행위자는 '주인공'으로, 사도들은 '보조 자아'이며, 하나님을 '디렉터'라고 말한다. 사이코드라마는 주인공의 문제를 보조 자아들의 도움으로 무대에서 해결하는 심리극으로 디렉터(director)가 이를 진행한다. 모레는 사이코드라마에서 디렉터의 역할을 '연출가, 분석가, 치료사'로 말한다.[18] 그는 사이코드라마의 예시로 예수에 대해 설명했지만, 이 장면은 비블리오드라마로도 구성이 가능하다.

비블리오드라마에서 등장인물은 '예수, 사도들, 하나님'이다. 치료하시는 예수를 사도들이 보좌하며, 하나님은 예수께 영감을 주시는 분으로, 자신의 뜻을 예수를 통해 실현하시는 하나님으로 무대에 등장시키는 것이다. 사이코드라마에서는 '주인공, 보조 자아, 관객'으로 등장인물을 소개했지만, 비블리오드라마에서는 등장인물 모두가 참여자들(participants)이다.

또 다른 방법으로 이 장면을 구성한다면, 이 장면에 조각(statue)기법을 사용할 수 있다. 예수를 중심에 두고, 예수께서 직접 자신을 둘러싸고 있는 사도들의 모습과 위치를 정하며, 그 바깥으로 멀리서 지켜보시는 하나님을 위치시켰을 것이다. 디렉터는 참여자가 성경을 이해하고 역할에 몰

---

17) *Ibid.*, 78; Moreno, Blomkvist, Rützel, *Psychodrama*, xvi.

18) Moreno, *Psychodrama*, vol. I, 39.

입할 수 있도록 드라마를 구성하고, 진행한다. 예수의 이야기에 조각기법을 사용한 이유는 해당 장면의 주요점이 '치료하시는 예수의 모습'이며, 조각기법은 이를 시각화로 잘 드러낼 수 있는 방법이기 때문이다.

〈영혼돌봄의 비블리오드라마〉는 예수 그리스도의 영혼돌봄을 정체성으로 하여 참여자들이 비블리오드라마를 통해 영혼돌봄을 경험할 수 있도록 구성한다. 여기에서 디렉터는 '영혼돌봄의 안내자'로서 비블리오드라마에서 참여자들을 영혼돌봄으로 안내하는 역할을 한다. 이에 대해서는 **Part 1. '03 영혼돌봄의 안내자, 디렉터'**에서 자세히 다루었다.

Ⅱ부 비블리오드라마의 5가지 기법

'아담과 하와 이야기'〈창세기 3:1-8〉는 비블리오드라마에서 많이 사용하는 본문 중 하나이며, 이 본문으로 유아부터 성인까지 다양한 연령대에 세미나를 진행했다. 아래의 예시는 비블리오드라마의 기법을 보여 주기 그동안 진행한 여러 비블리오드라마를 각색한 것이다.

여기에서는 비블리오드라마에서 많이 사용하는 기법들인 〈역할 바꾸기〉, 〈이중자아〉, 〈거울기법〉, 〈텔레〉, 〈메아리〉의 다섯 가지를 구체적으로 알아보겠다.

하와: 〈독백〉 그날은 검은 점박무늬가 있는 뱀이 왔어요. 그 점박무늬는 독특했지만, 그것이 뱀이 가진 아름다움이라고 생각했어요. 뱀이 나무를 보여 주었는데 그 열매는 엄청 크고, 전체적으로 빨갛고 위쪽만 약간 주황색이었

어요. 뱀이 먹으라고 제 쪽으로 꼬리로 툭 쳐서 땅에 떨어졌는데, 그 열매가 너무 맛있어 보여서 저절로 손이 가더라고요. 그래서 저도 모르게 한 입 베어 먹었어요. 그리고 나의 호구 아담을 불렀죠. 아담은 내 말을 잘 들어서 내가 부르면 잘 오거든요. 아담에게 주었더니 그 애도 먹더라고요.

디렉터: 당신은 열매를 왜 먹었나요?

하와: 그날은 비도 오지 않는데 천둥과 검은 구름이 있었어요. 뱀과 함께 나무에 가니 열매가 무거워서 열매 윗부분의 주황색 꼭지가 나무에서 떨어질 것만 같았어요. 어차피 나무에서 떨어지면 바닥에 떨어져서 썩을 것 아니에요. 마침 뱀이 제 쪽으로 열매를 툭 떨어뜨려서 한 입 먹었어요. 사실 너무 맛있어 보였거든요. 그런데 생각나더라고요. 큰일 났다! 야, 이거 수습이 안 되겠는데! 그러면 아담도 같이 끼어들게 해야지.(웃음)

디렉터: 아담이 끼어든 건 계획적인 거였군요!

하와: 네. 어차피 제가 하나님께 벌을 받는데 아담이 편하게 있을 수 있겠어요. 부부는 일심동체니까 함께해야죠.(웃음)

디렉터: 지금 여기에 함께하신 여러분! 여러분은 하와의 이 말과 행동이 어떻게 느껴지시나요?

동산 나무: 남일 같지 않다.

디렉터: 〈메아리〉'나도 그런 일을 당할 수 있어.' 동산 나무는 남일 같지 않으시군요.

동산 나무: 네.

뱀: 원래 그런 거지.

디렉터: 뱀이 할 말이 있으신 것 같네요. '원래 그런 거'라는 건 뭔가요?

뱀: 쯧쯧, 너도 하와랑 비슷한 아이니? 저 애가 좀 모자라잖아. 내가 하란다고 하니. 참… 쯧쯧쯧. 말세다, 말세.(뱀은 슬며시 갈지자로 걸으며 무대

뒤편 어두운 곳에 자리를 잡는다)

디렉터: 이제는 선의의 피해자인 아담을 좀 불러 봐야겠네요. 아담, 앞으로 좀 나오시죠. (아담, 앞으로 나온다) 지금 하와가 한 행동을 이야기하던 중이었는데, 들어보니까 좀 어떤가요?

아담: 그런데, 뭐. 아내가 했으니 어쩔 수 없죠.

디렉터: 하와가 어떻게 과일을 먹게 했는지 이야기해 주실 수 있나요?

아담: 그날도 아내가 집을 나가서 어디에 있는지 보이지 않았어요. 아내를 찾으러 동산을 거니는데, 하와가 손에 하나님이 먹지 말라고 한 그 열매를 들고 있더라구요. 그리고는 자기가 먹었으니 저도 먹으라고 주는데, 처음에 저는 먹지 않았어요.

디렉터: 처음에는 먹지 않았군요. 왜죠?

아담: '먹는 건 아니다'라고 생각이 들었거든요. 하나님이 먹지 말라고 했으니까요.

디렉터: 처음에는 먹고 싶지 않았군요. 우리 그 장면을 함께 만들어 볼까요? (〈조각하기〉 디렉터는 아담과 하와를 무대 중앙으로 불러서 하와는 무릎을 살짝 굽혀 아담과 눈을 맞추며 과일을 내밀며 웃고, 아담은 몸을 반대쪽으로 돌려 애써 하와의 눈을 피한다. 이 동작에서 조각상으로 멈춘다)

디렉터: 아담, 지금 하와의 눈을 피하고 있는데 기분이 어떠신가요?

아담: 굉장히 당황스럽네요.

디렉터: 당황스럽게 느껴지시는군요. 이번에는 하와에게 물어보죠. 하와, 지금 기분이 어떠신가요?

하와: 살짝 초조해요.

디렉터: 왜죠?

하와: 아담이 눈치를 채고 과일을 안 먹을 것 같아요.

디렉터: 아담이 꼭 과일을 먹어야 하는군요. 이유가 있을까요?

하와: 그래야 공범이 되죠.

디렉터: 그럼 당신은 아담에게 꼭 과일을 먹일 생각이군요.(디렉터는 아담과 하와를 한걸음 정도의 여유를 주고 마주보고 서게 한다) 여러분, 지금 여러분은 아담과 하와의 이야기를 들으셨을 겁니다. 아담은 과일을 먹지 않으려고 하고, 하와는 과일을 먹으려고 합니다. 지금 여러분 마음속에서 아담과 하와 두 사람 중에서 더 끌리는 사람 뒤로 가서 서 주시겠습니다. (참가자들은 자신이 원하는 사람들 뒤로 이동한다)

디렉터: 먼저 아담 쪽에 온 여러분부터 시작하겠습니다. 아담은 싫다고 하는데도 하와는 억지로 아담에게 과일을 먹이려고 하네요. 하와 쪽도 마찬가지입니다. 여러분은 아담에게 꼭 과일을 먹이고 싶어 합니다. 아담과 하와 뒤에 서신 분들이 또 다른 아담, 혹은 하와가 되어서 아담은 하와의 과일을 거부해 주시고, 하와는 반대로 과일을 먹도록 아담을 설득해 주세요. [아담과 하와 역할 외에 그들 뒤에 참여자들은 아담 1, 하와 1의 이중자아(double)가 되어 번갈아가며 아담과 하와의 입장을 대변한다]

하와에게 먼저 물어보죠. 아담에게 어떤 말로 권유했나요?

하와: 내가 먹어 보니까, 엄청 맛있어!

디렉터: 이제 아담부터 시작하시죠. 하와 이 말로 시작합니다. '이거- 엄청 맛있어!'

아담 1: 〈이중자아〉 아무리 맛있어도 먹다 체할 수 있어.

하와 1: 〈이중자아〉 한 입만 먹고, 떨어진 열매였던 것처럼 나무 밑에 두고 오자!

아담 2: 〈이중자아〉 그거 먹으면 하나님한테 혼나!

하와 2: 〈이중자아〉 이거 안 먹으면 네가 시켜서 한 행동이라고 할 거야!

디렉터:	잠시만요. 이곳의 분위기가 점점 과열되고 있습니다. 일단 나머지 아담들과 하와들도 한마디씩 해 주시죠. (말하지 못한 아담과 하와의 이중자아들이 번갈아가며 한마디씩 말한다) 아담과 하와에게 물어봐야 할 것 같습니다. 여기서 꼭 이겨야 하시나요?
하와:	그러고 싶어요.
아담:	그래야 할 것 같아요.
디렉터:	다른 아담들과 하와들도 그렇게 생각하시나요? (아담들과 하와들이 고개를 끄덕인다) 알겠습니다. 여러분의 마음이 확고함을 알겠네요. 이런 일은 부부관계에서 종종 일어날 수 있습니다. 모두 자기 의견만 고집하기 때문이죠. 우리 입장 바꿔서 생각해 보는 시간을 가져 봤으면 합니다. 아담과 하와는 자리를 바꿔 주세요. (아담들과 하와들은 자리를 바꾼다) 이제 여러분은 모두 상대방이 되는 겁니다. 아담은 '하와'가, 하와는 '아담'이 됩니다. 당황스러우신가요? 원래 다른 사람을 이해하는 건 어려운 일입니다. 아까 아담과 하와가 말한 대로 모두 이기셔야 합니다. (역할이 바뀐 무리들이 작전을 세울 수 있도록 의논시간을 잠시 준다) 준비되셨으면 이제 시작하시죠.
아담(하와 역할):	〈역할 바꾸기〉 이거 먹어야 우리가 행복하게 살 수 있어.
하와(아담 역할):	〈역할 바꾸기〉 먹다가 걸리면 하나님께 죽을 수도 있어.
아담 1(하와 역할):	〈역할 바꾸기〉 많이 먹지 말고, 여기 귀퉁이 조금만 먹어 보자. 진짜 맛있어서 그러는 거야.
하와 1(아담 역할):	〈역할 바꾸기〉 하와 니가 먹어도, 그건 내가 비밀로 해 줄게, 난 괜찮아.
디렉터:	지금 열심히 하고 계신데 다들 기분이 어떠신가요? (모두 미소 짓는다)

좀 더 하면 좋겠지만, 우리는 정해진 시간이 있어서 다음 장면으로 넘어 가야 할 것 같습니다. 다들 괜찮으신가요. (모두 고개를 끄덕인다) 이제 아담들과 하와들이 제자리로 돌아오면 다시 이전 역할로 돌아옵니다. (아담들과 하와들은 원래의 자리로 복귀한다)

디렉터: 이제 다시 원래 이야기로 돌아와 보죠. 아담과 하와 아까 '하와는 사과를 먹으려고 하고, 아담은 얼굴을 돌렸던' 그 장면으로 돌아가 볼까요? (아 담과 하와가 처음 〈조각하기〉 모습으로 선다) 아담, 당신이 자신의 모습 을 좀 봤으면 좋겠군요. 당신 대신할 아담을 한 명 선택해 주세요. 〈이중 자아〉 아담은 '아담 1'을 자신을 대신한 아담으로 선택한다. 디렉터는 아 담 1을 원래 아담이 조각상으로 서 있던 곳에 아담 대신에 세운다. 그리 고 아담을 데리고 무대의 대각선 끝으로 간다. 디렉터는 아담 1과 하와 가 조각상으로 서 있는 모습을 손으로 가리키며 아담에게 묻는다) 〈거울 기법〉 아담. 저기 아담(아담 1)과 하와가 서 있는데 그 모습이 어떻게 보 이시나요?

아담: 하와가 또 사고를 쳤구나.

디렉터: 〈메아리〉 '하와가 또 사고를 쳐서 나는 머리가 아프다.' 하와가 자주 저러 나요?

아담: 휴. (한 숨을 쉰다) 하와는 귀가 얇아서 누가 뭐라고만 하면 저러는 것 같 아요.

디렉터: 지금 하와가 아담에게 사과를 먹이려는 것 같은데, 저 아담(아담 1)은 어 떻게 할 것 같아요.

아담: 결국 사과를 먹을 것 같아요.

디렉터: 아담은 결국 사과를 먹는군요.

아담: 네. 하와가 사고를 치지만, 어떻게 하겠어요. 제 아내인데.

디렉터: '내 아내인데'라고 하셨는데, 지금 그 말은 어떤 의미인가요?

아담: 일은 이미 벌어졌고, 이제는 수습이 안 되니, 어떻게든 되겠죠.

디렉터: 약간 자포자기라고 느껴지는데, 괜찮으신가요?

아담: 네.

디렉터: 이쯤에서 하나님을 한번 모셔 봐야겠습니다. 이 상황을 정리하실 분은 하나님밖에 없으실 것 같네요. (무대 언저리에서 지금까지 지켜보시던 하나님이 무대 안으로 들어온다) 하나님 지금까지 이 모든 일을 지켜보셨는데, 보시는 느낌이 어떠셨는지 이야기해 주실 수 있을까요?

하나님: 사실, 하와가 뱀에 꼬임에 넘어가 사과를 따는 장면은 너무 마음이 아파서….

디렉터: 마음이 아프셨군요. 아이고. 하와가 하지 말라고 하는 행동을 기어코 했습니다. 하나님, 저도 마음이 좀 아프네요. 이제 어떻게 하실 생각이신가요?

하나님: 약속은 지켜야죠.

디렉터: 아… 그러면 저 둘은 죽는 건가요?

중략

　　'아담과 하와 이야기'〈창세기 3:1-8〉는 하나님의 명령을 어기고 동산의 금지된 열매를 따먹은 하와의 이야기이다. 비블리오드라마에서는 하와가 열매를 아담에게 주고, 먹게 하는 장면 구성을 보여 준다. 드라마는 하와의 심정의 대변하는 〈독백〉으로 시작하여, 디렉터와 하와의 대화를 통해 이야기가 진행된다.

　　비블리오드라마의 기법들은 여러 가지가 있으나 여기에서는 자주 쓰이는 기법들을 중심으로 서술했다. 〈역할 바꾸기〉, 〈이중자아〉, 〈거울기법〉은 사이코드라마에서도 가장 중요한 기법으로 분류된다.[19] 그러나 비블리오드라마는 여기에 더하여 〈역할놀이〉를 말하지 않을 수 없다. 비블리오드라마가 성경 역할 경험을 이루어지기 때문에 〈역할놀이〉는 비블리오드라마의 주요기법이라고 할 수 있다. 〈역할놀이〉, 〈빈 의자 기법〉은 이미 다른 장에서 다루었기 때문에 여기에서는 다루지 않았다.[20]

〈역할 바꾸기〉는 타인의 역할과 자신의 역할을 교환하여 직접경험으로 상대방의 경험으로 알 수 있는 방법이고, 〈이중자아〉는 주인공의 마음을 대변하는 또 다른 '분신'이다. 〈거울기법〉 내 행동을 제삼자의 눈으로 객관화해 볼 수 있는 방법이고, 〈텔레〉는 사람들 사이에 흐르는 느낌들이다. 그리고 〈메아리 기법〉은 디렉터가 참여자의 대사를 변주하는 기법이다. 이 기법들에 대해 아래에서 자세히 살펴보겠다.

역할 바꾸기(role reversal)

나는 너의 눈으로 너를 보고

너는 나의 눈으로 나를 본다

[모레노의 '좌우명' 중, "만남으로의 초대", 1914년][21]

---

19) Moreno, Blomkvist, Rützel, *Psychodrama*, 140.

20) 〈역할놀이〉는 Part 3. '10 인간에 내재된 문화코드 '놀이''를, 〈빈 의자 기법〉은 Part 2. '05 비블리오드라마의 대표 구조: 웜업-드라마-나누기'를 참고 바란다.

21) Moreno, *Psychodrama*, vol. Ⅰ, 5; 재인용 Translated from "Einladung zu einer Begegnung," by J. L. Moreno, p.3, Published in Vienna.

모레노의 '좌우명'은 역할 바꾸기(role reversal)가 무엇인지 잘 보여 준다. 〈역할 바꾸기〉의 기본은 자신의 관점 밖으로 나와 변화된 시선으로 보는 것을 의미한다.[22] 모레노는 '서로 눈을 빼어 교환해서 보는 것'으로 역할의 완전한 교환을 알려 준다. 그리고 상대방의 역할을 해 본 후에는 다시 자신의 역할로 돌아온다.

위의 예시에서 아담과 하와가 〈역할 바꾸기〉를 통해서 서로의 입장을 대변하는 것을 볼 수 있다. 아담은 하와가 되고, 하와는 아담이 된다. 두 상반되는 입장은 〈역할 바꾸기〉를 통해서 서로의 상황을 머리가 아닌 경험으로 알게 된다. 이렇듯 〈역할 바꾸기〉는 대립되는 상황에 서로를 이해할 수 있는 방법이다.

〈역할 바꾸기〉는 유아와 아동에게도 유용한 기법이다.[23] 모레노는 아들 조나단이 24개월-36개월인 유아일 때 자신의 입장이나 생각을 잘 표현할 수 없는 한계를 〈역할 바꾸기〉를 표현하고, 해석하게 도왔다. 모레노의 바람은 아들이 자발성을 활용하여 사회화되어 가는 것이었다.[24] 〈역할 바꾸기〉를 통해 유아나 아동은 사회적 상황을 이해하고 적응하게 되며, 타인 역할을 통해서 다른 사람을 이해할 수 있다. 이것은 아동이 가정과 사회에서 살아가는 데 필요한 기술들이다.

〈역할 바꾸기〉은 타인을 직접경험으로 이해하기 때문에 부부, 가족, 회사, 학교 등 대인관계나 사회적 상호작용이 필요한 곳에서 상담이나 치료

---

22) J. L. Moreno, *Psychodrama*, vol. II, 2nd ed., (New York, NY: Beacon House, 1975), 187-88; Moreno, Blomkvist, Rützel, *Psychodrama*, 14.

23) Moreno, *Psychodrama*, vol. II, 142.

24) *Ibid.*, 137-39.

집단에 활용하기 좋은 방법이다. 또한 거울기법(mirroring)이 제삼자의 눈으로 자신을 객관화시켜서 볼 수 있게 방법이라면, 〈역할 바꾸기〉는 완전한 타인의 시선으로 자신을 볼 수 있다는 측면에서 자기 객관화, 혹은 자기통합이 가능하다.

이중자아(doubling)

이중자아(double)는 주인공의 '분신'이라고 할 수 있다. 위의 아담 1, 하와 1처럼 '아담 역할'과 '하와 역할'의 대역들을 말한다. '아담 역할들'은 하와가 준 열매를 거부하는 모습을 보여 주고, '하와 역할들'은 아담에게 열매를 먹이려는 모습을 보여 준다. 이들은 원래 역할들의 의견을 강화하고, 동조하여 원래 역할들에게 힘을 실어준다.

이중자아는 역할놀이를 어려워하는 참여자들에게도 효과적이다. '아담'의 경우 '아담 1', '아담 2' 등이 존재했다. 이들은 '아담'을 다양하게 보여 주었으며, 이러한 이중자아들로 인해 '아담'은 풍부하게 표현될 수 있었다. 이처럼 여러 명의 이중자아들은 역할연기를 어려워하거나, 표현을 주저하는 참여자에게 도움이 될 수 있다. 사이코드라마에서도 이중자아는 주인공이 자신을 새롭게 이해하고, 문제해결에 다가서게 도와주는 핵심적인 기법 중 하나이다. 무대에서 이중자아는 다음과 같은 효과를 보인다.

첫째, 주인공은 이중자아를 통해 자신을 돌아볼 수 있다.

둘째, 주인공이 충분히 표현할 수 있도록 도와주는 기능을 한다. [25]

셋째, 이중자아는 주인공의 대역이 되어 그의 발언을 강화시켜 준다.

〈영혼돌봄의 비블리오드라마〉에서 〈이중자아〉는 참여자들이 역할을 통해 자신을 돌아보거나, 역할에 대한 이해를 풍부하게 할 수 있는 기법이다. 위의 아담과 하와의 사례에서 이중자아는 아담과 하와의 입장을 세심하게 들여다볼 수 있게 해 준다.

텔레(tele)

텔레는 멀리까지 투사되는 느낌이다. 한 개인으로부터 다른 개인을 향해 전달되는 가장 단순한 느낌의 단위이다. [텔레(tele)의 용어정의][26]

텔레는 사람들 '사이'에서 발생하는 느낌이다. 이것은 사람들 사이에 흐르는 느낌들이나 감정의 흐름으로 말할 수 있다. 그리스어로 텔레는 '멀리 떨어져 있는 곳까지 영향을 미치는 것'이며, 서로에 대한 양방향적으로 작용하는 영향력이라고 볼 수 있다. [27] 그리스 어원에서는 두 명 이상의 사람들 사이의 거리(the between distance)를 의미하며, 사람들 사이

---

25) *Ibid.*

26) J. L. Moreno, *Who Shall Survive? A New Approach to the Problem of Human Interrelations.* Rev. ed., (London: Forgotten Books, 2018), 432.

27) Moreno, *Psychodrama*, vol. II, 5-6.

에 흐르는 능동적인 에너지이다.[28]

텔레의 개념은 치료적인 요인이다. 비블리오드라마의 웜업(warm-up)에서 텔레를 활용하여 참여들이 서로를 알아갈 수 있도록 사용할 수 있다. 모레노는 소시오메트리를 통해서 사람들의 집단을 연구하고, 텔레의 흐름을 과학적으로 관찰했다. 긍정적인 텔레는 집단 정신치료에서 상호관계를 개선하고, 상호적인 소통을 가능하게 하기 때문에 텔레를 사용하는 것은 관계의 안정성과 지속성에 도움을 준다.[29]

텔레를 정신분석의 전이(transference)와 비슷하다고 보는 사람들이 있을 수 있다. 둘 다 타인에 대한 '자각'이라는 측면이기 때문이다. 그러나 전이는 오히려 타인에 대한 주관적인 느낌을 반영하는 심리적인 저항이라고 볼 수 있으나(transference resistance) 텔레는 현재의 자각이다. 전이는 주로 상담사에게 과거의 경험을 투사시키는 무의식이나, 텔레는 현재에 대한 직관적인 평가이다.

모레노는 유아에게 전이보다 텔레가 더 먼저 나타난다고 본다. 텔레는 유아가 사람들을 좋고, 싫음으로 명백히 구분하는 것에서 나타난다. 24개월 이상 된 유아는 낯가리기가 시작되는데 자신에게 다가오는 사람들에 대해서 명확하게 거부의 의사를 표할 수 있고, 환영을 표현할 수도 있다. 또한 텔레는 공감과도 다르다. 공감이 타인의 감정을 깊이 이해하는 것이라면 텔레는 상호관계에 나타나는 관계의 상태이다.[30]

요컨대 텔레는 참여자들이 만났을 때 서로 간에 흐르는 느낌들이라고

---

28) Moreno, Blomkvist, Rützel, *Psychodrama*, 72.

29) Moreno, *Psychodrama*, vol. Ⅰ, 55.

30) *Ibid.*

할 수 있다. 참여자들 사이에 긍정적인 텔레는 심리치료로 사용될 수 있으며, 집단 구성원의 응집력을 높여줄 수 있다. 비블리오드라마에서는 웜업(warm up)으로 사용될 수 있으며, 주로 상담사 집단, 동일한 직업군에서 차분하고 편안한 분위기에 사용될 수 있다.

　다음은 그림카드로 텔레를 이용한 사례이다. 이 작업은 사람들 사이의 텔레를 카드를 통해서 표현하는 것으로 8명의 참여했고, 학기의 마지막 수업시간에 진행한 사례이다. '그림카드를 이용한 텔레'는 상대방에 대한 느낌과 가까운 카드를 고르고, 상대방에게 그 이유를 설명해 주는 방법이다. 진행은 아래와 같다.

　첫째, 참여자들은 테이블 주변에 둥그렇게 모여서고, 테이블에 참여자들이 볼 수 있도록 그림카드를 깔아놓는다.[31] **둘째,** 1명을 지정하여 다른 그룹원들은 그에게 받은 텔레와 비슷한 그림카드를 고를 수 있도록 한다. **셋째,** 참여자들은 돌아가며 자신이 받은 느낌(텔레)을 지정된 참가자에게 돌아가며 말한다. 만약, 그룹에 참여자들이 많다면 작은 소집단으로 나누어서 실행할 수도 있다. 작은 주의사항은 참가자들에게 카드를 관찰할 때 무심코 카드를 만지기 때문에 먼저 눈으로 카드를 관찰한 후 카드를 고르게 하는 것이 필요하다.

디렉터:　지금부터 제 왼쪽 사람(참여자 A)을 봐주시죠. 여러분이 이 사람을 보면 떠오르는 느낌으로 그림카드를 1장씩 골라주세요. (모든 참여자들이 카

---

31)　여기에서는 솔라리움 II 카드를 사용했다. 솔라리움 카드는 여러 환경, 사람들의 다양한 모습, 그림, 조각상 등을 담은 손바닥 크기의 카드이다. 그림카드를 사용하는 집단상담이나, 개인상담에 사용한다.

드를 고른다) 한 명씩 돌아가며 이 카드를 고를 이유를 말해 주세요.

참여자 B: ('쌓아진 가방들' 그림) A를 만나면 어려운 문제도 한 번에 정리될 것 같아요.

참여자 C: ('촘촘히 걸린 열쇠들' 그림) 어떤 문제든지 A를 만나면 풀릴 것 같아요

참여자 D: ('춤추는 벽화' 그림) A를 만나면 누워 있는 사람도 춤출 것 같아요.

… 참여자 E, 참여자 F, 참여자 G도 차례로 그림을 하나씩 보여 주고 느낌을 말했다. …

디렉터: 참여자 A는 다른 사람들이 보여 준 카드들 중에서 가장 마음에 드는 카드를 선택해 주세요. 어떤 카드인가요?

참여자 A: ('쌓아진 가방들' 그림 선택) 다 비슷한 느낌이지만, 이걸 고르고 싶어요.

디렉터: 그 그림이 당신에게 어떤 느낌인가요?

참여자 A: 잘 정리되어 있어서 앞으로 뭘 해도 될 것 같은 느낌이요.

디렉터: 그 그림을 당신의 심장 가까이에 대보시죠. (참여자 A 그대로 한다) 눈을 잠시 감아 보시죠. '잘 정리되어 있어서 뭘 해도 잘되는 그 느낌'을 카드로 잠시 느껴 보시죠. (참여자가 잠시 느낀다) 눈을 떠보세요.

… 참여자 A 이후 모든 참여자가 순서대로 돌아가며 그림카드 작업을 실시했다. …

참가자 A는 다른 참가자들이 자신에 대한 느낌(tele)을 그림카드에 빗대어 말하는 것을 들었다. 그 후 자신도 그중에서 가장 마음에 드는 카드를 골라서 마음에 담고 느끼는 시간을 갖는다. 그림카드를 이용한 텔레는 상대에 대한 긍정적인 느낌들이 말해진다. 여러 명이 1명에 대한 텔레를 말할 때 중심이 되는 참가자는 타인이 주는 긍정적인 느낌의 강화를 경험한다. 이 경험을 한 참여자들은 상당한 만족감을 표시했다. 그리고 '자신의 센터에서도 해 보겠다'라고 했고, 실제로 카드를 구입해서 사용하는 참가자도 있었다.

모레노는 집단의 응집력을 높이고 통합을 돕는 요인을 서로에게 긍정적인 '텔레'의 흐름이라고 생각했다. 텔레는 만남을 통해 나타나고, 서로에 대한 긍정적인 상호적인 소통으로 강화될 수 있다.[32] 그림카드 작업에서는 타인으로부터 오는 긍정 텔레로 자신에 대한 긍정적 자각을 높일 수 있고, 긍정적인 대인관계 형성을 돕는 것으로 나타난다.

거울기법(mirroring)

거울기법(mirroring, mirror technique)은 자신의 모습을 제삼자의 시선으로 보는 것으로 자기객관화를 할 수 있는 기법이다. 위의 사례에서 아담과 하와는 조각상(statue)을 만들었고, 디렉터는 '아담 1'을 불러 그를 아담의 자리에 대신 서게 했다. 그리고 아담을 조각상에서 조금 떨어지게 한 후 그 조각상을 보게 했다. 그리고 그것이 '어떻게 보이는지'를 아담에게 물었다.

거울기법은 자신의 행동을 다른 사람이 하는 모습을 통해 자신의 모습과 상황을 새롭게 발견할 수 있는 방법이다. 참여자가 자신의 역할을 잘 이해하지 못하거나, 다른 역할과 상호작용하지 못할 때 거울기법은 효과적이다. 현대에서 본인의 모습을 녹화한 것을 VOD로 보는 것도 거울치료의 변형이라고 할 수 있다.

거울기법이 우리에게 주는 메시지는 '나는 나를 잘 모를 수도 있다'이

---

32) Moreno, *Psychodrama*, vol. II, 19-20.

다. 심리치료의 기본은 먼저 자신을 아는 것에서 시작한다. 역할훈련 6단계에서 '1단계 감정이해'도 자신의 감정을 이해하는 것이다. 거울기법으로 자신의 감정이나 상황을 객관적으로 보는 것은 자기이해의 첫걸음이 될 수 있다.

메아리 기법(echoing)

(1)

디렉터: 하와의 이 말과 행동이 어떻게 느껴지시나요?

동산 나무: 남일 같지 않다.

디렉터: 〈메아리〉 '나도 그런 일을 당할 수 있어.' 동산 나무는 남일 같지 않으시군요.

(2)

디렉터: 하와가 서 있는데 그 모습이 어떻게 보이시나요?

아담: 하와가 또 사고를 쳤구나.

디렉터: 〈메아리〉 '하와가 또 사고를 쳐서 나는 머리가 아프다.'

　　메아리 기법은 디렉터가 참여자의 말을 반복하여 변주하는 것이다. 메아리 기법은 참여자의 감정이나 상태를 드러낼 때 효과적인 기법이다. 비블리오드라마는 연극처럼 참여자들이 대사로 연기하지 않고, 상황에 따른 즉흥적인 대사들을 사용한다. 그러나 참여자들의 표현이 감정을 반영하거나, 충분히 표현하지 못할 때 메아리 기법을 사용한다. 메아리 기법은 순간적인 역동을 일으키고 비블리오드라마에 활력을 주는 요소가 된다.

(1)의 동산 나무는 말을 '나도 그런 일을 당할 수 있어'라고 디렉터가 강화해서 말한다. 이는 동산 나무의 감정을 좀 더 드러내는 표현이었다. (2)의 아담의 말을 '하와가 또 사고를 쳐서 나는 머리가 아프다'라고 표현하여 아담의 감정을 읽어 주었다. 메아리 기법을 통해 참여자들의 감정을 드라마에 드러내게 된다. 이것을 통해 비블리오드라마의 이야기는 좀 더 입체적이고 풍성해진다.

참고문헌

곽우영. "예수 그리스도의 영혼돌봄으로 본 비블리오드라마: 비블리오드라마를 통한 목회상담적 제안." 「신학과 실천」 87(2023), 261-284.

김광웅, 유미숙, 유재령. 『놀이치료학』. 서울: 학지사, 2011.

Huizinga, Johan. *Homo Ludens: A Study of the Play-Element in Culture.* Rev. ed. Mansfield, CT: Martino Fine Books, 2014.

Krondorfer, Björn. "The Whole Gamut of Experience: Historical and Theoretical Reflections on Play." In *Body and Bible: Interpreting and Experiencing Biblical Narratives,* ed. Björn Krondorfer, 5-26. Philadelphia, PA: Trinity Press International, 1992.

Laeuchli, Samuel. "The Expulsion from the Garden and the Hermeneutics of Play." In *Body and Bible: Interpreting and Experiencing Biblical Narratives,* ed. Björn Krondorfer, 27-56. Philadelphia, PA: Trinity Press International, 1992.

Martin, Gerhard Marcel. "The Origins of Bibliodrama and Its Specific Interest in the Text." In *Body and Bible: Interpreting and Experiencing Biblical Narratives,* ed. Björn Krondorfer, 85-101. Philadelphia, PA: Trinity Press International, 1992.

Martin, Gerhard Marcel. *Sachbuch Bibliodrama: Praxis und Theorie.* 2nd ed. Stuttgart, DE: Kohlhammer, 2001.

Moreno, J. L. *Psychodrama,* Vol. I. 6th ed. Princeton, NJ: Psychodrama Press, 2019.

Moreno, J. L. *Psychodrama,* Vol. II. 2nd ed. New York, NY: Beacon House, 1975.

Moreno, J. L. *Who Shall Survive? A New Approach to the Problem of Human Interrelations.* Rev. ed. London, UK: Forgotten Books, 2018.

Moreno, Zerka T., Lief Dag Blomkvist and Thomas Rützel. *Psychodrama, Surplus Reality and the Art of Healing,* NY: Routledge, 2000.

Pitzele, Peter and Susan Pitzele. *Scripture Windows: Toward a Practice of Bibliodrama.* 2nd ed. Teaneck, NJ: Ben Yehuda Press, 2019.

Ward, Jack. "The Clergy and Psychotherapy." *Group Psychotherapy* 20(1967), 204-10.

Part 3

비블리오드라마의
원리

비블리오드라마의 예시

디렉터: 아버지, 여기 두 아들의 마음이 있습니다. 먼저 첫째 아들의 마음을 느껴 보는 시간을 갖겠습니다. 아버지는 첫째 아들의 마음이 담긴 의자 위의 천에 손을 올리시고, 눈을 감고 잠시 그 마음을 느껴 보시겠습니다. (아버지는 첫째 아들의 천이 올라간 의자에 손을 올리고, 잠시 눈을 감는다) 첫째 아들의 마음이 느껴지셨으면 이제 눈을 떠주시고, 첫째 아들을 보고 해 주고 싶은 이야기를 해 주시겠습니다.

아버지: 아들아, 미안해. 둘째 아들에게 돈을 너무 많이 주고, 너희들은 부려먹어서 너무 미안했어. 둘째 아들이 돈을 다 써 버리고 돌아왔는데도 파티를 열어 줬고, 그걸 너희들이 좋아하지 않는 모습을 보니까 너무 미안했어.

디렉터: 이제는 둘째 아들의 마음을 느껴 보겠습니다. (아버지는 둘째 아들의 천이 올라간 의자로 가서 손을 올리고, 잠시 눈을 감는다) 둘째 아들의 마음이 느껴지셨으면 눈을 뜨시고, 둘째 아들에게도 이야기해 주시겠습니다.

아버지: 아들아, 돈을 막 쓰고 들어와서 좀 짜증이 나기는 했어. 그런데 너희들이 내 핏줄이라서 돌아온 것이 기쁘기도 했어. 그리고 걱정도 됐어.

'돌아온 아들의 비유 Ⅳ'〈눅 15:25-32〉중

- 05 비블리오드라마 대표구조: 웜업-드라마-나누기

07

역할을 위한 촉진제 '메소드 훈련'

디렉터: 수연이가 예수님 역할을 했는데 어떻게 느껴졌어?

수연: 예수님의 역할이 되어서 앉았다가 일어서고, 지현이(가명)에게 걸어가는 것이 부담스러웠어요. 그럼에도 '한 번쯤은 해 봐야겠다'라는 생각, 도전이 되었어요. 그래도 부끄러움을 이겨야 하잖아요. 자신감을 가져야 하잖아요. 자신감이 조금 생겼어요.

디렉터: 자신감이 생겼다고 했는데, 친구들이 이걸 해 보면 어떨까?

수연: (친구들이) 자신감이 생겨서 난리 날 것 같아요….

디렉터: 수연이에게 예수님 역할을 한 단어로 표현하며 뭐라고 말할 수 있을까?

수연: '도전'이요. 그런데 해 보고 난 후에 '용기'라고 생각해요. 그래서 역할을 어려워하거나 힘들어하는 애들에게 꼭 해 보라고 권해 주고 싶어요.

[예수 역할, 수연(가명) 인터뷰, 초등학교 5학년 여자][1]

아동에게 비블리오드라마는 항상 신나는 놀이이다. 성인에 비해 아동

---

1) 2019년 아산 A 교회에서 초등학생을 대상으로 '돌아온 아들의 비유'〈누가복음 15:11-16〉를 진행했다.

들은 자발성이 뛰어나며 웜업(warm-up)부터 이어지는 순서들을 재미있게 참여한다. 웜업 다음 단계인 드라마(drama)로 넘어가면 아이들은 하고 싶은 역할을 자연스럽게 맡는다. 설혹 역할 선택에 망설임이 생길지라도 그 망설임은 길지 않다.

수연(가명)이는 5학년 여자아이로 '예수 역할'을 선택했다. 웜업부터 이어지는 순서들을 재미있게 참여했고, 역할 선택도 순조로웠다. 그러나 막상 드라마(drama)의 무대에서 예수 역할을 할 때가 되자 망설이는 모습을 보였다. 다른 참여자들의 시선이 자신에게 집중되자 부담감을 느끼는 모습이었다. 이때 디렉터가 예수 역할이 무엇을 해야 하는지 알려 주고, 같은 장면을 몇 번 반복연습하는 메소드 훈련(method training)을 실시했다.

수연이는 디렉터에게 '예수 역할'에 대한 간략한 설명을 듣고 드라마 상황을 이해했다. 또한 어려운 장면(scene)을 반복연습할 수 있어서 역할연기에 대한 부담감이 줄어들었다. 〈메소드 훈련〉은 역할연기를 고민하는 자발성이 떨어진 참여자가 불안감을 낮출 수 있고, 심리적인 거부감이 없이 상황에 도전할 수 있도록 훈련한다. 그녀는 〈메소드 훈련〉을 통해 예수 역할을 잘 마쳤고, 그 경험으로 '용기를 얻었다'라고 말한다.

비블리오드라마에서 참여자의 역할몰입은 중요하다. 비블리오드라마의 목적은 참여자가 성경을 몸으로 체험하는 것이며, 참여자가 역할에 대한 동일시는 드라마에 대한 몰입도를 좌우한다. 참여자가 역할에 몰입할 때 성경이 말하는 당시의 상황과 성경 인물의 정서를 몸을 통한 직접경험으로 더 잘 이해할 수 있다.

〈메소드 훈련〉은 디렉터가 참여자를 자신의 역할에 몰입시키기 위해 실시하는 전문적인 훈련이다. 수연이처럼 역할이 '예수'라면 비블리오드라마의 〈메소드 훈련〉은 무대에서 예수가 되어 역할연기(role playing)할 수 있도록 돕는다. 이것은 참여자들이 무대에서 자신의 역할에 몰입하고, 동일시하여 '역할 그 자체'가 될 수 있도록 돕는 방법이다.

〈메소드 훈련〉은 '냄비에 있는 콩을 잘 익히려고 요리사가 도구로 콩을 뒤적이는 것'과 같다. 사람들은 잘 익혀진 콩을 보고 '요리사가 냄비를 뒤적거리는 수고'가 있는 것을 곧바로 생각하지는 못한다. 그러나 요리사의 숙련도는 콩의 맛을 좌우하는 중요한 요소이다. 이처럼 〈메소드 훈련〉은 디렉터를 통해 참여자의 역할수행을 도와주는 도움의 손길로 '역할을 위한 촉진제'이다. 그러나 비블리오드라마에서 이를 경험하는 참여자는 역할수행을 잘하는 것이 마치 자신의 능력인 것처럼 느낀다.

여기에서는 〈메소드 훈련〉에 대해서 알아보기 위해서 〈메소드 훈련이란?〉, 〈메소드 훈련의 적용〉, 〈메소드 훈련의 실전〉, 〈메소드 훈련과 비슷한 것들은 뭐가 있을까?〉에 대해서 알아보겠다.

메소드 훈련(method training)이란?

메소드 훈련(method training)에서 메소드(method)는 '방법 혹은 조직적 방식'을 의미하고, 훈련(training)은 '교육, 연습'을 뜻하는 신조어이다.[2] 〈메소드 훈련〉은 참여자가 역할과 자신을 동일시할 수 있도록 돕는

---

2) 민중서림 편집국 편, 『엣센스 실용영한사전』(서울: 민중서림, 1997), 1998.

디렉터의 훈련방법으로 필자가 제안하는 것이다. 비블리오드라마에서 참여자는 성경 역할 경험을 통해 성경의 상황과 인물의 정서를 이해할 수 있다. 예수 그리스도의 영혼돌봄도 예수 역할을 하거나, 무대에서 예수를 만나는 것으로 통해 경험하기 때문에 〈메소드 훈련〉으로 참여자의 역할 경험을 돕는 것은 디렉터에게 필요한 역량이다.

지금까지 이루어진 비블리오드라마들은 참여자들이 역할에 몰입하는 것의 중요성을 알았으나, 참여자들을 역할에 몰입시키는 구체적인 방법이나 디렉터의 지도방향에 대해서는 연구가 미비한 편이었다. 사이코드라마에서 모레노(Jacob Levy Moreno)의 역할훈련(role training)이나 워밍업(warming-up)을 아는 것 정도에 머물러 있다.

모레노는 사이코드라마에서 주인공의 자발성을 향상시키기 위해 노력했다. 그의 관심은 사람들의 만남과 집단에서 상호수용의 조화로운 대인관계를 맺도록 노력했고, 사회측정학(소시오메트리, sociometry)을 통해 대인관계를 연구하고 측정했다.[3] 개인의 선택이 집단에서 수용되는 것은 긍정적인 상호관계를 형성하는 것에 도움이 되며, 개인이 선택할 수 있도록 자발성을 향상하는 것은 비블리오드라마에도 유용하고 필요한 기술이다.

비블리오드라마는 드라마(drama)에서 참여자들이 자신의 역할연기(role playing)에 몰입하기 위해 자발성이 필요하다. 비블리오드라마와 사이코드라마 모두 역할연기를 통해 상호적인 대인관계를 경험으로 배울 수 있으며, 이를 위해 개인의 자발성 향상은 중요한 요소이다. 비블리오드라마에서 자발성은 참여자들의 역할연기를 도와 성경 역할에 몰입

3) Zerka T. Moreno, Lief Dag Blomkvist and Thomas Rützel, *Psychodrama, Surplus Reality and the Art of Healing*, (New York, NY: Routledge, 2000), 92-93.

하게 도울 수 있다. 이러한 과정을 돕는 것이 〈메소드 훈련〉이다.

〈메소드 훈련〉은 참여자들에게 구체적인 상황과 방법을 연습시킬 수 있다. 그간 비블리오드라마의 디렉터들은 참여자의 성경 체험을 위해 고심해 왔지만, 디렉터가 참여자를 독려하여 인도하는 과정이 중요함에도 이를 모르거나 지시적인 디렉팅(directing)으로 비블리오드라마의 전체적인 흐름을 깨 버리는 모습들을 종종 보았다.

디렉터의 디렉팅이 일방향적일 때 참여자는 자신의 역할을 기계적으로 소화할 가능성이 높으며, 성경 인물의 정서와 상황을 경험하는 효과는 감소할 수밖에 없다. 또한 참여자의 자발성이 낮아지고 역할에 대한 몰입감이 떨어지는 것으로 나타나게 된다. 디렉터는 비블리오드라마의 진행자로서 참여자들의 상태와 드라마의 흐름을 조절할 수 있어야 한다.

또한 디렉터는 비블리오드라마를 진행할 때 참여자의 어려움을 볼 수 있어야 하며, 참여자의 상태를 고려하여 정교하게 〈메소드 훈련〉을 적용하는 기술이 필요하다. 이것은 심리상담의 이론과 실습이 도움이 될 수 있다. 비블리오드라마를 다년간 연구하고, 진행하면서 연령에 따른 인간의 발달·심리적 특성을 아는 것은 〈메소드 훈련〉의 적용에 도움이 되었다.

〈메소드 훈련〉은 '어떻게 하면 참여자가 부담감을 최소로 하여 역할에 몰입할 수 있을지'를 고민하여 나온 훈련방법이다. 〈메소드 훈련〉에는 디렉터들이 비블리오드라마를 진행하며 참여자를 역할에 몰입시키는 자연스럽고 고도화된 방법을 알려 주기 위한 고민이 담겨 있다.

다음은 〈메소드 훈련〉이 잘 이루어지기 위해 필요한 몇 가지 준비사항들이다.

첫째, 웜업(warm-up)부터 전체 구조를 성경 본문을 중심으로 준비해야 한다. 참여자들이 성경 역할에 몰입하는 것은 결국 성경의 상황과 인물의 정서를 생생하게 경험하기 위해서이다. 이를 위해 디렉터는 비블리오드라마의 전체 구조를 성경 본문이 잘 드러날 수 있도록 배치하는 것이 중요하다. 〈메소드 훈련〉은 참여자의 역할연기를 돕기 위해 실시되며, 비블리오드라마가 성경 본문을 중심으로 웜업부터 구성될 때 참여자는 드라마에서 자신의 역할에 몰입하는 것과 성경 본문을 이해하는 것이 더 쉬워진다.

둘째, 〈메소드 훈련〉은 연령과 발달단계에 따라서 다르게 실시되어야 한다. 성인은 타인에게 감정이입을 하고 타인의 생각을 이해하는 것이 어렵지 않지만, 아동이 타인에 대한 행동 동기를 추측하는 것은 어려운 일이다.[4] 성인에게는 〈메소드 훈련〉으로 역할에 대한 인물 분석으로 통해 드라마 과정에 몰입하는 것이 필요하고, 아동은 드라마의 상황과 인물의 행동에 대해 구체적으로 이해할 수 있도록 돕는 것이 필요하다.

셋째, 〈메소드 훈련〉은 안전한 환경이 필요하다. 비블리오드라마 무대는 참여자들에게 재미있는 놀이가 이루어지는 잉여현실(surplus reality)이다. 무대가 안전한 공간으로 인식되어야 참여자들은 자신의 역할로 드라마(drama)에 몰입하는 것이 더 쉬워진다. 〈메소드 훈련〉은 역할(role)을 자신과 동일시하기 위하여 이루어지는 훈련이다. 참여자들이 자신의 역할에 몰입할 때 무대에서 펼쳐지는 역할연기는 '지금-여기'에서 일어나

---

4) 피아제(Jean Piaget)는 학령기의 아동들은 경험을 통해 논리적이고 구체적인 사고가 가능하지만, 사건의 속성이나 동기를 아는 가설연역적 사고는 어렵다고 본다. 신명희 외 8인, 『발달심리학』, 2판, (서울: 학지사, 2013), 243.

는 현실의 이야기가 되고, 성경 역할은 내가 경험하는 이야기로 전환될 수 있다.

넷째, 디렉터는 현장의 분위기와 참여자들의 상태를 파악하는 것이 필요하다. 참여자들의 상태와 집단의 분위기는 비블리오드라마를 좌우할 수 있는 요소이다. 디렉터는 웜업을 통해 당일 참여자들과 집단의 성향을 파악할 수 있다. 그리고 드라마에서 참여자들이 역할을 선택하고, 역할(role)에 몰입하는 것은 개인차가 있을 수 있다. 디렉터는 집단의 분위기와 드라마(drama)에서 자신의 역할에 적응하기 어려워하는 참여자들에게 〈메소드 훈련〉으로 도울 수 있다.

비블리오드라마는 참여자들의 성경 경험이 목적이다. 이를 돕는 초기 작업은 웜업(warm-up)으로 참여자들의 자발성을 높여 비블리오드라마에 집중할 수 있도록 한다. 그다음 전문적인 작업은 드라마(drama)에서 이루어지는 〈메소드 훈련〉이다. 드라마에서 참여자들은 자발적으로 역할을 맡고, 역할연기한다. 그러나 참여자들이 자발적으로 역할을 맡았을지라도 역할연기는 참여자들의 역할에 대한 이해도나 현장의 분위기에 따라서 그 몰입 정도가 다를 수 있다.

〈메소드 훈련〉은 참여자들의 준비상태에 자그마한 불을 붙이는 것과 같다. 참여자들은 자신이 원하는 역할을 선택했기 때문에 디렉터는 〈메소드 훈련〉으로 참여자들에게 자신의 역할에 몰입할 수 있는 방향을 찾아주는 작업이다. 또한 참여자가 〈메소드 훈련〉을 받을 때 나머지 참여자들도 이를 보며 자연스럽게 진행방향과 자신의 역할에 대해 한 번 더 생각할 수 있는 시간이 되기 때문에 전체 참여자를 교육시키는 효과도 있다.

비블리오드라마가 사이코드라마와 가장 큰 차이점은 성경을 본문으로 사용하는 것이다. 성경은 기독교인에게 살아 있는 하나님의 말씀으로, 비블리오드라마는 그 말씀의 역동(dynamic)을 경험할 수 있다.〈딤후 3:16, 히 4:12〉[5] 〈영혼돌봄의 비블리오드라마〉는 예수 그리스도의 영혼돌봄(care of soul)을 경험할 수 있게 구성되고, 진행된다. 여기에서 〈메소드 훈련〉은 참여자들을 영혼돌봄으로 인도하는 과정이다.

메소드 훈련(method training)의 적용

> 어떻게 교회학교 선생님들이 5살, 7살로 돌아갈 수 있나요? (비블리오 드라마에서) 말 한마디에 그렇게 될 수 있다는 게 정말 신기합니다.
>
> [과천 D 교회 교사강습회 staff, 남자 전도사][6]

〈메소드 훈련〉은 참여자들의 역할연기를 돕는 디렉터의 훈련법이다. 〈영혼돌봄의 비블리오드라마〉에서 디렉터는 참여자를 영혼돌봄(care of soul)으로 안내한다. 예수 그리스도와 그분의 삶으로 말해지는 영혼돌봄은 참여자들이 예수 역할을 경험하거나, 비블리오드라마에서 예수를 만나는 것으로 가능하다. 사이코드라마는 진정한 만남(encounter)을 통해 사이코드라마적 세계에서 새로운 역할(role)을 배움으로 실제 세계를 변

---

5) 곽우영, "예수 그리스도의 영혼돌봄으로 본 비블리오드라마: 비블리오드라마를 통한 목회 상담적 제안,"「신학과 실천」87(2023), 268-69.

6) 과천 D 교회에서 2021년 비블리오드라마 유아, 유치, 초등부 교사강습회를 실시했다.

화시킨다. 그러나 비블리오드라마는 이에서 더 나아가 예수 그리스도를 통한 영혼돌봄으로 참여자들은 삶에서 진정한 안식과 치유를 경험할 수 있다.

이 사례는 교사강습회가 끝나고 정리할 때 스태프로 진행을 도와준 남자 사역자가 한 말이다. 교사강습회는 유아, 유치, 초등부에 각각 연령과 발달로 적용할 수 있도록 교회학교 교사들을 대상으로 비블리오드라마를 교육하고, 실습했다.

실습 시간에 디렉터는 교사들에게 담임을 하고 있는 반에서 한 명을 떠올리고, 그 아동이 될 것을 주문했다. 그리고 역할을 맡은 교사들은 '즐겁게 춤을 추면서'에 맞추어 신나게 춤을 추었다. 교사들은 비블리오드라마를 처음 접했지만 누구도 어색해하지 않는 모습으로 받아들였다.

비블리오드라마의 교육과 훈련을 교회의 사역자들, 교회학교 교사들을 대상으로 할 때가 있다. 이때 좋은 훈련방법 중 하나는 사역자와 교사들에게 자신이 맡고 있는 부서나 구역의 인물의 역할을 해 보도록 독려하는 것이다. 〈메소드 훈련〉은 참여자들이 성경 역할 경험을 드라마(drama)에서 적절히 활용할 수 있도록 돕기 위해서 실시하지만, 교육이나 훈련에서 리더들을 훈련시킬 수 있는 실제적인 지침이 되기도 한다.

〈메소드 훈련〉의 적용은 다음과 같은 문제를 고려하여 실시한다.

(1) 드라마(drama)에서 역할연기를 어려워하는 참여자에게 실시한다.
디렉터는 참여자에게 성경 장면에 대한 간략한 설명을 해 주고, 함께 무대 주위를 걷거나 가벼운 동작으로 긴장을 풀어준다. 동작을 어려워하는 경우는 같은 동작을 몇 번 반복해서 자신감을 가질 수 있도록 돕는다.

(2) 참여자가 자신의 역할에 대해 부정적 반응이 강하게 나올 때 실시한다. 참여자들은 자신의 역할에 감정이입하기 때문에 부정적이거나, 긍정적인 감정이 나올 수 있다. 그러나 드라마(drama) 때문에 아니라 현실에서 부정적 경험으로 부정적 감정을 있을 때, 이 감정을 해소하고 다시 성경 이야기로 돌아가는 것이 필요하다.

(3) 전체 참여자가 성경의 내용에 친숙해지는 것이 필요할 때 드라마의 초기에 실시한다. 성경 본문의 내용을 참여자들이 충분히 숙지하지 못할 때 역할에 대한 이해도 떨어진다. 디렉터는 드라마 서두에 성경 본문의 배경, 성경 본문 이전에 발생한 사건을 간단히 소개하는 방법으로 성경 본문에 대한 이해를 높일 수 있다.

이 세 가지는 대표적으로 참여자들이 역할에 몰입하지 못하는 상황들이다. 이 외에도 비블리오드라마가 성경 본문에서 벗어날 때, 혹은 참여자가 역할에 집중할 때 등에 〈메소드 훈련〉이 필요하다. 또한 〈메소드 훈련〉은 디렉터의 훈련법이기 때문에 디렉터의 판단과 적용방법이 중요하다. 이를 위해서는 이론과 실전 경험을 통해 디렉터가 숙련도를 쌓는 것이 필요하다.

〈메소드 훈련〉을 구체적으로 어떻게 실시하는지 〈메소드 훈련의 실전〉에서 그 구체적인 예를 알아보도록 하겠다.

메소드 훈련(method training)의 실전

비블리오드라마는 참여자의 역할몰입이 높을수록 드라마에 깊이 몰입할 수 있다. 〈메소드 훈련〉의 효과는 참여자들이 역할에 몰입하여 생생한 이야기로 성경을 경험하는 것이다. 몰입하는 놀이는 생생한 현장감을 드러내지만, 반대로 몰입하지 못하는 놀이는 집중력이 흩어지고 재미는 반감된다. 〈메소드 훈련〉은 참여자들이 자신의 역할을 깊이 이해할 수 있는 촉매제이며, 이를 통해 참여자들이 타인의 감정과 정서를 경험으로 알 수 있다. 다음은 〈메소드 훈련〉의 구체적인 실전의 예이다.

메소드 훈련의 실전 Ⅰ

비블리오드라마를 진행하다 보면 참여자가 성경 내용에서 벗어난 자신의 감정을 드라마에서 보이기도 한다.[7] 아래는 "모든 세리와 죄인들이 말씀을 들으러 가까이 나아오니"〈누가복음 15-1〉로 비블리오드라마를 진행하던 준 한 참여자가 성경 본문과 관계없는 개인감정을 말하는 장면이다. 본문에 따라 드라마가 진행됐다면 '죄인이 예수를 만나러 가야 하는 장면'이었다. 이때 디렉터는 무대의 이야기를 성경 중심으로 진행하고, 참여자가 자신의 역할에 집중할 수 있도록 〈메소드 훈련〉을 실시했다.

디렉터:　(죄인에게 말한다) 당신이 예수님을 만나려고 온 죄인이시군요. 저쪽에 예수님이 계셔서 이제 예수님에게 갈 거예요. 예수님을 만나면 어떤 말씀을 듣고 싶으세요?

---

7)　구체적인 내용은 Part 1. '01 최초의 비블리오드라마'를 참고 바란다.

죄인:	제가 오늘 어떤 친구가 제 뺨을 때려서 저도 같이 때렸는데, 마음이 안 좋아서 이 역할을 하고 싶었어요.
디렉터:	그랬군요. 마음이 상당히 안 좋았을 것 같은데, 예수님께 가기 전에 이 마음을 먼저 말씀드려 볼까요?
죄인:	네.

〈메소드 훈련〉은 참여자가 자신의 역할에 집중하지 못한 상황에서 역할연기를 돕기 위해 실시한다. '죄인 역할'의 참여자는 친구와 싸운 일로 자신의 역할에 몰입하지 못했고, 감정적으로 과잉된 상태였다. 그녀가 성경 역할에 집중하기 위해서 감정해소가 필요한 상황이었다. 만약, 참여자의 감정이 성경 본문의 맥락에서 벗어나지 않았다면 문제가 되지 않았을 것이다. 그러나 참여자는 무대에서 성경 본문에서 벗어나 자신의 감정을 말했기 때문에 〈메소드 훈련〉으로 감정을 다루고, 성경 본문으로 돌아가는 것이 필요했다.

〈메소드 훈련〉은 여러 가지 방법으로 가능하다. 여기에서는 '죄인 역할'의 참여자가 예수를 만나 위로받는 것을 선택했다. 이 장면은 '예수 역할'의 참여자가 성경 본문에 따라 무대에 먼저 등장해 있었기 때문에 예수와 참여자의 자연스러운 만남이 가능했다. 이 경험으로 '죄인 역할'의 참여자는 자신의 감정에서 벗어날 수 있었다.

참여자는 〈메소들 훈련〉을 통해 예수를 만나서 실제 자신의 감정을 위로받았고, 그 결과로 '예수님을 매일 만나는 느낌이다'라고 말한다. 그리고 죄인 역할로 돌아가 드라마에 집중할 수 있었다. 〈메소드 훈련〉은 드라마의 상황에 벗어나지 않으면서 참여자의 적응상의 문제를 해결해 줄 수 있는 방법이 효과적이다. 그리고 〈메소드 훈련〉을 선택하고, 실시하는 것은 디렉터의 경험과 숙련도가 영향을 미치기 때문에 교육과 훈련이 필요한 영역이다.

메소드 훈련의 실전 II

비블리오드라마의 웜업(warm-up)으로 '빈 의자에 계신 예수님 만나기'를 했고, 이것은 웜업에서 영혼돌봄을 위해서 자주 사용하는 방법 중 하나이다. 〈영혼돌봄의 비블리오드라마〉는 웜업에서 나누기까지 예수 그리스도의 영혼돌봄을 경험할 수 있도록 구성한다. 웜업에서 참여자가 예수 그리스도 만날 수 있는 여러 방법들을 사용한다. 아래는 그 작업의 일환이다.

참여자들은 무대 가운데 있는 빈 의자에 예수께서 계신다고 생각하고, '예수와 자신의 마음의 거리'만큼 의자에 거리를 두고 선다. 이후 디렉터가 인터뷰를 진행했다. 이때 한 참여자는 의자와 가장 가까운 거리에 섰으면서도 '예수와 자신의 거리'에 대해서 '잘 모르겠다'라고 말한다.[8]

디렉터: 여러분을 위해 가운데 의자에 예수님을 모셨습니다. 지금 우리는 예수님이 계신 의자를 둘러서 둥글게 서겠습니다.(모든 참여자가 의자를 중심으로 동그란 원을 그리며 선다) 지금 여러분은 저기 의자에 계신 예수님과 나의 마음의 거리가 얼마나 차이가 날지 잠깐 생각하겠습니다. 그

---

8) 참여자 A의 사례는 성인을 대상으로 한 비블리오드라마 세미나에서 웜업(warm-up)에서 나타난 상황을 각색한 것이다. '예수와 나의 거리측정'은 웜업으로 많이 사용하는 기법으로 참여자가 예수와의 거리를 통해서 자신의 신앙을 돌아볼 수 있게 해 주는 방법이다.

리고 여러분이 생각하는 예수님과 나의 거리대로 의자 주위에 서도록 하
겠습니다.(참여자들이 빈 의자 주위에 각자 자리를 잡는다)

디렉터: (빈 의자 바로 앞의 참여자 A를 인터뷰한다) 지금 의자의 가장 앞자리에
서셨습니다. 다른 사람들에 비하면 가장 앞자리에 계시는데 참여자 A가
생각하는 예수님과 나의 거리는 어떤가요. 먼 거리인가요? 아니면, 가까
운 거리라고 느껴지시나요?

참여자 A: 가까운지, 먼지 잘 모르겠어요.

디렉터: (참여자를 의자 앞에 서게 하고, '예수 역할'을 무리들 중에 선택해 의자
대신 참여자 A 바로 뒤에 서게 한다. 참여자 A 뒤에는 '예수 역할'이 서 있
다) 지금 예수님이 뒤에 계시는데 느껴지시나요?

참여자 A: 네.

디렉터: 예수님과의 거리가 어떻게 느껴지시나요?

참여자 A: 잘 모르겠어요.

디렉터: 참여자 A는 다른 참여자들보다 예수님과 가장 가까운 거리에 서셨는데,
정작 자신은 그렇게 느끼지 못하고 계시네요. 예수님과 거리상으로는 가
깝다고 느껴지지만, 마음으로는 이것이 잘 느껴지지는 않는다고 보이는
데, 어떠세요?

참여자 A: 네, 이게 평소 마음인 것 같아요.

디렉터: 이 시간을 통해서 함께하는 예수님을 다시 한번 생각하고 느껴 봤으면
좋겠습니다. 지금 뒤에 예수님이 계신데, 잠깐 예수님을 만나는 시간을
가지려고 합니다. 예수님을 만난다면 어떻게 반가움을 표시하고 싶으신
가요? 어떤 사람은 손을 잡기도 하고, 성경에 보면 어떤 여인은 예수님의
옷깃을 잡기도 했습니다. 잠깐 생각해 주세요.

참여자 A: 저는 옷깃을 잠깐 잡고 싶습니다.

디렉터: (디렉터는 참여자 A를 뒤로 돌게 하고, '예수 역할'의 참여자와 서로 바라보며 간단하게 인사시킨다. 그 뒤 참여자 A가 예수의 옷깃을 잠깐 잡게 한다) 참여자 A는 잠깐 눈을 감고 손끝으로 지금 만난 예수님을 느껴 보겠습니다. (잠시 후) 이제 눈을 뜨시겠습니다. 예수님을 만난 느낌은 어떠신가요?

참여자 A: 포근한 것 같아요.

디렉터: 네, 함께 해 주셔서 감사해요.

참여자들이 자신의 행동의 의미나 동기를 모르는 것은 개인상담을 진행하거나, 비블리오드라마를 진행할 때 종종 나오는 상황이다. 위의 상황은 참여자들이 예수 그리스도를 만남으로 그의 영혼돌봄을 경험하는 장면이기도 하다. 이처럼 참여자들의 자신의 감정이나 느낌을 자각하지 못할 때 디렉터는 〈메소드 훈련〉은 새로운 이해나 경험을 통해서 참여자의 지각을 깨워 줄 수 있다.

〈메소드 훈련〉은 참여자가 역할에 집중하고 몰입하도록 돕는 훈련이지만 훈련의 의도는 참여자가 역할 경험을 통해서 성경에 대한 이해를 새롭게 하는 것이다. 〈영혼돌봄의 비블리오드라마〉는 참여자의 영혼돌봄을 위해 예수와의 만남이나 '예수 역할'이 되는 경험을 할 수 있다. 빈 의자 기법에서 참여자 A는 예수님과 가깝게 생각되지만, 감정적으로는 멀었던 예수를 만난 경험으로 예수 그리스도에 대한 새로운 지각을 얻었다.

디렉터가 〈메소드 훈련〉을 실시할 때 참여자의 심리상태를 파악하여 참여자 수준에 맞게 섬세하게 개입하는 방법이 필요하다. 참여자 A는 디렉터의 〈메소드 훈련〉으로 예수와 자신의 관계를 객관화하여 예수에 대한 자신의 생각과 감정을 돌아보고, 관계를 새롭게 확장시키는 계기가 되었다.

〈영혼돌봄의 비블리오드라마〉는 성경에서 핵심적으로 증거하는 예수의 영혼돌봄을 다룬다. 참여자가 웜업에서 예수를 만나는 경험은 영혼돌봄을 경험하는 순간이다. 디렉터는 〈메소드 훈련〉으로 참여자의 영혼돌봄을 도울 수 있으며, 이는 영혼돌봄을 통해 궁극적인 〈영혼돌봄의 비블리오드라마〉의 목적을 성취하는 것이다.

'메소드 훈련'과 비슷한 것들은 뭐가 있을까?

메소드 훈련(method training)은 디렉터가 참여자의 역할몰입을 돕는 전반적인 과정이다. 이와 유사한 다른 단어들로 **워밍업, 역할훈련, 메소드 연기**가 있다.

(1) **워밍업(warming-up)**은 참여자들이 긴장을 풀고, 몸과 마음이 이완될 수 있도록 하는 작업이다. 이것은 운동선수들이 시합 전에 '몸풀기'를 하는 것에 비교할 수 있고, 참여자의 자발성을 높이는 예열과정이라는 표현이 더 적절하다. 비블리오드라마와 사이코드라마는 즉흥극(impromptu play)으로 참여자가 자신의 역할에 몰입하는 것이 필요하다. 모레노는 역할에 몰입하기 위해서 참여자의 자발성을 높이는 것이 필요하다고 보았고 워밍업은 이에 대한 시동과정이

다.[9] 그러나 〈메소드 훈련〉은 예열과정이 아니다.

(2) 역할훈련(role training)은 사이코드라마에서 주인공의 문제가 있는 역할을 디렉터가 분석하여 해결하는 과정을 말한다. 역할훈련이 디렉터의 훈련법이고, 참여자의 역할연기를 돕는 방법이라는 것에서 〈메소드 훈련〉과 비슷하지만, 역할훈련의 목적은 참여자의 새로운 역할개발(role creating)에 있다. 사이코드라마의 디렉터는 주인공의 문제해결을 위해 새로운 역할을 개발한다. 반면에 〈메소드 훈련〉은 비블리오드라마에서 역할에 참여자가 동일시하여 역할몰입하는 것이 목적이다.

(3) 메소드 연기(method acting)는 배우가 대본의 배역을 완벽히 소화하기 위해 배역에 몰입하는 연기방법이다. 배우가 배역과 하나가 되려는 '동일시'를 추구한다는 데에서 〈메소드 훈련〉과 비슷하다. 그러나 메소드 연기는 관객에게 보여 주기 위해 연기하는 방법인 반면에 〈메소드 훈련〉은 참여자가 역할연기를 통해 스스로 성경을 경험하는 것이 목적이다. 또한 메소드 연기는 배우의 연기법이며, 〈메소드 훈련〉은 디렉터의 훈련법이다.

요컨대 모레노가 말한 워밍업(warming-up)은 자발성을 높이는 예열과정이고, 역할훈련(role training)은 역할개발의 영역이며, 스타니슬랍스키의 메소드 연기(method acting)는 배우가 역할에 몰입하여 관객에게 보여 주는 연기법이다. 여기에서는 이 세 가지의 방법과 〈메소드 훈련〉을

---

9) J. L. Moreno, *Psychodrama*, vol. Ⅰ, 6th ed., (Princeton, NJ: Psychodrama Press, 2019), 163-166.

구체적으로 비교해 보겠다.

메소드 훈련과 워밍업(warming-up)

역할이 힘들어도 재미있었어요. 좋았어요, 아버지가 아들을 계속 기다
려 줘서 많이 좋았어요.

[둘째 아들 역할, 주희(가명) 인터뷰, 초등학교 5학년 여자][10]

〈메소드 훈련〉은 디렉터가 참여자가 역할을 잘할 수 있도록 독려하여 자발성 향상을 돕기 때문에 사이코드라마의 **워밍업**(warming-up)과 비슷해 보일 수 있다. 그러나 **워밍업**이 자발성을 향상을 위한 그룹의 초기 작업이라면, 〈메소드 훈련〉은 드라마(drama)에서 참여자가 성경 인물의 역할에 몰입하도록 돕는 전문화된 훈련방법이다. 오히려 **워밍업**이 참여 자들을 예열시키는 과정이기 때문에 비블리오드라마에서 웜업(warm-up)으로 보는 것이 타당하다.

주희(가명)는 '돌아온 아들의 비유'〈눅 15:11-24〉에서 유산을 받아 탕진하고 돌아온 '둘째 아들' 역할을 했다. 그녀는 둘째 아들의 행동을 이해하기 어려워했지만, 기다려 준 아버지의 사랑을 느낄 수 있어서 기뻐한다. 그러나 그녀 외에는 '아버지 역할'과 '첫째 아들 역할'을 한 참여자들은 잘못한 둘째 아들을 받아들여 준 아버지를 이해하기 어려워했다.

이들에게 실시한 〈메소드 훈련〉은 첫째 아들과 아버지가 무대에서 자

---

10) 2019년 A 시 교회 부속 지역아동센터 '돌아온 아들의 비유'〈누가복음 15:11-24〉를 진행
했다.

신의 심정을 솔직히 말하고, 서로 감정을 공유하는 일이었다. 〈메소드 훈련〉은 참여자들이 무대에서 성경이 말하는 상황과 정서를 잘 경험할 수 있도록 돕는다. 이 결과로 참여자들은 아버지의 마음을 이해할 수 있었다. 그리고 나누기(sharing)에서 참여자들은 아버지의 사랑에 대한 고마움을 표현했다. 〈메소드 훈련〉으로 참여자들은 역할에 몰두하기 어려운 상황에서 성경의 상황과 인물의 충분히 경험할 수 있었다.

워밍업은 사이코드라마에서도 참가자들의 역할연기를 돕기 위한 사전작업으로, 시동과정으로도 불린다.[11] 사이코드라마에서 **워밍업**은 참여자들을 사이코드라마적 세계인 잉여현실로 들어가게 하는 그룹의 초기작업이다. **워밍업**은 결과를 풍부하게 산출되도록 도우며, 이를 통해 사이코드라마 무대에서 주인공은 자유롭게 역할연기를 할 수 있도록 준비된다.

〈메소드 훈련〉도 **워밍업**이나 웜업처럼 참여자의 불안과 긴장을 낮추고 자발성을 향상시킬 수 있는 방법이다. 그러나 〈메소드 훈련〉은 참여자의 역할몰입이라는 구체적 목표가 있는 전문적인 훈련방법이다. **워밍업**이 그룹심리상담에서 집단의 응집력을 만들어내는 초기작업에 비유할 수 있다면, 〈메소드 훈련〉은 드라마를 진행하는 핵심적인 중기 단계에 이루어지는 작업으로, 참여자들이 자신의 역할에 몰입하여 역할연기를 통해 충분히 경험할 수 있도록 돕는다.

---

11) Moreno, *Psychodrama*, vol. 1, 163.

메소드 훈련과 역할훈련(role training)

> 예수님의 역할이 되어서 앉았다가 일어서고, 지현(가명)이에게 걸어가
> 는 것이 부담스러웠어요. 그럼에도 '한 번쯤은 해 봐야겠다'라는 생각,
> 도전이 되었어요. 그래도 부끄러움을 이겨야 하잖아요. 자신감을 가져
> 야 하잖아요. 자신감이 조금 생겼어요.
>
> [수연이(가명)의 메소드 훈련 경험][12]

사이코드라마는 〈메소드 훈련〉과 비슷한 **역할훈련**(role training)이 있
다. 그러나 사이코드라마에서 역할훈련은 갈등과 문제 상황에 있는 주인
공의 역할을 분석하여 치유하기 위한 과정이다. 모레노의 역할훈련으로
참여자는 역할을 개발하거나, 새로운 역할을 창조하여 삶의 문제와 갈등
을 해결할 수 있다.

〈메소드 훈련〉과 **역할훈련**은 '디렉터가 하는 훈련'이라는 것에 공통점
이 있다. 그러나 〈메소드 훈련〉은 참여자가 역할에 몰입하여 성경 역할
과 자신을 동일시하는 것에 초점이 있고, **역할훈련**은 주인공이 문제해결
을 위해 주인공의 현실 역할들을 돌아보고, 적응적인 새로운 역할을 개발
하는 것에 초점이 있다.

위의 수연(가명)이의 사례는 역할연기 과정에서 오는 불안함과 긴장을
보여 준다. 수연이는 비블리오드라마에서 시종일관 밝고, 유쾌한 모습을
보여 주는 긍정적이고 적극적인 참여자였다. 당일 비블리오드라마에서

---

12) 수연(가명)이는 2019년 아산 A 교회에서 초등학생을 대상으로 '돌아온 아들의 비유'〈누가
복음 15:11-16〉의 참여자이다.

자신이 원하는 '예수 역할'을 선택했지만 막상 무대에서 다른 참여자들의 시선이 자신에게 쏠리자 부담감을 호소했다. 이것은 드라마(drama) 단계에서 심심치 않게 발생하는 상황이며, 수연이처럼 자발성이 뛰어난 참여자도 무대에서 어려움을 겪을 수 있다는 것을 보여 준다.

일부 비블리오드라마의 디렉터들이 참여자의 역할연기(role playing)를 연기훈련 정도로 생각해서 마치 연극처럼 참여자들의 연기력을 향상시키려고 하거나, 참여자들의 상태를 고려하지 않는 일방적인 디렉팅으로 자발성과 창조성을 낮추는 것을 종종 마주하기도 했다. 〈메소드 훈련〉을 창안한 것은 디렉터들이 비블리오드라마의 진행에 장애가 생긴 상황에 대처하고, 참여자들이 자신의 역할(role)을 이해하게 지도하는 방법을 돕기 위해서이다.

디렉터는 무대에서 수연에게 역할에 대한 간략한 설명을 했고, 그녀가 어려워하는 장면 의논하고 연습해 보는 〈메소드 훈련〉을 실시했다. 이를 통해 수연이는 자신의 역할을 잘 소화했고, 이러한 과정에서 '용기'를 얻었다고 말했다. 수연이가 비블리오드라마를 통해 용기를 얻은 것은 **역할훈련**의 효과와 유사하다. 모레노는 인생에서 장애물을 극복하고 적응하는 용기는 자발성과 창조성에서 나오며, 이를 통해 삶을 긍정적으로 살 수 있는 역량이 향상된다고 보았다.[13]

그러나 모레노의 **역할훈련**은 주인공에 삶의 문제를 해결하여 적응적인 삶을 살 수 있도록 조력하는 것이고, 〈메소드 훈련〉은 역할몰입이 힘든 참여자의 내부에서 일어나는 갈등과 고민을 디렉터의 작업으로 해소

---

13) Moreno, Blomkvist, Rützel, *Psychodrama*, xv.

할 수 있게 돕는 것이다.

메소드 훈련과 메소드 연기(method acting)

아버지 역할을 했어요. 아버지 역할을 한 느낌은 첫째와 둘째를 못 볼
것 같았어요. 첫째 아들은 매일 부려먹기만 했잖아요. 그렇게 성경에
쓰여 있잖아요. 그래서 좀 마음이 안 좋았어요. 둘째 아들은 돈을 다 써
버렸는데, 그래도 나를 좋다고 해 주니까 좀 미안했어요. 너무 첫째 아
들에게 개인적으로 미안했어요.

[아버지 역할, 주희(가명) 인터뷰, 초등학교 4학년 여자][14]

스타니슬랍스키(Constantin Stanislavski, 1863-1938)의 **메소드 연기**
(method acting)는 배우가 배역을 내면화하여 극사실주의 연기를 하는
것이다. 스타니슬랍스키가 살았던 시기에 배우들은 연극 무대에서 우스
꽝스럽고 과장된 연기를 했으며, 배우들에게 연기는 자신의 매력을 보여
주는 장식품 같은 것이었다. 그는 이것의 반대인 **메소드 연기**를 통해 배
우가 무대에서 배역과 자신을 동일시하여 연기하는 방법을 교육했다. **메
소드 연기**는 배우가 극 중 인물의 역할을 자신과 동일시하여 그 정서적인
상태를 무대에서 역할로 드러내는 방법이다.[15]

---

14) 2019년 A 시 교회 부속 지역아동센터 '돌아온 아들의 비유 IV'〈누가복음 15:25-32〉를 진
   행했다.
15) 콘스탄틴 스타니슬랍스키/ 김균형 역, 『역할구성(스타니슬랍스키 연기론 2)』(서울: 소명,
   1999), 16.

〈메소드 훈련〉은 참여자가 비블리오드라마 안에서 맡은 배역에 몰입하게 만들어 주는 훈련으로 디렉터의 훈련법이고, **메소드 연기**는 배우가 연극에서 배역에 동일시하여 연기하는 방법이다. **메소드 연기**와 〈메소드 훈련〉 모두 배우와 참여자가 자신의 역할(role)을 잘 해내는 것에 목적이 있지만, **메소드 연기**는 배우들이 무대에서 대본의 인물을 정확하게 표현하는 것이 목표라면, 〈메소드 훈련〉은 비블리오드라마의 참여자가 자신이 맡은 역할을 충분히 경험하려는 것이 목표이다.

참여자는 자신의 역할을 통해 직접경험으로 성경 인물을 알게 된다. 역할 경험을 통해 성경을 알게 되는 것은 참여자의 경험을 매개로 성경을 새롭게 이해하는 경험이다. 주희(가명)는 '돌아온 아들의 비유 Ⅲ'에서 '아버지 역할'로 갈등 관계에 있는 두 아들을 중재했다. 그리고 인터뷰에서 아버지 역할에 대한 소감으로 '두 아들에 대한 미안함'을 말한다.

참여자가 역할에 대한 동일시가 높아질 때 무대의 잉여현실은 실제 자신의 삶처럼 진실 된 공간이 된다. 이것은 비블리오드라마에서 참여자가 역할에 몰입하여 성경의 상황을 자신의 경험으로 받아들여 생기는 현상이다. 비블리오드라마에서 역할을 통한 참여자의 경험은 성경 이야기를 더 풍성하게 만들어주며, 역할몰입은 참여자를 진실 된 경험으로 이끈다. **메소드 연기**는 역할을 생생하게 살아나게 하는 효과가 있지만, 배우는 비블리오드라마처럼 그 경험을 자신의 실제 삶에 투영시키지는 못한다. **메소드 연기**의 완성이 완벽한 역할 캐릭터의 부활이라며, 〈메소드 훈련〉은 참여자가 잉여현실에서 성경 이야기를 생생하게 경험하는 것을 추구한다.

메소드 연기를 경험하는 주체는 엄밀히 말하면 관객이다. 연극에서 배우가 배역에 몰입하는 이유는 관객에게 대본의 인물을 완벽하게 재연해 보여 주기 위해서이다. 배우는 관객의 카타르시스와 대리경험을 위해 일한다. 비블리오드라마에서 역할연기의 주체는 참여자이고, 참여자가 역할에 몰입하는 이유는 참여자 본인의 경험을 위해서이다.

또한 **메소드 연기**는 과거에 초점이 맞춰져 있다. 모레노는 스타니슬랍스키의 **메소드 연기**(method acting)에서 메소드(method)를 즉흥연기과 비교했다. 메소드는 과거를 분석하여 생생하게 연기하는 것으로 과거의 사건들에 초점이 있다.[16] 그러나 비블리오드라마나 사이코드라마와 같은 즉흥극(impromptu play)은 무대에서 일어나는 살아 있는 경험에 초점이 맞춰져 있다.

〈영혼돌봄의 비블리오드라마〉에서 즉흥연기를 통한 생생한 현장성은 참여자들이 영혼돌봄을 경험할 때 빛을 발한다. 참여자들은 무대에서 예수 역할을 하거나, 예수나 하나님을 만나는 것은 영혼돌봄에 직접 참여하는 경험이다. 기독교인들에게 성경은 지금도 살아 있는 이야기이며,〈히 4:12〉 예수 그리스도를 만나는 것은 신비의 영역이었던 현존하는 믿음의 대상을 만나는 일이다. 〈메소드 훈련〉은 참여자의 역할몰입을 통해 성경 이야기가 무대에서 살아 있는 경험이 될 수 있도록 돕는다.

---

16) J. L. Moreno, *Who Shall Survive? A New Approach to the Problem of Human Interrelations*, Rev. ed., (London, UK: Forgotten Books, 2018), 12-14; Moreno, *Psychodrama*, vol. 1, 114-15.

참고문헌

곽우영. "예수 그리스도의 영혼돌봄으로 본 비블리오드라마: 비블리오드라마를 통한 목회상담적 제안."「신학과 실천」87(2023), 261-284.

민중서림 편집국 편.『엣센스 실용영한사전』. 서울: 학지사, 2013.

신명희 외 8인.『발달심리학』. 서울: 학지사, 2019.

콘스탄틴 스타니슬랍스키/ 김균형 역.『역할구성(스타니슬랍스키 연기론 2)』. 서울: 소명, 1999.

Moreno, J. L. *Psychodrama*, Vol. I. 6th ed. Princeton, NJ: Psychodrama Press, 2019.

Moreno, J. L. *Who Shall Survive? A New Approach to the Problem of Human Interrelations*. Rev. ed. London, UK: Forgotten Books, 2018.

Moreno, Zerka T., Lief Dag Blomkvist and Thomas Rützel. *Psychodrama, Surplus Reality and the Art of Healing*, NY: Routledge, 2000.

08

특별한 진실 '잉여현실'

디렉터: 지수(가명)는 예수님 역할을 해 봤는데 어땠어?

지수: 좋았어요.

디렉터: 좀 더 이야기해 줄래?

지수: 지현(가명)이와 손을 잡았는데, 보통 그렇게 하지 않아서 자존심이 좀 상하고 부끄러웠어요. 예수님 역할로 지현이 손을 잡았을 때 그 손이 거칠거칠했어요. 평소에 같았으면 '핸드크림 좀 발라라'라고 했을 거예요.

디렉터: 예수님 역할을 하면서 평소와 다른 이유가 있었을까?

지수: 둘의 차이는, 예수님의 역할은 인내심이에요. 예수님은 인내심이 있으세요. 이렇게 된 건 꿈에서 예수님의 환상을 보고 나서예요. 꿈에서 예수님을 만나서 천국을 갈 준비를 한다고 생각했어요. 0000년 0월 00일 월요일 밤 10시에 꾼 꿈이에요. 예수님이 어린 양들을 데리고 산책 나가셔서 '어디 가시냐?'라고 물으니 '산책 간다'라고 하셨어요. '같이 가자'라고 예수님께 말했지만, 나 자신이 죄를 많이 지어서 같이 갈 수 없을 것 같다고 생각이 됐어요. 그래서 예수님 뒤를 쫓아가는데 예수님이 '왜 오냐?'라고 하셔서 '저는 하나님의 자녀'라고 했더니 예수님이 사랑의 말씀을

해 주시는 찰나에 잠에서 깼어요.

[아동의 꿈이 비블리오드라마에 영향을 미친 사례, 지수(가명)]

이 사례는 초등학교 5학년 여학생 지수(가명)는 예수를 만나는 꿈을 꾸고 나서 비블리오드라마에서 '예수 역할'을 하게 되었다. 지수는 나누기(sharing)에서 자신의 꿈이 '예수 역할'에 영향을 미쳤다고 이야기한다. 사람들은 꿈을 통해 현실에서 경험하지 못한 다양한 경험을 한다. 꿈은 잠재되어 있는 무의식의 욕망이 나오기도 하고, 감춰 둔 비밀스러운 감정들이 다채롭게 표현되기도 한다.[1]

잉여현실(surplus reality)은 꿈, 환상, 상상의 세계로 표현할 수 있다. 이것은 지수와 같은 아동이 꿈을 현실처럼 느끼는 것으로 쉽게 이야기된다. 지수의 경우 꿈에서 예수의 환상을 만나서 자신이 '하나님의 자녀'라는 정체성을 확인했다. 그리고 이 경험으로 비블리오드라마에서 '예수 역할'을 할 때 행동이 변하게 되었다.

지수는 평소에 하지 않는 '상대방의 손을 잡는' 행동을 자존심이 상하는 것을 참고 해냈으며, 이것은 꿈에서 만났던 예수의 행동을 '인내심'이라고 그녀가 해석했기 때이다. 이처럼 꿈의 잉여현실은 아동에게 현실에 영향을 미치기도 한다. 이러한 현상은 유아에서 더 잘 나타난다.

유아들은 꿈과 현실을 혼동하기도 한다. 조카가 5살 때 꿈에서 종종 '연필 귀신'을 만났다. 조카는 꿈에서 깬 이후에도 엄마에게 안겨서 두려움을 호소했고, 이런 조카를 달래 줄 때 '크고 무서운 연필 귀신'을 만난 조

---

1) 존 A. 샌포드/ 정태기 역, 『꿈(하나님의 잊혀진 언어)』 (서울: 비전북, 2018), 111-13.

카의 느낌이 전달되었다. 조카와 지수의 사례는 아동의 꿈속 감각이 현실로 이어져서 현실 감각에도 영향을 미치는 것을 보여 준다. 유아나 아동은 성인에 비해 꿈과 현실의 경계가 느슨하다. 성인들은 꿈과 현실을 확실히 구분하는 반면에 아동의 지각은 그렇지 못하다. 성인도 가끔 꿈을 통해 받는 느낌들이 현실로 이어지기도 하지만 성인에게 꿈의 경계는 확실하다.

비블리오드라마에서 무대는 잉여현실(surplus reality)로 마치 꿈처럼 참여자의 상상이 허용되는 곳이다. 그러나 잉여현실은 단지 '꿈과 같은 공간'만을 의미하지 않는다. 잉여현실은 참여자가 느끼는 현실이 진실로 받아들여지는 특별한 진실의 세계이다.

잉여현실이란 무엇일까?

조용했다. 밖은 시끄러운데 여긴 조용하고 엄청 열심히 했다.

[비블리오드라마 나누기(sharing), 형욱(가명)][2]

잉여현실(surplus reality)은 현실의 조건을 뛰어넘어 꿈과 같이 상상이 실현되는 공간이다. 잉여현실은 모레노가 마르크스의 개념인 '잉여가치'를 사이코드라마에 적용한 개념이다. 사이코드라마에서 잉여가치는 주인공의 '현실의 세계를 뛰어넘어 새롭게 확장된 현실'로 객관적 현실이 아

---

2) 형욱(가명)이는 초등학교 5학년으로 2019년 아산 A 교회에서 진행한 '돌아온 아들의 비유' 〈누가복음 15:25-32〉에 참여했다.

닌 '주관적(subjective) 현실'이다.[3] 비블리오드라마의 참여자는 성경 이야기로 구성된 무대에서 잉여현실에 경험한다.

잉여현실은 꿈보다는 더 넓은, 현실과 환상(fantasy)의 공간을 포함할 수 있는 사이코드라마적 세계이다. 무대는 주인공의 '주관적 현실'이 구성되며, 현실에서 경험하는 갈등과 문제를 새로운 역할을 개발하거나 창조(role creating)하여 해결한다.[4] 사이코드라마가 주인공의 세계를 잉여현실로 보여 준다면, 비블리오드라마는 성경 역할을 하는 참여자들의 세계가 잉여현실로 드러낸다. 또한 사이코드라마는 주인공을 위해 무대를 구성하고, 〈영혼돌봄의 비블리오드라마〉는 모든 참여자들이 성경 역할을 맡아 참여한다는 것에서 차이가 있다.[5]

비블리오드라마는 참여자의 경험과 성경 이야기가 무대에서 만나서 새로운 잉여현실을 만들어 낸다.[6] 위의 4학년 남자아이인 형욱(가명)은 교회의 카페에서 진행한 비블리오드라마에 참여했다. 그 옆은 지역아동센터 공간으로 늘 아이들의 소리로 북적이는 곳이었다. 형욱이는 비블리오드라마에 참여한 순간을 '조용했다'라고 옆 공간과 비교하여 표현하며 자신이 몰입했음을 보여 주었다.

유아의 역할놀이도 유아가 놀이를 위해 일상에서 쉽게 잉여현실을 만들어 내고, 거기에 몰입하는 것을 보여 준다. 유아는 역할놀이를 하는 중

---

3) Zerka T. Moreno, Lief Dag Blomkvist and Thomas Rützel, *Psychodrama, Surplus Reality and the Art of Healing*, (New York: Routledge, 2000), 1-2.

4) *Ibid.*, 17.

5) Part 2. '06 비블리오드라마 3가지 요소, 5가지 기법'을 참고 바란다.

6) 곽우영, "비블리오드라마의 향후 과제와 목회적 돌봄: 아동의 메소드 훈련을 적용한 아동 비블리오드라마를 중심으로," 「신학과 실천」 81(2022), 521.

간에 선생님이나 엄마의 부름에 쉽게 현실로 돌아온다. 그리고 일이 끝난 후 다시 놀이에 쉽게 몰입한다. 이것은 연령이 어릴수록 잉여현실에 쉽게 몰입하며, 실제 현실의 경계를 더 자유롭게 오갈 수 있음을 보여 준다.

비블리오드라마에서 무대는 잉여현실이다. 잉여현실은 원하는 세계를 현실로 불러내어 무대를 구성하며, 비블리오드라마에서 성경 본문이 그 대상이 된다. 잉여현실에서 참여자는 역할(role)에 몰입할수록 자발성과 창조성을 발휘할 수 있다. 사이코드라마는 주인공의 문제해결을 위해 새로운 역할을 창조한다면,[7] 비블리오드라마는 참여자가 성경 역할에 몰입하여 경험하고 역할을 통해 자신과 타인을 돌아볼 수 있게 된다.[8]

상상과 역할놀이에 익숙한 아동에게 비블리오드라마는 생소하지 않다. 아동에게 비블리오드라마는 또 다른 놀이로 받아들이며 쉽게 몰입한다. 성경 이야기는 아동들의 상상 속에서 새롭게 재창조되며 무대에서 몸으로 표현할 때 구체화된다. 그들에게 무대는 현실과 상상이 만나는 공간인 잉여현실이다.

비블리오드라마 참여자들이 무대에서 성경을 역할연기(role playing)로 몰입하게 되면, 성경은 '지금 여기'에서 생생하게 살아나는 이야기가 되어 참여자에게 다가간다. 잠들어 있던 글자는 참여자의 상상력을 만나 무대에서 역할로 창조적으로 살아나고, 참여자가 성경 이야기를 자신으로 이야기로 받아들인다. 이때 무대는 잉여현실의 공간으로 비블리오드라마에서 참여자들이 살아 있는 성경을 경험하는 장소로 전환된다.

---

7) J. L. Moreno, *Psychodrama*, vol. Ⅰ, 6th ed., (Princeton, NJ: Psychodrama Press, 2019), 111-12.

8) 곽우영, "비블리오드라마의 향후 과제와 목회적 돌봄," 519, 521-22.

'안전한 공간'인 잉여현실

비블리오드라마 수업은 웜업(warm-up), 드라마(drama), 나누기(sharing)로 구성이 된 *full* 비블리오드라마를 배우기 위해서 몇 주간 간단한 기법들을 먼저 배우는 수업을 실시한다. 이날은 비블리오드라마 수업에서 잉여현실에 대해 강의하고, 로코그램과 빈 의자 기법으로 간단한 실습을 했다. 실전을 하기 전에는 언제나 그 공간을 정비하는 나만의 사전작업을 한다. 그것은 소품을 움직여 간단하게 무대 공간을 정비하거나, 참여 그룹을 대형을 가다듬는 작업들이다.

실습을 위해 참여자들을 교실 뒤 무대가 될 공간으로 불러내고, 의자와 소품의 위치로 무대의 경계선을 만들었다. 참여자들은 디렉터가 무대 공간을 만들고, 경계를 세우는 모습을 보는 것으로도 이미 웜업이 시작된다. 이후 수업에서는 의자를 한 개를 무대에 가운데 두고 참여자들이 주위를 동그랗게 서게 한 후 실습을 시작했다.

간단한 웜업(warm-up)은 빈 의자에 본인의 엄마가 앉아 계시다고 생각하고, 평소 생각하는 엄마와 나의 관계 거리만큼 의자에 다가서는 방법이다. 디렉터는 참여자들이 가볍게 몸을 움직이면서 생각을 활성화할 수 있도록 의자 주변을 거닐거나, 한 바퀴 돌면서 생각해도 된다고 독려했다. 학생들은 자신이 생각하는 '엄마와 나의 거리'만큼 의자에 다가갔고, 간단한 인터뷰를 진행했다. 뒤이어 빈 의자 기법으로 의자와 가장 가까이 서 있는 학생 A와 엄마가 만나는 작업을 했다.

[빈 의자 기법: 엄마 만나기]

디렉터: (의자 앞에 서 있는 학생 A를 보고) 다른 학생들보다 의자에 가까이 서 있는데, 어머니와의 거리가 어떤가요? 가까운가요, 아니면 먼 거리인가요?

학생 A: 아주 가까운 거리요.

디렉터: 평소에 어머니와 가까운 사이신가 보군요. 우리 어머니를 여기 한번 모셔 보죠. 여기 있는 사람들 중에서 어머니와 비슷하신 분을 골라 볼까요?

학생 A: (학생 A는 신중하게, 찬찬히 주변 사람들을 돌아본다) 저 사람이요.

디렉터: (그 학생 B를 '어머니 역할'인 보조 자아로 부르고, 의자 앞에 세워 학생 A를 마주보게 한다) 어머니는 평소에 당신에 대해서 뭐라고 하시나요?

학생 A: '얘, 좀 이상해.'

디렉터: 그게 무슨 의미인지 좀 더 말해 주시겠어요?

학생 A: '얘가 너무 교회에 빠져 있어. 얘 좀 이상해.'

디렉터: (학생 B에게) 어머니, 잘 들으셨죠? 이 이야기를 학생 A에게 해 주시면 됩니다.

(학생 A와 학생 B를 마주보게 하고, 학생 B에게 대사를 하게 한다)

어머니(학생 B): 너 좀 이상해. 너무 교회에 빠져 있는 것 같애.

학생 A: 엄마, 그게 무슨 소리야. 예수를 믿으셔야죠. 나는 엄마가 예수 믿고 교회 다니는 게 내 꿈이야.

디렉터: (학생 B에게) 이 이야기가 어떻게 들리시나요?

어머니(학생 B): 딸의 마음이 느껴지는 것 같아서 마음이 좀 울컥했어요. (눈에 눈물이 좀 고인다)

디렉터: 그러면, 어머니와 딸이 잠깐 포용하면서 말없이 손으로 그 감정을 전달

해 보실까요. (학생 A와 학생 B가 안는다) 잠깐 눈을 감고 그 감정을 느껴
보세요.

대학원에서 비블리오드라마 강의는 항상 이론과 실전을 함께 한다. 이
날은 역할 거리(role distance)와 빈 의자 기법을 통해서 비블리오드라마
웜업의 기법들과 실전의 구성을 해 보는 날이었다. 마치 작은 사이코드
라마의 회기처럼 진행된 작업들을 마치고 나누기(sharing)를 할 때 학생
A는 아래와 같이 말했다.

> 사이코드라마에 대해서 거부감이 있었다. 상처가 있는 사람은 참여하
> 기 어렵다고 생각했었다. 그러나 잉여현실을 배우면서'안전한 공간'이
> 필요하다는 것을 알게 되었다. 안전한 공간이 필요한데, 실습을 통해서
> 그걸 배려해 주서서 고맙다.
>
> [수업에서 '잉여현실' 실습을 한 후 느낀 점, 학생 A]

비블리오드라마는 사이코드라마의 기법들을 차용하기 때문에 사이코
드라마나 드라마 치료의 디렉터들이 비블리오드라마를 진행하기도 하
고, 그 반대가 되기도 한다. 필자도 사이코드라마와 드라마 치료의 디렉
터이기도 하다. 그러나 '사이코드라마를 한다'라고 말하면 가끔 사이코드
라마에 대한 거부감을 드러내는 사람들이 있다.

학생 A도 학기 초에 '사이코드라마는 싫어요. 저는 비블리오드라마라
서 수업을 들었어요.'라고 했다. 그러나 학생 A는 실습을 통해서 무대를
안전한 공간으로 인식했기 때문에 어려움이 없었고, 감사하다는 소회를

나누기(sharing)에서 말한다. 학생 A가 무대를 안전한 공간으로 느끼게 된 것은 디렉터가 그 공간의 경계를 분명히 해 주었기 때문이다. 사이코드라마 디렉터들도 잉여현실인 무대를 참가자들이 안전한 공간으로 지각할 수 있도록 좀 더 숙고하고, 노력해야 된다고 생각한다.

안전한 공간의 기본은 경계(boundary)이다. 무대가 어떤 장소이고, 그 장소의 경계가 어디까지인지 디렉터가 설명하고, 그 무대의 경계를 참여자들에게 보여 주는 것은 안전감을 주는 간단한 방법이다. 경계를 정해 주는 방법으로는 실습하기 전에 비밀보장 약속하기, 교실문을 닫기, 실습에 대한 간단한 설명하기, 실습에 걸리는 시간 알려 주기 등이 있다. 그리고 참여자들이 무대에 모였을 때 주변의 책상이나 의자의 배치를 한 번 간단하게 움직여 주는 것만으로 참여자들에게 공간에 대한 인식을 새롭게 하며, 안전감을 줄 수 있다.

이것은 또한 자발성을 향상시키는 작업이라고 할 수 있다. 자발성은 장소를 한정하고 참여자의 배치를 다시 하는 것으로 상황의 안정감을 향상시킬 수 있기 때문이다. 참여자들에게 안정감을 주는 것은 이전보다 상호 간에 신뢰를 형성되기 쉬운 상태가 된다. 잉여현실은 무대라는 현실에서 상상의 공간을 펼치는 것이다. 참여자들이 자신에 역할에 몰입하려면 무엇보다 무대가 안전한 공간으로 구성되어야 한다.

잉여현실의 기본조건이 상호합의가 되는 안전한 공간인 것은 아동의 역할놀이에서도 찾아볼 수 있다. 유아 때부터 하는 역할놀이는 가상의 현실에서 이루어진다. 역할놀이에서 중요한 것은 놀이하는 아동들이 하는 무언의 약속이다. 만약 아동이 '의사 놀이'를 한다면 의사, 간호사, 환자의 역할이 필요하다. 아동들은 이 놀이에서 자기가 원하는 대로(자발성을 따라, 상호동의하에) 역할을 맡는다. 이때 역할을 맡는 모든 아동들은 '그 가상현실을 수용한다'는 무언의 약속이 전제되어 있으며, 그 약속을 통해 가상의 경계가 정해진다.[9]

가상의 경계는 그 역할놀이에 참여하지 않은 사람들이 갑자기 그 놀이에 끼어들어도 깨지지 않는다. 예를 들어 역할놀이를 하고 있는 아동에게 엄마가 '밥을 먹으라'고 부른다면, 아동은 적절한 대답을 할 수 있다. 그 이유는 아동이 역할과 자신을 헷갈리지 않으며, 아동이 밥을 먹으러 간다 할지라도 역할놀이의 영역은 파괴되거나 변형되지 않고 보존되기 때문이다. 아동은 밥을 먹고 와서 다시 놀이할 수 있다.

이처럼 가상의 현실은 가변적인 상황에서도 유동적일 수 있다. 이때 놀이환경이 깨지지 않는 것은 놀이에 참여하는 아동들이 상호 간에 한 약속이 지켜지기 때문이다. 아동이 역할놀이에서 자신과 타인의 역할을 인정하고, 놀이를 수용하는 태도는 놀이공간을 안전한 공간으로 탈바꿈시킨다. 비블리오드라마에서 잉여현실을 '안전한 공간'으로 만드는 것은 안전한 공간에 대한 약속이 선행되고 지켜질 때 가능하다.

비블리오드라마는 어떻게 '안전한 공간'이 될까?

비블리오드라마에서 참여자들이 극에 몰입할 수 있는 선결 조건은 '무대가 안전한 공간'으로 인식되었을 때이다. 비블리오드라마에서 이것은

---

9) Johan Huizinga, *Homo Ludens: A Study of the Play-Element in Culture*, Rev. ed., (Mansfield, CT: Martino Fine Books, 2014), 9-10.

가상의 경계선이 안전하게 작동할 때 가능하다. 비블리오드라마의 가상의 경계선은 참여자가 비블리오드라마에 자연스럽게 몰입할 수 있는 환경이 갖추어지는 것으로 말할 수 있다.

이러한 안전한 공간을 위한 경계선 설정은 개인상담의 초기면접에 비유할 수 있다. 상담자는 내담자에게 비밀보장의 약속, 상담 비용의 합의, 시간과 장소의 설정, 상담 중단이나 상담 연기에 대한 논의방식 등 상담을 구조화시킨다. 이러한 약속(합의)은 내담자와 상담자 사이에 신뢰를 형성하고, 내담자는 상담하는 그 시간을 안전한 시간, 그 공간을 안전한 공간으로 지각하게 된다.

여기에서는 비블리오드라마가 안전한 공간이 되기 위해 필요한 것으로 〈외적 준비〉와 〈내적 준비〉에 대해서 알아보겠다.

외적 준비
: 안전한 공간을 위한 경계선을 설정한다.

비블리오드라마가 안전한 공간이 되기 위해서는 몇 가지 요소가 필요하다.

첫째, 비밀보장 서약과 개인정보제공 동의서를 작성한다. '비밀보장 서약'은 비블리오드라마를 통해 드러난 집단원의 개인신상에 대해서 이를 마친 후에도 외부에 공유하지 않는 것에 대한 약속이다. 비밀보장 서약은 참여자들에게 안전감을 준다. 누구도 나의 비밀이 외부에 발설되는 것을 좋아할 사람은 없다. 또한 '개인정보제공 동의서'는 VOD 촬영이나 설문지 작성 등 개인정보가 사용되는 경우 작성한다. 이때 디렉터는 비블리오드라마를 시작하기 전에 비밀보장 서약과 개인정보제공 동의서를 통해 참여자의 동의 여부를 확인하는 것이 필요하다.

둘째, 처음 비블리오드라마를 접하는 경우 비블리오드라마에 대한 대략적인 설명을 하고, 디렉터에 대한 소개를 한다. 그리고 비블리오드라마에 걸리는 시간과 장소 사용 범위에 대해 대략적인 정보를 제공한다. 이것은 상담의 구조화와 비슷한 것으로 참여자가 정보를 통해 처음 접하는 비블리오드라마에 대해 이해를 하고, 참여할 준비를 하는 시간이 된다.

셋째, '안전지대'를 마련해 둔다. 비블리오드라마의 참여자 중에는 심리적인 문제를 안고 오는 사람들도 있고, 불충분한 워밍업으로 자발성이 충분히 향상되지 못해 자신의 의사를 명확하게 표현하지 못하는 사람들이 있을 수 있다. 이 경우에 '안전지대'는 자신의 선택을 유보하거나, 감정표현이 익숙하지 못한 사람들이 보호받는 장소이자 '안전한 공간' 속에 존재하는 '안전한 공간'이 된다.

웜업이나 드라마에서 자신의 선택을 유보한 참여자들은 잠시 '안전지대'에 머물며 자신의 선택을 돌아보고, 안정을 취할 수 있다. 그리고 '안전지대'에서 비블리오드라마의 진행에 참여한다. 또한 '안전지대'는 그곳이 필요하지 않은 참여자들에게도 '힘들 때 쉬어갈 수 있는 곳'으로 인식되어 안전감을 준다.

그렇다면, 반대로 비블리오드라마의 '무대가 안전하지 않다'고 참여자들이 느끼면 어떻게 될까? 무대가 '안전하다'는 느낌을 참여자들이 받지 못하면 참여자들의 자발성과 창조성은 떨어지고, 놀이의 효과는 빛을 잃는다.[10] 비블리오드라마를 배우는 과정에서는 이런 경우를 종종 볼 수 있었다. 다음의 경우는 참여자가 무대를 안전한 공간으로 느끼지 못하는 상황들이다.

첫째, 디렉터가 지시적인 경우 참여자들은 자신의 역할을 해내는 것에만 치중하게 되고, 비블리오드라마의 분위기는 경직된다. 지시적인 디렉터들은 참여자들의 역할을 한정하고, 장면구성을 자신의 목적대로 만들어 내기 위해 참여자들을 배치한다. 이런 시도는 참여자의 자발성과 창조성을 떨어트려 비블리오드라마의 목적인 '참여자가 경험을 통해 배우는 것'을 어렵게 한다.

둘째, 무대가 너무 넓거나, 외부에 노출되는 환경인 경우 참여자들의 집중력은 흩어지고, 비블리오드라마의 효과는 떨어진다. 무대가 안전한 공간이 되어야 하는 이유는 참여자가 마음껏 행위(play)하기 위해서이다. 무대가 외부에 노출되어 지나가는 사람들이 쳐다볼 수 있거나, 또는 너무 넓어 참여자가 집중력이 느슨해진다면 비블리오드라마의 효과가 떨어질 수밖에 없다.

셋째, 디렉터의 준비성 미비도 참여자들이 무대를 안전하게 느끼지 못하는 요인이 된다. 디렉터들이 준비가 안 되어 있거나, 경험이 부족할 경우 참여자들이 비블리오드라마에서 느끼는 안전감은 떨어진다.

---

10) Samuel Laeuchli, "The Expulsion from the Garden and the Hermeneutics of Play," in *Body and Bible: Interpreting and Experiencing Biblical Narratives*, ed. Björn Krondorfer, (Philadelphia, PA: Trinity Press International, 1992), 49, 54.

내적 준비

: '웜업-드라마-나누기'의 유기적인 구조를 만든다.

비블리오드라마는 구조는 '웜업(warm-up), 드라마(drama), 나누기(sharing)'로 이루어진다.[11] 이 구조가 유기적으로 연결될 때 참여자의 몰입이 높아질 수 있다. 비블리오드라마의 구조가 유기적인 것은 웜업, 드라마, 나누기가 내용적으로 연결시키는 작업으로 가능하다. 이를 위한 방법 중에 하나가 '본문 관련 웜업'이다.

'12장 아동을 위한 비블리오드라마 가이드'의 〈제6회기 비블리오드라마〉, 〈제8회기 비블리오드라마〉에서 '몸으로 말해요'는 대표적인 '본문 관련 웜업'이다.[12] 이 게임은 참여자를 두 조로 나누어 드라마(drama)에서 사용하는 성경 본문의 단어를 말이 아닌 몸으로 제시하여 먼저 맞추는 쪽이 이기는 게임이다. 성경 본문과 연관한 놀이를 통해 참여자들은 드라마에 대한 호기심과 워밍업이 가능하여 자연스럽게 드라마와 연결이 가능하다. 또한 나누기(sharing)에서 소감과 느낌을 공유함으로 비블리오드라마의 전체 구성은 성경 본문을 중심으로 이루어지게 된다.

비블리오드라마의 구성이 유기적일 때 무대나 진행과정에서 발생하는 작은 실수들은 극복하기 쉬워지고, 참여자들의 집중력은 저해되지 않는다. 〈영혼돌봄의 비블리오드라마〉에서는 예수의 영혼돌봄을 정체성으로 웜업(warm-up)에서 참여자들이 예수를 만날 수 있도록 한다. 빈 의자, 세 의자, '만나고 싶은 예수님' 등으로 참여자들이 예수와 자신의 관계를 돌아보도록 웜업에서부터 영혼돌봄을 경험할 수 있게 한다.

---

11) Part 2. '05 비블리오드라마 대표 구조: 웜업-드라마-나누기'를 참고 바란다.
12) 비블리오드라마의 예시는 Part 4. '12 아동을 위한 비블리오드라마 가이드'를 참고 바란다.

그러나 아동이나 초등학생 참여자들에게는 성경 본문을 충실히 따라갈 수 있도록 단어 연상하기, 전지에 쓰거나 그리기, 그림으로 표현하기, '몸으로 말해요' 등으로 웜업을 진행한다. '12장 아동을 위한 비블리오드라마 가이드'에서 성경을 사용하는 웜업을 드라마(drama)에 포함시키기도 했다. 드라마는 보통 참여자들이 역할을 선택하는 것으로 시작되지만, '본문 관련 웜업'은 자연스럽게 배역선정과 드라마로 이어지기 때문이다.

내향적인 아동들이 비블리오드라마에 잘 적응할 수 있는 요인 중에 하나는 성경과 성경 역할(role)의 활용이 이들에게 도움이 되기 때문이다. 역할은 아동들에게 현실과 성경을 잇는 일종의 매개체이다. 역할을 통해 성경 인물과 예수를 경험하며, 이것은 타인의 경험을 통한 대인관계 경험이 된다. 비블리오드라마를 사이코드라마와 비유해 보면, 비블리오드라마는 성경 본문으로 역할연기를 하지만 사이코드라마의 연기는 '주인공의 삶의 이야기'인 실제의 이야기로 무대를 구성한다. 내향적인 아동들이 무대에서 느끼는 안전감은 비블리오드라마가 사이코드라마보다 더 크다.

비블리오드라마는 성경을 본문으로 사용하기 때문에 내용의 경계는 그 본문이다. 비블리오드라마에서 사이코드라마처럼 참여자 개인의 내용이 나오더라도, 비블리오드라마는 다시 성경으로 돌아가는 특징이 있다.[13] 사이코드라마는 주인공의 세계로 무대를 구성하기 때문에 주인공의 자발성과 디렉터의 역량으로 내적인 경계가 이루어진다. 그러나 사이코드라마는 즉흥적으로 주인공의 세계를 무대에서 펼쳐야 하기 때문에 성경 본문을 사용하는 비블리오드라마가 안정감이 더 높다고 할 수 있다.

---

13) Gerhard Marcel Martin, *Sachbuch Bibliodrama: Praxis und Theorie*, 2nd ed., (Stuttgart, DE: Kohlhammer, 2001), 10.

비블리오드라마의 외적인 준비와 내적인 준비는 경계를 설정하여 잉여현실에 안정감을 준다. 비블리오드라마에서 참여자들에게 비밀보장 서약서 등을 통해 상호 신뢰를 구축하고, 시간과 공간을 설정하는 것은 외적인 준비이다. 디렉터가 비블리오드라마의 구조를 안정적으로 설계하고, 웜업-드라마-나누기의 구조를 유기적으로 연결시키는 것은 내적인 준비이다. 이 두 가지가 잘되어 있을 때 비블리오드라마의 무대는 잉여현실로 더욱 안전해진다.

그렇다면, 잉여현실에서 영혼돌봄은 무엇을 말할까? 비블리오드라마는 무대에서 재현되는 성경의 이야기를 성경 역할 경험을 통해 '나'의 이야기로 받아들일 수 있다. 잘 구성된 잉여현실은 참여자에서 새로운 성경의 세상을 열어 주고, 몸으로 성경을 경험하게 해 준다. 바꿔 말하면 참여자가 자신의 역할(role)에 몰입할 때 무대의 성경 이야기는 내가 경험하는 이야기로 변환된다.

영혼돌봄은 예수 그리스도의 이야기로 성경에서 그분을 만나고, 그 삶을 경험함으로 알 수 있다. 비블리오드라마의 과정에서 예수를 만나고, 예수 역할이 되는 것은 잉여현실에서 영혼돌봄을 경험하는 순간이다. 또한 예수를 비유하는 인물들을 통해서 참여자들은 예수 그리스도의 마음을 알게 된다.[14) 잉여현실은 책의 이야기를 무대에서 살아 있는 이야기로 만들어 주고, 예수를 통한 영혼돌봄을 경험하는 곳이 된다.

---

14) 초아(가명) '돌아온 아들의 비유'에서 아버지 역할로 예수의 마음을 경험한다. Part 2. '04 비블리오드라마 역할과 영역 나누기'를 참고 바란다.

참고: 더 안전해야 하는 공간 트라우마 치료

트라우마 치료를 위한 '잉여현실'

대인관계에서 트라우마가 있는 내담자를 위해 개인상담 시간에 빈 의자 기법을 사용해 그의 억울한 감정의 해소를 도왔다는 상담사가 있었다. 빈 의자 기법은 만나 보기 원하는 타인을 만날 수 있고, 그에게 원하는 말을 함으로 감정 해소를 도울 수 있다. 그러나 트라우마를 가진 내담자의 감정 해소를 돕는 것은 일반 내담자의 방식과 차이가 있다. 트라우마가 무대에서 재현되었을 때 당시의 상처를 재경험할 수 있기 때문에 무대는 좀 더 안전한 장소가 되어야 한다. 잉여현실은 기본적으로 참여자가 안전하게 느낄 수 있어야 하지만, 트라우마가 있는 참여자를 위해서는 일반적인 잉여현실의 구조보다 더 안전한 구조가 필요하다.

반대로 무대에서 트라우마를 경험하는 경우도 있다. 디렉터가 사이코드라마의 효과를 내기 위해 주인공을 과도하게 밀어붙이는 경우 주인공이 후폭풍으로 수치심, 감정의 과잉 등을 느낄 수 있다. 사이코드라마의 경우 청중은 주인공의 이야기를 따라가기 때문에 청중의 구성이나, 성격을 확인해야 한다. 청중이 주인공과 관계가 있는 사람들로 구성되어 있다면 사이코드라마의 수위는 조절돼야 한다. 또한 청중이 치료를 위한 그룹인지 혹은 사이코드라마 기법을 배우기 위한 모임인지 그 성격에 따라 디렉터는 치료의 과정을 부분으로 한정할 것인지, 아니면 전체적인 과정을 다룰 것인지 등에 대한 계획이 달라져야 한다.

트라우마를 치료하는 사이코드라마 기법으로 '나선형 모델(Spiral Model)'이 있다.[15] 이 모델은 트라우마가 있는 참여자가 무대에서 트라우마를 재경험하는 것을 막기 위해 무대의 안전감을 극대화시키는 방법이다. 나선형 모델은 무대의 경계를 이중, 삼중으로 설정하는 방법을 사용한다. 무대의 경계를 소품으로 다시 한번 설정하고, 참여가 안점감을 느끼는 소품과 사람으로 무대에 다시 배치한다. 또한 하나님과 예수님을 무대로 불러낼 수도 있다. 다음은 마리오 코사(Mario Cossa)가 한국에서 트라우마 치료를 위해 개최한 세미나에 참석하고, 이를 바탕으로 나선형 모델을 확장시킨 것이다.

트라우마 치료를 위한 무대(잉여현실)의 구성

(1) 트라우마를 지닌 주인공이 선정되면 우선 무대의 경계를 만든다. 천을 사용해도 되고, 주인공이 좋아하는 물건이나 작은 돌들도 좋다. 무대 자체는 이미 잉여현실의 안전한 공간으로 참여자들에게 인식되지만, 소품으로 무대를 전체적으로 둘러주는 것은 시각적인 효과가 있으며, 공간의 안전감을 높인다.

(2) 주인공이 애정을 담고 있는 물건 사진, 작은 소품 등을 한쪽 면에 배치한다. 디렉터는 사전에 참여자들에게 애정을 담고 있는 물건을 가져오라고 공지한다. 참여자들 중 주인공을 선정한다. 소품으로

---

15) "마리오코사 초청 국제드라마치료 워크샵: 힐링 트라우마"에서 마리오 코사(Mario Cassa)가 제안한 '치료적 나선형 모델'을 참고했다. 마리오 코사는 모레노의 부인인 제르카 모레노의 사사를 받았다. 마리오 코사, "마리오 코사 초청 드라마치료 워크숍: 힐링 트라우마," 인천: 서울신학대학교 한국카운슬링센터 주관으로 열린 워크숍 자료집, 2017년 4월 5일-4월 7일; 에바 리베튼/ 박우진 외 4명 역, 『집단 트라우마의 치료』(서울: 시그마프레스, 2015), 239-240.

는 사진, 작인 인형, 소지품 등이 적합하다.

(3) 주인공에게 믿고, 의지할 수 있는 대상을 떠오르게 하고 불러낸다.
주인공에게 안정감을 주는 대상을 상기시키고, 청중 중에 그와 비슷한 사람을 고르게 한다. 물건을 배치한 무대 반대 면에 대상을 앉게 한다.

(4) 하나님, 예수 그리스도를 등장시킨다. 신앙이 있는 경우 주인공이 동의하면 '우호적인 객관적 관찰자', '지지자', 'helper'로서 하나님이나 예수를 등장시킬 수 있다. 신적인 존재는 무대의 경계나, 무대를 관망할 수 있는 곳에 배치한다. 신적인 존재는 직접 극에 등장하지 않아도 안정감을 줄 수 있으며, 주인공이 믿고 의지한 대상이 부재(不在)한 경우 효과적일 수 있다.

참고문헌

곽우영. "비블리오드라마의 향후 과제와 목회적 돌봄: 아동의 메소드 훈련을 적용한
    아동 비블리오드라마를 중심으로." 「신학과 실천」 81(2022), 521-545.
에바 리베튼/ 박우진 외 4명 역. 『집단 트라우마의 치료』. 서울: 시그마프레스, 2015.
존 A. 샌포트/ 정태기 역. 『꿈(하나님의 잊혀진 언어)』. 서울: 비전북, 2018.
Huizinga, Johan. *Homo Ludens: A Study of the Play-Element in Culture.* Rev. ed.
    Mansfield, CT: Martino Fine Books, 2014.
Laeuchli, Samuel. "The Expulsion from the Garden and the Hermeneutics of Play."
    In *Body and Bible: Interpreting and Experiencing Biblical Narratives*, ed. Björn
    Krondorfer, 27-56. Philadelphia, PA: Trinity Press International, 1992.
Martin, Gerhard Marcel. *Sachbuch Bibliodrama: Praxis und Theorie.* 2nd ed.
    Stuttgart, DE: Kohlhammer, 2001.
Moreno, J. L. *Psychodrama*, Vol. Ⅰ. 6th ed. Princeton, NJ: Psychodrama Press, 2019.
Moreno, Zerka T., Lief Dag Blomkvist and Thomas Rützel. *Psychodrama, Surplus
    Reality and the Art of Healing.* New York: Routledge, 2000.
Pitzele, Peter and Susan Pitzele, *Scripture Windows: Toward a Practice of
    Bibliodrama.* 2nd ed. Teaneck, NJ: Ben Yehuda Press, 2019.
마리오 코사. "마리오 코사 초청 드라마치료 워크숍: 힐링 트라우마." 인천: 서울신학
    대학교 한국카운슬링센터 주관으로 열린 워크숍 자료집, 2017년 4월 5일-4월 7일.

09

치유로 이끄는
'자발성과 창조성'

> 수지(가명, 10세, 여학생) 예전부터 웃는 것도 눈치 보면서 했어요. 지
> 금은 웃는 것도 살짝, 살짝 웃고. 저한테 예전에는 눈치 보고 말했는데,
> 이제는 아무 말이나 막하고, 그래요. 좋은 뜻으로 말한 거예요.
>
> [비블리오드라마를 통한 변화점, 12회기 나누기(sharing)][1]

비블리오드라마의 효과 중 한 가지는 참여자가 역할을 통해서 감정과
생각을 자유롭게 표현하는 것이다. 수지(가명)는 초등학교 3학년 여학생
으로 평소 말이 없고 자기주장을 하지 않는 편으로 학년이 낮은 아이들에
게 종종 무시를 당하기도 했다. 그녀는 대인관계 개선을 목표로 진행된
12회기 비블리오드라마에 참여했고, 마지막 12회기 나누기(sharing)에서
편하게 웃고, 언어표현이 많아지는 변화를 보여 주었다.

모레노가 사이코드라마의 실마리를 얻은 것은 아리스토텔레스의 시론
(poetics)이다. 비극을 보는 관객들을 카타르시스를 느끼지만, 정작 이를

---

1) 2019년에 A 시 교회 부속 지역아동센터에서 12회기 동안 실시한 비블리오드라마의 참여자.

연기하는 배우들은 배역이 개인적인 삶을 침범하기도 했다. 모레노는 배우들이 대본이 아닌 실제 자신의 삶을 무대에 올린다면 진정한 감정의 실연인 카타르시스가 있을 것으로 생각하고 즉흥극(impromptu play)을 창안했다.[2]

즉흥연기는 자발성 극장(theater of spontaneity)에서 치료적 사이코드라마로 이어졌다. 모레노는 즉흥 연기로 배우들이 무대에서 실제 삶을 자발적이고 창조적이게 표현할 수 있게 해 주었다. 비블리오드라마에서 자발성과 창조성은 참여자들의 역할연기를 '지금-여기'에서 일어나는 일들로 살아 있게 표현할 수 있게 해 주는 중요한 요소들이다.[3]

비블리오드라마에서 참여자들은 성경 역할 경험을 통해 자신을 표현하고 상호적인 대인관계를 연습할 수 있다. 수지처럼 내향적인 아이들이 비블리오드라마를 통해 상호적인 역할 경험을 지속하면 현실에서도 긍정적이고, 적극적으로 자신을 표현하는 변화가 나타났다. 이것은 참여자들이 비블리오드라마를 통해 자발성과 창조성이 향상되어 나타난 치유효과라고 할 수 있다.

비블리오드라마에서 디렉터는 참여자의 자발성을 최대화할 수 있도록 비블리오드라마를 구성하고 인도한다.[4] 디렉터에 따라서 진행방식은 달라질 수 있지만, 간단한 몸풀기로 시작하는 웜업(warm-up)부터 역할에 몰입해야 하는 드라마(drama)까지 디렉터는 참여자가 잉여현실에서

---

2) Zerka T. Moreno, Lief Dag Blomkvist and Thomas Rützel, *Psychodrama, Surplus Reality and the Art of Healing*, (New York, NY: Routledge, 2000), xvi-xvii.

3) *Ibid.*, xvii.

4) 디렉터의 역할에 대해서는 Part 1. '03 영혼돌봄의 안내자, 디렉터'를 참고 바란다.

자유롭게 놀이할 수 있도록 이끈다. 자발성과 창조성은 비블리오드라마를 창조적인 놀이로 만들어 주는 요소이며, 디렉터가 참여자들의 자발성을 견인하지 못할 때 비블리오드라마에서 놀이의 재미는 반감된다.[5]

여기에서는 비블리오드라마에서 참여자들의 변화를 이끄는 자발성과 창조성에 대해서 〈자발성은 무엇일까?〉, 〈자유로운 상태인 '자발성'〉, 〈최고의 자발성인 '창조성'〉, 〈비블리오드라마에 나타난 '자발성과 창조성'〉의 순서로 알아보겠다.

자발성(spontaneity)은 무엇일까?

> 자발성의 훈련을 통한 의식의 혁명으로 인간 삶의 발전을 위한 새로운
> 미래전망이 열릴 것이다.   [모레노, *Who Shall Survive?*, 1934년][6]

자발성(spontaneity)은 라틴어 sponte(스폰테)에서 유래했으며 '자유의지의(of free will)'라는 의미이다.[7] 자발성은 내, 외부의 영향이나 압력 없이 자유로운 상태로 놀이와 창조적인 작업을 가능하게 한다.[8] 자발성은 익숙한 상황에서는 새롭게 반응하고, 새로운 상황에는 유연하고 적절

---

5) Samuel Laeuchli, "The Expulsion from the Garden and the Hermeneutics of Play," in *Body and Bible: Interpreting and Experiencing Biblical Narratives*, ed. Björn Krondorfer, (Philadelphia, PA: Trinity Press International, 1992), 39, 54.

6) J. L, Moreno, *Psychodrama*, vol. Ⅰ, 6th ed., (Princeton, NJ: Psychodrama Press, 2019), 137.

7) Moreno, *Psychodrama*, vol. Ⅰ, 198; Moreno, Blomkvist and Rützel, *Psychodrama*, xvii.

8) Moreno, *Psychodrama*, vol. Ⅰ, 162.

하게 대응할 수 있게 한다.[9]

의사이기도 한 모레노는 자발성이 중추신경계에서 덜 발달한 감각기 능이며, 자발성을 연습되지 않은 상황에서 나오는 행위로 일종의 지능이라고 본다. 인간이 갑작스러운 상황에서 움츠러들거나 경직되는 것은 자발성 감각이 개발되지 않았기 때문이며, 자발성 감각을 발달시키면 삶에서 적절하게 반응하는 대처능력을 키울 수 있다. 그는 자발성의 중요성을 간파하고 미래에 필요한 감각으로 생각했다.

자발성은 낯선 환경에 적응하기 위해 인간 안에 감춰진 경험을 사용하는 것이며, 자발성의 활용은 '창조성'을 동반한다.[10] 바꾸어 말하면, 자발성 감각이 발달하면 현실에 필요한 즉각적이고, 적절한 대응법을 찾는 능력이 향상하며, 이것은 빠르게 변화하는 현대 사회에 대응할 수 있는 감각이 발달된 것이다. 모레노는 자발성 감각이 인간의 생존에 필요한 것으로 인류 발달에 큰 도움이 될 것으로 전망했다.[11]

자발성 감각은 즉흥극인 비블리오드라마와 사이코드라마에서 참여자의 역할연기를 가능하게 하는 중요한 요소이다. 모레노는 자발성 감각을 개발하려고 〈자발성 훈련〉을 실시했다. 자발성은 자유로운 상태로 순간적으로 출현하는 감각이지만, 〈자발성 훈련〉으로 이를 개발하면 환경에 더 적절하게 반응할 수 있다고 보았다. 〈자발성 훈련〉으로 인간은 현실에 더 적응되고 현명하게 변화된다고 보았다.[12]

---

9) *Ibid.*, 182.

10) *Ibid.*, 56-57.

11) *Ibid.*, 126; J. L. Moreno, *Who Shall Survive? A New Approach to the Problem of Human Interrelations*, Rev. ed., (London, UK: Forgotten Books, 2018), 364.

12) *Ibid.*, 219.

일반적으로 '놀이'에서 자발성은 발견된다. 호이징가(Johan Huizinga, 1872-1945)는 인간이 문화가 생기기 이전에도 놀이했으며, 놀이는 인간 삶의 기본요소라고 말한다.[13] 또한 놀이를 무엇보다 자발적인 행동이 나타나며, 자발성을 '자유 그 자체'를 표현한다.[14] 비블리오드라마는 그 자체를 '놀이'라고 말한다.[15] 비블리오드라마는 성경을 사용하여 공동체와 놀이하는 방식으로 진행되며, 드라마(drama) 단계에서 역할놀이를 통해 성경을 체험한다.

비블리오드라마와 사이코드라마에서 역할놀이(role playing)는 핵심이다. 사이코드라마는 주인공에 삶의 역할(role)들을 자발성과 창조성으로 변화시켜 삶의 문제나 갈등을 치료하는 실제적이고 실천적인 놀이이다. 이에 비하여 비블리오드라마는 참여자가 성경 역할을 통해서 무대에서 성경의 정황과 인물의 정서를 경험하는 체험적인 참여극으로 말씀을 통한 경험으로 치유와 성장의 토대가 된다.

자발성은 사이코드라마에서 주인공에게 무대에서 자유를 부여하고, 비블리오드라마에서 참여자들에게 자신의 역할(role)에 충분히 몰입할 수 있게 한다. 비블리오드라마에서 자발성의 향상은 참여자들이 적극적

---

13) *Ibid.*, 4; Björn Krondorfer, "The Whole Gamut of Experience: Historical and Theoretical Reflections on Play," in *Body and Bible: Interpreting and Experiencing Biblical Narratives*, ed. Björn Krondorfer, (Philadelphia, PA: Trinity Press International, 1992), 11-12.

14) Johan Huizinga, *Homo Ludens: A Study of the Play-Element in Culture*, Rev. ed., (Mansfield, CT: Martino Publishing, 2014), 7-8.

15) Laeuchli, "The Expulsion from the Garden and the Hermeneutics of Play," 27; Gerhard Marcel Martin, *Sachbuch Bibliodrama: Praxis und Theorie*, 2nd ed. (Stuttgart, DE: Kohlhammer, 2001), 10.

인 참여에서 나타나고, 비블리오드라마의 결과로 참여자들의 실제 삶이 변하는 것은 창조성의 영향이다.[16]

자유로운 상태인 '자발성(spontaneity)'

비블리오드라마 개방집단은 가끔 언니나 오빠를 따라온 미취학의 아동들이 참여하기도 한다. 미나(가명, 여아 6세)는 2명의 언니가 비블리오드라마에 참여하고 있어서 기회가 되면 꼭 집단에 참여하고 싶어 했다. 어느 날 비블리오드라마에 참여할 기회를 얻게 된 그녀는 처음에는 부끄러워하는 듯한 모습을 보였지만, 이내 잘 적응하고 비블리오드라마의 모든 과정을 즐겼다.

문제는 본문을 읽고, 묵상하는 부분에서 생겼다. 미나는 한글을 자기 이름을 그리는 정도로 알고 있었고, 그녀에게 한글을 읽는 것은 어려운 일이다. 이것은 다른 초등학교 1학년 아이들에게도 마찬가지였다. 초등학교 1학년 아이들이 한글을 능숙하게 읽는 것은 아직 어려웠고, 성경 본문을 읽을 때 학년이 높은 참여자들에게 도움을 받는다. 초등학교 저학년 옆에 앉아 있는 고학년들은 저학년의 참여자가 성경 읽기가 어렵다는 것을 알고 그 부분을 읽어준다. 그러면 저학년의 참여자는 '따라 말하기'로 자신의 맡은 부분을 소화한다.

당일은 성경 본문을 모든 참여자가 돌아가며 한 줄씩 읽었다. 그리고

---

16) 곽우영, "비블리오드라마의 향후 과제와 목회적 돌봄: 아동의 메소드 훈련을 적용한 아동 비블리오드라마를 중심으로," 「신학과 실천」 81 (2022), 532-34.

미나의 차례가 되었다. 그런데 미나는 성경을 읽는 것을 전혀 어려워 하지 않았다. 분명 한글을 모르는데도 당황하지 않고, 옆에 앉은 참여 자가 자신의 파트를 읽어 주자 자연스럽게 따라 읽기를 했다. 미나의 표정은 마치 다른 사람의 도움을 받지 않고 스스로 성경을 읽는 것처 럼 아주 당당했다. 그녀에게 어색해하거나, 어려워하는 기색은 전혀 찾아볼 수 없었다.   〈6살 미나(가명)가 보여 준 자발성과 창조성〉[17]

모레노는 자발성을 s요인이라고 불렀고 자발성을 최초로 볼 수 있는 것 은 아기의 탄생 순간이라고 말한다. 아기는 탄생할 때 자궁 밖으로 나가 기 위한 최소한의 자발적 행동이 필요하다.[18] 대상관계 학자들은 아기 는 탄생을 세상이라는 낯선 상황을 처음 접하는 아기의 모습으로 묘사하 는 반면,[19] 모레노는 아기의 탄생이 자발성이 필요하고 그것이 발휘되는 순간으로 보았다.

모레노가 처음으로 자신의 자발성을 발견한 것은 네 살 때 동네 아이들 과 집에서 놀이하며 '하나님 역할'(God role)을 했을 때이다. 비공식적인 사이코드라마 첫 번째 회기로 말해지는 이 놀이에서 모레노는 하나님이 되어 하늘을 날다가 떨어져 팔이 부러지는 경험을 했다. 그는 이때를 자 신에서 '자발적 인간'이 처음 발견된 때로 본다. 그리고 그 후 사이코드라 마의 작업들로 자발적 인간을 또다시 볼 수 있었다.[20]

---

17) 2020년 아산 A 교회에 실시한 개방집단에 참여했다.
18) Moreno, *Psychodrama*, vol. Ⅰ, 130.
19) 소피 보스웰/김정섭, 김지영 역, 『0-1세 자녀 이해하기』 (서울: 시그마프레스, 2012), 21-22.
20) J. L. Moreno, *Psychodrama*, vol. Ⅱ, 2nd ed., (New York, NY: Beacon House, 1975), 75.

위의 미나(가명)의 사례를 통해서 원초적인 자발성의 형태를 유추해 볼 수 있다. 글자를 모르는 미나에게 '성경을 한 줄씩 읽는 상황'은 그녀에게 문제 상황일 수 있다. 그러나 미나뿐만 아니라 다른 1학년들도 글자를 읽지 못해도 그 상황을 피하거나, 어려워하지 않는다. 유아나 저학년의 아동들은 망설임을 보이지 않고 고학년의 도움을 받아 자연스럽고 당당하게 상황을 극복한다. 여기에서 자발성의 특징이 나타난다. 이들은 누구의 지도를 받지 않았음에도 낯선 상황에서 순간적으로 적응하고, 적극적으로 행동하는 모습을 보여 준다.

모레노는 자발성과 창조성이 삶에 적응의 문제를 해결해 나가며, 자신의 역량을 키워 긍정적으로 살 수 있는 삶의 원동력으로 보았다.[21] 그는 아동관찰에서 아이들이 언어가 없어도 행동을 통해서 이미 환경과 상호작용하여 삶을 자발적이고, 창조적이게 사는 것을 발견했다. 자발성은 낯선 환경에 적응하기 위해 인간 안에 감춰진 경험을 사용하는 것이며, 갑작스런 상황에 대응하거나 적응할 수 있는 것으로 나타난다.[22]

유아와 초등학교 저학년들에게 비블리오드라마를 실시할 때 이들은 참여하기 전부터 놀이에 대한 기대감으로 대부분 자발성이 높아진 상태였다. 미나는 사례에서 한글을 모르는 상황을 옆 사람의 도움으로 '성경 따라 읽기'를 했고, 자신의 분량을 소화했다. 이것은 그녀가 문제를 극복하기 위해 상황에 창조적으로 적응한 것으로 볼 수 있다. 모레노는 자발성과 창조성은 지능이며, 창조성은 최고 형식의 지능이라고 말한다.[23]

---

21) Moreno, Blomkvist and Rützel, *Psychodrama*, xv.
22) *Ibid.*, xvii.
23) Moreno, *Psychodrama*, vol. Ⅰ, 56-57.

비블리오드라마와 사이코드라마에서 웜업(warm-up)은 모두 자발성을 향상시키는 예열과정이다. 워밍업은 신체를 움직여 몸과 마음을 이완하는 준비작업이다. 이것은 역할연기를 위해 자발성을 높이는 작업이라는 공통점이 있다. 〈영혼돌봄의 비블리오드라마〉에서는 웜업부터 성경 내용을 연결시켜 참여자들이 놀이를 통해 자연스럽게 성경에 노출되게 한다. 이것은 웜업과 드라마(drama)를 맥락적으로 연결시키는 작업이며, 참여자들의 자발성을 높아지는 것을 통해서 드라마에서 참여자들이 역할(role)을 선택하고, 역할에 몰입하는 과정을 돕는다.

최고의 자발성인 '창조성(creativity)'

예수님이 안아 주는 장면에서 예수님이 안아줄 때 따뜻할 것 같고, 더울 것 같다. 예수님 마음이 착할 것 같다. 예수님이 안아 주면 좋을 것 같다. 또 재밌을 것 같다. [4회]

아버지가 아들을 집에 데려오는 장면에서 따뜻해지는 것 같았다. 그리고 좋았던 것 같다. 아버지는 행복할 것 같다. [6회]

재미있었다. 그리고 새가 되어서 나무에 숨었던 것이 재미있었던 것 같다. 또 할 때마다 카메라로 동영상 찍는 것이 처음에는 별로였는데 지금은 괜찮은 것 같다. [11회]

[비블리오드라마 12회기에 나타난 초아(가명)의 변화점들][24]

예술작가들이 영감을 얻어 작품을 창조하는 원동력은 내면의 자발성과 창조성이다.[25] 작가들의 내적 동기는 창작의 원동력이 되고, 작품을 외부를 표현하는 것은 창조성의 발현이라고 할 수 있다. 이것은 놀이의 속성과도 유사하다. 놀이는 자발적인 활동으로 즐거움을 위해 하는 활동이다.[26] 비블리오드라마에서 역할연기를 통해 참여자의 심리가 변하는 것은 참여자가 역할에 자발적으로 몰입할 때 생기는 현상이다. 비블리오드라마의 놀이를 통한 자발성과 창조성의 발현은 참여자들의 현실의 삶에도 긍정적인 변화를 보여 준다.[27]

초아(가명)는 초등학교 3학년 여자아이로 비블리오드라마에 늘 엄지손가락 크기의 인형을 가져오며, 손에서 그것을 떼어놓지 않았다. 돌아가며 성경을 읽을 때는 그녀의 또랑또랑한 목소리를 들을 수 있었지만, 비블리오드라마에서 말하는 것과 나누기(sharing)는 어려워했다. 그래서 대부분 옆에 앉은 친구들이 "선생님 초아는 말하는 거 원래 못 해요. 초아가 이런 표정으로 앉아 있는 거는 지금 '좋다'라고 표현하는 거예요."라고 친구들이 초아의 상태를 대신 이야기해 주곤 했다.

초아는 다른 비블리오드라마에 좀처럼 보기 힘든 유형의 아동이다. 비

---

24) 초아(가명)은 2019년에 A 시 교회 부속 지역아동센터에서 진행된 12회기 비블리오드라마에 참여자이다. 그녀는 12회기 동안에 설문지를 통해 자신의 변화점을 나누기(sharing)했다.

25) *Ibid.*, 111-12.

26) 김광웅, 유미숙, 유재령, 『놀이치료학』, 7판, (서울: 학지사, 2011), 20.

27) Moreno, Blomkvist and Rützel, *Psychodrama*, xv.

블리오드라마는 참여자에게 참여 의사를 사전에 묻기 때문에 원하지 않는 아동은 참여하지 않는다. 그러나 초아는 부모와 담당 선생님을 통해 비블리오드라마에 참여 의사를 밝혔고, 사전 인터뷰에서 비블리오드라마를 참여가 좋다는 표현을 눈을 마주치지 않은 채 고개의 끄덕임으로 몇 차례 보여 주었다.

그러나 반전은 설문지에서 나타났다. 초아는 설문지에서 비블리오드라마에 참여한 자신의 감정과 생각을 잘 표현했다. 위의 '초아의 변화점들'은 설문지를 통해 초아가 작성한 것이다. 그녀는 4회, 6회기 설문에서 다른 참여자들의 역할에 자신의 감정을 대입하기도 하고, 성경 이야기에서 타인의 감정을 유추하기도 한다. 그리고 11회기의 설문에서는 그동안 어려워했던 부분을 스스로 받아들이고 위안하는 변화된 모습이 나온다.

초아는 비블리오드라마를 통해 자신의 상황을 이해하고 상황에 따라 자기조절을 하는 모습에서 자발성을 보여 주었다. 사이코드라마에서 주인공은 자발성을 통해 무대에서 자신의 현실을 자유롭게 표현하고, 새로운 역할개발로 문제를 해결하여 삶을 창조적으로 변형시킨다.[28] 비블리오드라마는 참여자가 자신의 역할연기에 자유롭고 적극적이게 몰입하는 것을 자발성으로 볼 수 있으며, 초아의 사례처럼 인식이 변화하는 것은 창조성의 영향이라고 할 수 있다.

---

28) Moreno, *Psychodrama*, vol II, 72.

비블리오드라마에 나타난 '자발성과 창조성'

비블리오드라마는 참여자들에게 재미있는 놀이이다. 참여자들은 비블리오드라마에 대부분 자발적이고 적극적으로 참여한다. 다음은 '바디매오 이야기'〈막 10:46-52〉에서 예수와 바디매오가 만난 장면의 일부이다.[29] 이를 통해서 비블리오드라마에서 자발성과 창조성이 어떻게 나타나는지를 알아보겠다.

(안대를 쓴 바디매오는 예수께서 부르시는 소리를 듣고 그 근처까지 걸어왔다)

디렉터: 예수님, 바디매오가 예수님의 부르심을 듣고 이 근처까지 왔습니다. 그런데 눈이 보이지 않아서 예수님 근처에서 머물러 있네요. 바디매오를 어떻게 맞이하고 싶으신가요? (바디매오 생각에 잠긴다) 목소리를 부르시거나, 직접 맞이하시는 방법도 있습니다. 어떤 방법이든 원하시는 방법을 생각해 주세요. 생각나시면 말씀해 주시겠어요?

예수: 네. (생각에 잠시 잠긴다) 손을 잡아서 이쪽으로 데려오고 싶어요.

디렉터: (바로 앞에 있는 바디매오에게) 바디매오, 들으셨죠. 예수님께서 당신의 손을 잡아서 맞아 주신다고 합니다. 당신은 어떻게 예수님을 만나고 싶은가요?

바디매오: 무릎을 꿇고 예수님의 손을 잡고 싶어요.

디렉터: 바디매오 당신은 모르시겠지만, 예수님은 당신의 바로 옆에 계십니다. 당신이 원하시는 대로 여기에서 무릎을 꿇고, 손을 내밀어 주시면 예수

---

29) 2019년 침례교 K 지방회 중·고등부 여름연합수련회에서 '바디메오 이야기'〈마가복음 10:46-52〉를 실시했다.

님이 손을 잡아 주실 것 같네요. 준비되셨나요?

바디매오: 네. (무릎을 꿇고, 손을 내민다)

디렉터: 이제 예수님을 바디매오의 손을 잡아 주시면 됩니다. (예수는 바디매오의 손을 잡는다) 여기서 잠깐 멈춰 주세요. 바디매오, 지금 예수님의 손을 잡았는데 잠시 느껴 보시는 시간을 갖겠습니다. (잠시 후) 바디매오, 지금 예수님이 당신을 맞아 주셨는데 예수님께 한마디 해 주시겠어요?

바디메오: 정말 보고 싶었습니다.

중략

첫째, 비블리오드라마에서 자발성은 참여자의 역할몰입으로 나타난다.

'바디매오 이야기'는 소경 바디매오가 예수를 만난 이야기이다. 그는 예수의 이름을 듣고 주위 사람들의 만류에도 아랑곳하지 않고 소리 높여 예수의 이름을 부르고, 예수를 만남으로 치유받아 눈을 뜨게 된다. 바디매오는 자발적이고 적극적이게 행동해 자신의 삶이 변화된 사람이다. 그는 눈을 뜬 후 예수를 따르는 새로운 행동을 보인다.

모레노는 사이코드라마에서 무대에서 연기는 자유로운 존재가 된다는 의미이다. 주도적 행위는 자유를 실현하는 계기가 되며, 아무것도 기대하지 못하는 것을 만들어 내는 잠재력이 실현된다고 보았다.[30] 바디매오의 행동 자체가 자발적으로 행동의 표본이며, 눈을 뜬 후에도 그의 삶은 예수를 따르는 것으로 창조적으로 변혁되었다.

'바디매오 이야기'를 비블리오드라마로 진행했을 때 이러한 자발성과

---

30) Moreno, Blomkvist and Rützel, *Psychodrama*, 116-17.

창조성은 잘 드러났다. 비블리오드라마에서 자발성은 참여자의 역할 선택과 역할연기를 돕는다. 위의 사례에서 '바디매오 역할'을 한 중등부 수연(가명)이는 약 20명의 바디매오 지원자 중에 대표로 선발된 학생이며, '예수 역할'을 한 중등부 철영(가명)이도 마찬가지 약 15명의 예수 지원자 중에 대표자였다.

이 두 명의 참여자들은 각각의 그룹에서 자발성이 가장 뛰어난 참가자들이라고 할 수 있다. 비블리오드라마의 장면은 안대를 쓴 바디매오가 예수가 부르는 소리를 듣고 그 근처까지 왔던 상황이었다. 예수는 가까이 온 바디매오의 손을 잡고 맞이하고 싶어 하셨고, 바디매오는 무릎을 꿇고 예수를 만나길 원했다.

바디매오 역할을 한 참여자는 예수를 만나고 '정말 보고 싶었습니다'라고 말했다. 짧은 순간이었지만 '바디매오와 예수의 만남'에서 참여자들은 역할에 몰입했다. 당시 바디매오의 목소리와 표정은 살짝 떨렸다. 이러한 역할몰입은 참여자가 바디매오와 동일시했기 때문에 가능한 것이었다. 눈을 뜨는 장면에서 바디매오가 안대를 벗었을 때 그녀의 눈시울이 붉어진 것을 볼 수 있었다. 비블리오드라마에서 자발성은 참여자의 역할연기에서 볼 수 있으며, 참여자가 역할에 몰입할 때 잘 드러난다.

둘째, 비블리오드라마에서 창조성은 참여자의 역할연기에서 볼 수 있다.

비블리오드라마는 참여자들의 자발적이고 창의적인 역할연기가 이루어지는 즉흥극(impromptu play)이다. 드라마에서 참여자들은 자신들의 경험과 성경이 만나는 상호작용으로 성경을 해석하고, 연기한다.[31] '바디매오와 예수의 만남'에서 역할을 맡은 참여자들은 만나는 방식을 생각했다. 바디매오는 무릎을 꿇고 예수를 맞았고, 예수는 친히 다가가 손을 잡았다. 이 장면은 참여자들이 역할연기를 창조적으로 표현한 것이다.

만약, 다른 학생들이 예수와 '바디매오' 역할을 맡았다면 그들이 구성하는 '바디매오와 예수의 만남'은 또 다른 형태였을 것이다. 비블리오드라마는 미드라쉬(מדרש, Midrash)로 성경 해석을 해석한다. 미드라쉬는 성경의 쓰여지지 않은 '여백', '빈 공간'인 **흰 불꽃**을 창의적으로 해석하는 것이며,[32] 미드라쉬의 어원인 d'rash는 본질을 찾기 위해 성경의 빈 공간을 조사하여 토라를 재해석한다.[33] 참여자의 경험과 만난 성경은 무대에서 참여자들의 창의적인 역할연기로 나타난다.

사이코드라마에서 주인공의 자발성이 향상되면 창조성으로 새로운 역할개발로 연결된다. 창조성은 심리극에서 새로운 역할로 삶을 변화시키는 치료요인이다. 비블리오드라마에서 참여자의 자발성이 향상되면 성경 역할에 몰입하게 되고, 역할연기는 창조적인 해석으로 나타난다. 비블리오드라마에서 역할에 몰입하고, 창의적으로 역할연기하는 것으로 참여자는 성경과 인물의 정서를 깊이 경험할 수 있다.

---

31) Martin, *Sachbuch Bibliodrama*, 11.

32) Peter and Susan Pitzele, *Scripture Windows: Toward a Practice of Bibliodrama*, 2nd ed., (Teaneck, NJ: Ben Yehuda Press, 2019), xix-xx, 2-3.

33) Arthur Waskow, "God's Body, the Midrashic Process, and the Embodiment of Torah," in *Body and Bible: Interpreting and Experiencing Biblical Narratives*, ed. Björn Krondorfer (Philadelphia, PA: Trinity Press International, 1992), 135; Part 1. '01 최초의 비블리오드라마'를 참고 바란다.

또한 비블리오드라마의 연구에서 참여자들의 실제 삶도 긍정적으로 적극적으로 변화된 것을 보여 준다.[34] 이것은 참여자들이 비블리오드라마에 자발적이고 적극적으로 참여할 때 현실의 삶에 긍정적인 영향을 주는 것을 알 수 있다.

셋째, 예수 그리스도와 만남은 영혼돌봄으로 창조성을 촉발시킨다.

〈영혼돌봄의 비블리오드라마〉는 비블리오드라마에서 참여자들이 '예수 역할'을 하거나, 예수를 만남으로 영혼돌봄을 한다. '바디매오 역할'로 예수를 만난 수연이는 '정말 보고 싶었습니다'라고 그 경험을 말한다.

예수를 만난 경험을 참여자에게 특별한 경험이다. 성경 본문에서 바디매오는 사람들의 만류에도 적극적인 노력으로 예수를 만났다. 이 본문을 자세히 보면, 예수께서 많은 사람들 중에서 바디매오의 목소리를 들으시고 그를 선택하여 만나주신 것을 알 수 있다.〈막 10:46-49〉 바디매오는 예수를 만났고 그의 소원인 눈을 뜬다. 그리고 이 만남으로 예수를 따르는 창조적이고 변혁된 삶을 산다.

기독교인에게 예수는 구원의 근원이 되시는 하나님이시다. 수연이는 바디매오의 경험으로 예수를 만났고, 나누기(sharing)에서 '떨렸고, 기분이 좋았어요'라고 그 특별한 경험을 표현한다. 예수를 만난 영혼돌봄의 경험은 영혼돌봄의 관점으로 삶을 다시 돌아보고, 진정한 치유를 경험하는 순간이다.

---

34) 곽우영, "비블리오드라마의 향후 과제와 목회적 돌봄: 아동의 메소드 훈련을 적용한 아동 비블리오드라마를 중심으로," 「신학과 실천」 81 (2022), 532-33.

참고문헌

곽우영. "비블리오드라마의 향후 과제와 목회적 돌봄: 아동의 메소드 훈련을 적용한 아동 비블리오드라마를 중심으로."「신학과 실천」81(2022), 521-545.

김광웅, 유미숙, 유재령. 『놀이치료학』. 서울: 학지사, 2011.

소피 보스웰/ 김정섭, 김지영 역. 『0-1세 자녀 이해하기』. 서울: 시그마프레스, 2012.

Huizinga, Johan. *Homo Ludens: A Study of the Play-Element in Culture*. Rev. ed. Mansfield, CT: Martino Fine Books, 2014.

Krondorfer, Björn. "The Whole Gamut of Experience: Historical and Theoretical Reflections on Play." In *Body and Bible: Interpreting and Experiencing Biblical Narratives*, ed. Björn Krondorfer, 5-26. Philadelphia, PA: Trinity Press International, 1992.

Laeuchli, Samuel. "The Expulsion from the Garden and the Hermeneutics of Play." In *Body and Bible: Interpreting and Experiencing Biblical Narratives*, ed. Björn Krondorfer, 27-56. Philadelphia, PA: Trinity Press International, 1992.

Moreno, J. L. *Psychodrama*, Vol. Ⅰ. 6th ed. Princeton, NJ: Psychodrama Press, 2019.

Moreno, J. L. *Psychodrama*, Vol. Ⅱ. 2nd ed. New York, NY: Beacon House, 1975.

Moreno, J. L. *Who Shall Survive? A New Approach to the Problem of Human Interrelations*. Rev. ed. London, UK: Forgotten Books, 2018.

Moreno, Zerka T., Lief Dag Blomkvist and Thomas Rützel. *Psychodrama, Surplus Reality and the Art of Healing*. New York, NY: Routledge, 2000.

Pitzele, Peter and Susan Pitzele. *Scripture Windows: Toward a Practice of Bibliodrama*. 2nd ed. Teaneck, NJ: Ben Yehuda Press, 2019.

Waskow, Arthur. "God's Body, the Midrashic Process, and the Embodiment of Torah." In *Body and Bible: Interpreting and Experiencing Biblical Narratives*, ed. Björn Krondorfer, 133-143. Philadelphia, PA: Trinity Press International, 1992.

10

인간에 내재된 문화코드 '놀이'

비블리오드라마를 마친 후 무대를 정리할 때 1학년 여자 2명, 남자 1명
이 남았다. 여자 1명은 노란색 천을 목에 스카프처럼 두르고, "나는 공
주다!"라고 말하며 비블리오드라마가 끝난 무대를 휘젓고 다녔고, 남자
아이는 천을 두르며 전쟁하는 모습을 재연했다.

[초등학교 저학년이 보여 준 자발적인 놀이몰입][1]

놀이를 무엇으로 말할 수 있을까? 무엇보다 놀이는 즐거움을 위해 하는
행동으로 인간의 본능적인 기본욕구이다.[2] 놀이는 누가 가르쳐 주지 않
아도 자발적으로 하는 행동이며, 놀이공간은 상상력을 동반한 잉여현실
(surplus reality)이다. 아동의 놀이에서 자유로운 놀이활동의 그 원초적
특징들을 쉽게 찾아볼 수 있으며, 놀이공간에서 자유롭고 창조적으로 몰

---

1) 이 참여자들은 2020년 A 시의 한 침례교회에서 개방집단으로 진행된 비블리오드라마에
   참여했다.
2) 김광웅, 유미숙, 유재령, 『놀이치료학』, 7판, (서울: 학지사, 2011), 16-17.

입하는 놀이의 특성을 발견할 수 있다. [3]

놀이는 일상생활이나 노동과는 구분되는 인간의 기본 요소이다. 마치 인간에 내재된 놀이 DNA가 있는 것처럼 인간은 배우지 않아도 모태에서 부터 자연스럽게 놀이했으며, 놀이는 인간의 삶에서 문화와 여러 형식을 입고 다채롭게 발전되었다. 호이징가(Johan Huizinga)는 놀이의 이러한 특성을 문화형성에 이바지하는 기본 기능으로 보았다. [4]

그러나 놀이는 단지 어린아이들의 전유물은 아니다. 위니컷(Donald W. Winnicott)은 인간이 놀이를 통한 창조적 삶으로 문화적 경험을 할 수 있다고 보았고, 모레노(Jacob Levy Moreno)는 아이들의 놀이를 통해 치유의 특성을 확인하고 자발성 극장(theater of spontaneity)에서 성인 심리극을 시작했다. [5] 이를 통해서 놀이가 아동부터 성인까지 모든 인간의 삶에 영향을 주는 중요한 행위임을 알 수 있다.

위 사례는 초등학교 저학년들이 비블리오드라마의 소품인 천으로 놀이하는 모습을 통해 놀이의 상상력과 몰입을 보여 준다. 이들은 비블리오드라마가 끝난 후 정리를 도와주기 위해 남았으나, 천을 정리하는 과정이 놀이로 연결되었다. 아동들의 상상력은 비블리오드라마의 천, 마이크 같은 소품도 단번에 놀이의 소재로 만들어 버린다. 놀이의 몰입감은 잉여현실을 만들고, 아이들의 내면세계는 놀이로 표현되어 생생한 현장감

---

3) Johan Huizinga, *Homo Ludens: A Study of the Play-Element in Culture*, Rev. ed., (Mansfield, CT: Martino Publishing, 2014), 7; *Ibid.*, 18-20.

4) Huizinga, *Homo Ludens*, 4.

5) Björn Krondorfer, "The Whole Gamut of Experience: Historical and Theoretical Reflections on Play," in *Body and Bible: Interpreting and Experiencing Biblical Narratives*, ed. Björn Krondorfer, (Philadelphia, PA: Trinity Press International, 1992), 11-12.

을 입는다.

놀이는 판타지(fantasy)와 환상(illusion)같은 상상력을 활용한다. 호이징가는 환상의 어원이 놀이 중(in-play)이라는 라틴어 *inlludere*이고, 놀이가 현실의 이미지(imagination)를 활용하는 것을 통해 상상과 놀이의 연관성을 보여 준다.[6] 이것은 인간이 가지고 있는 풍부한 상상력이 놀이에 재료가 되며, 놀이가 인간 내면이 밖으로 표출된 자발적인 행동이라는 것을 보여 준다.

인간은 생애 초기부터 판타지(fantasy)를 통해서 세상을 바라보았다. 클라인(Melanie Klein)이나 위니컷과 같은 대상관계 학자들은 생애 초기 유아는 자기(the self)를 통합되게 인식하지 못하고 세상도 부분적으로 보며, 세상과 사람들을 내적 환상으로 인식한다고 말한다.[7] 또한 피아제(Jean Piaget)는 아동이 환상놀이를 통해 언어로 표현하기 어려운 주관적 감정을 표출한다고 보았다.[8] 이것은 인간이 생애 초기부터 상상력을 통해 세상과 사람을 인식하며, 감정과 생각이 놀이에 투사되는 것을 알려 준다.

---

6) Huizinga, *Homo Ludens*, 4, 11, 35-36.
7) Donald W. Winnicott, *The Maturational Processes and the Facilitating Environment: Studies in the Theory of Emotional Development*, Rev. ed., (London, UK: Routledge, 1990), 145; Margaret S. Mahler and Fred Pine, eds., *The Psycological Birth of the Human Infant: Symbiosis and Individuation*, Rev. ed., (New York, NY: Basic Books, 2000), 228; 찰스 S. 카버/ 김교헌 역, 『성격심리학: 성격에 대한 관점』(서울: 학지사, 2012), 332; 최영민, 『쉽게 쓴 자아심리학』(서울: 학지사, 2017), 69; 한나 시걸/ 홍준기 역, 『클라인 정신분석 입문』(경기: 눈출판그룹, 2020), 111.
8) Jean Piaget, *Play, Draems and Imitation in Childhood*, (London, UK: Routhledge & Kegan Paul, 1972), 166.

비블리오드라마에 참여하는 아동들은 비블리오드라마를 놀이로 생각한다. 마르틴(Gerhard Marcel Martin)은 비블리오드라마를 '놀아본다'라고 표현하며,[9] 많은 비블리오드라마의 디렉터도 비블리오드라마 자체를 놀이라고 말한다.[10] 비블리오드라마는 놀이로 진행하고, 성경을 역할놀이로 경험하는 공동체의 놀이로 '자발적인 놀이몰입' 상태를 특징으로 한다.

여기에서는 인간에게 순수한 놀이정신이 있으며, '놀이'가 사회에서 문화적인 색채를 입는다는 측면에서 '인간에 내재된 문화코드'라고 보았다.[11] 놀이는 모든 사람에게 필요하다. 그러나 놀이가 아동의 성장과 발달에 필수적인 요소이며,[12] 아동기가 놀이의 원초적 특징을 잘 보여 줄 수 있는 시기이기 때문에 아동을 중심으로 놀이를 알아보겠다. 비블리오드라마에서 이러한 놀이의 특징을 어떻게 사용하는지 〈비블리오드라마의 놀이〉, 〈놀이치료〉, 〈역할놀이〉, 〈비블리오드라마 놀이의 특징〉의 순서로 살펴보겠다.

---

9) Gerhard Marcel Martin, *Sachbuch Bibliodrama: Praxis und Theorie*, 2nd ed., (Stuttgart, DE: Kohlhammer, 2001), 10. 곽우영, "예수 그리스도의 영혼돌봄으로 본 비블리오드라마: 비블리오드라마를 통한 목회상담적 제안,"「신학과 실천」87(2023), 266에서 재인용.

10) Samuel Laeuchli, "The Expulsion from the Garden and the Hermeneutics of Play," in *Body and Bible: Interpreting and Experiencing Biblical Narratives*, ed. Björn Krondorfer, (Philadelphia, PA: Trinity Press International, 1992), 27; Peter and Susan Pitzele, *Scripture Windows: Toward a Practice of Bibliodrama*, 2nd ed., (Teaneck, NJ: Ben Yehuda Press, 2019), xxiii; Martin, *Sachbuch Bibliodrama*, 10.

11) Johan Huizinga, *Homo Ludens*, 4-5.

12) 김광웅 외 2인, 『놀이치료학』, 17.

비블리오드라마의 놀이: '자발적인 놀이몰입'

너무 재미있었다.

엄마, 아빠가 우리를 얼마나 아끼는지 알게 되었다. 연극은 재미있고, 감동적이었다.

아버지와 아들에서 슬프고, 죄송한 마음이 들었어요. 또 부모님이 우리를 얼마나 사랑하는지 알았어요. 부모님 말 잘 들어야겠어요. 또 이야기가 재미있었어요.

['돌아온 아들의 비유'에 참여한 초등학생들의 나누기][13]

이 나누기(sharing)에서 '재미있다'라는 표현은 참여자들이 비블리오드라마를 놀이로 즐겼을 때 나오는 소감들이다. 비블리오드라마는 아동에게 매회 재미있는 이야기로 구성된 흥미진진한 놀이였다. 아동들은 비블리오드라마에 참여할 때 적극적이고 자발적으로 놀이했다. '돌아온 아들의 비유'⟨눅 15:11-32⟩를 참여자들 대부분은 재미있고 감동적인 삶의 이야기로 받아들였다.

놀이의 두드러진 특징 중에 하나는 자발적인 행동이다.[14] 어떤 참여자는 비블리오드라마를 연극으로 비유했으나, 연극은 관객에서 보이려고

---

13) 이 예시는 2018년 A 시의 한 초등학교에서 1, 2학년 21명을 대상으로 약 2개월 동안 26 차시의 비블리오드라마를 하고 나누기(sharing)한 내용의 일부이다.

14) Huizinga, *Homo Ludens*, 7.

연기하는 반면에 비블리오드라마는 참여자들이 성경 역할놀이를 통해 성경을 알아가는 데 목적이 있다. 비블리오드라마가 놀이인 것은 참여자들이 드라마(drama)에서 스스로 역할을 선택하고, 무대에서 역할놀이를 하는 자발적인 놀이행동을 보여 주기 때문이다. 참여자들은 무대 위의 놀이경험으로 성경을 새롭게 이해한다.

〈영혼돌봄의 비블리오드라마〉는 웜업, 드라마, 나누기의 전체 구성이 하나의 놀이로 연결되지만, 놀이의 특징은 드라마의 역할놀이에서 확연히 드러난다. 드라마는 성경과 참여자의 역할 경험이 무대에서 만나서 역할놀이 경험으로 새로운 성경 해석을 가능하게 한다.[15] 또한 비블리오드라마의 놀이경험은 공동체에서 상호적인 대인관계 경험이 되며, 놀이를 통한 자연스러운 습득이 가능하다.

놀이치료 학자들은 비블리오드라마서 사용하는 '역할놀이'를 놀이기법으로 분류하고, 역할로 타인이 되어 그의 정체성을 경험하며, 자발적인 표현들을 해 보는 것은 유용한 방법이라고 말한다.[16] 역할 이론의 창안자이기도 한 모레노는 자발성의 발전이 인간의 생존과 인류 발달에 도움을 주는 요인이라고 극찬했다. 자발성은 '적절하게' 반응하는 것으로 익숙한 상황에서는 새롭게, 새로운 상황은 유연하게 대응하는 것이다.[17]

---

15) Arthur Waskow, "God's Body, the Midrashic Process, and the Embodiment of Torah," in Body and Bible: Interpreting and Experiencing Biblical Narratives, ed. Björn Krondorfer (Philadelphia, PA: Trinity Press International, 1992), 135; Martin, Sachbuch Bibliodrama, 11.
16) 김광웅 외 2인, 『놀이치료학』, 38.
17) J. L. Moreno, Psychodrama, vol. I, 6th ed., (Princeton, NJ: Psychodrama Press, 2019), 126, 182.

모레노는 이런 자발성을 특징으로 하는 사이코드라마를 만들었다.

모레노의 사이코드라마는 그가 어렸을 때 친구들과 놀이한 경험과 청년 시절 오스트리아의 빈의 공원에서 아이들을 모아 즉흥극을 진행한 놀이경험에 바탕을 두고 있다.[18] 또한 아리스토텔레스의 시론(poets)에서 삶을 즉흥연기(impromptu act)로 재현하는 드라마에 대한 영감을 얻었다.[19] 그는 자발성 극장(theater of spontaneity)에서 배우들이 역할이 아닌 자신의 실제 이야기를 자유롭게 표현하도록 했고, 이 자발적 연기로 배우들은 창조적이고 자발적이게 그들의 삶을 형성하는 법을 배웠다.[20]

비블리오드라마는 사이코드라마의 방식과 기법에 도움을 받아 시작되었다.[21] 비블리오드라마는 드라마 단계에서 참여자의 성경 역할놀이를 통해 성경을 이해하고, 해석한다. 비블리오드라마에서 참여자들의 자발적인 행동은 역할놀이에 몰입하게 해 준다. 참여자들이 자신의 역할에 몰입하는 '자발적인 놀이몰입' 상태는 비블리오드라마 놀이의 특징이다.

많은 비블리오드라마 디렉터들이 비블리오드라마를 '놀이'라고 표현하는 이유는 비블리오드라마가 놀이의 요소로 구성되기 때문이다. 비블리오드라마가 만드는 잉여현실(surplus reality)은 놀이공간에 비유할 수 있고,

18) *Ibid.*, 71-72.
19) Zerka T. Moreno, Lief Dag Blomkvist and Thomas Rützel, *Psychodrama, Surplus Reality and the Art of Healing*, (New York, NY: Routledge, 2000), xvi-xvii.
20) *Ibid.*, xvii.
21) Jack Ward, "The Clergy and Psychotherapy," *Group Psychotherapy* 20(1967), 204-05; Martin, *Sachbuch Bibliodrama*, 70-71; Gerhard Marcel Martin, "The Origins of Bibliodrama and Its Specific Interest in the Text," in *Body and Bible: Interpreting and Experiencing Biblical Narratives*, ed. Björn Krondorfer, (Philadelphia, PA: Trinity Press International, 1992), 87.

무대에서 역할놀이는 상상력과 몰입을 통한 자발적이고 창의적인 놀이의 특징을 보여 준다. 비블리오드라마는 웜업부터 참여자들의 자발성을 높이기 위해 흔히 놀이를 사용한다. 아동의 성장과 발달에 놀이와 밀접하게 연결되어 있기 때문에[22] 아동을 대상으로 비블리오드라마를 하는 경우에는 사전에 아동이 좋아하는 놀이를 추천받아서 웜업으로 사용하기도 한다.

비블리오드라마에서 놀이의 핵심은 역할놀이(role playing)이다. 피터 핏첼(Peter A. Pitzel)은 비블리오드라마를 단적으로 '성경 인물을 연기하는 역할극'이라고 표현한다.[23] 비블리오드라마는 드라마(drama) 단계에서 역할놀이(role playing)로 성경을 직접 경험한다. 영어에서 *role playing*은 역할연기와 역할놀이는 모두를 가리키며, 독일어 *Spiel*은 '놀이'와 '연기' 모두를 지칭한다. 이 둘이 같은 어원을 가진 것은 비블리오드라마의 역할연기가 역할놀이이기도 한 것을 보여준다.

비블리오드라마의 역할놀이(role playing)는 과거의 이야기가 아니다. 스타니슬랍스키(Constantin Stanislavski)는 메소드 연기(method acting)에서 배우의 극사실주의적 연기를 말한다.[24] 여기서 '메소드'는 과거의 사건을 생생하게 그려내는 것에 초점이 있다.[25] 그러나 비블리오드라마는 참여자가 역할놀이를 통해 성경을 현재에 살아 있게 경험할 수 있는 놀이이다.

드라마(drama)의 어원인 드로메논(dromenon)은 원시 사회에서 신성한 놀이인 의례를 뜻하며 행위(action)를 말한다. 무대에서 말씀으로 놀

---

22) 김광웅 외 2인, 『놀이치료학』, 17.

23) Peter and Susan Pitzele, *Scripture Windows*, xix.

24) 콘스탄틴 스타니슬랍스키/ 김균형 역, 『역할구성(스타니슬랍스키 연기론 2)』 (서울: 소명, 1999), 16.

25) Moreno, *Psychodrama*, vol. Ⅰ, 114-15.

이하는 비블리오드라마는 말씀을 모방하는 것이 아니라 재현(representation)하는 것이며, '재현'은 신비한 반복이 아닌 동일시를 의미한다.[26] 비블리오드라마에서 행위(action)는 역할놀이(role playing)이다. 비블리오드라마에서 역할놀이는 성경 역할에 대한 모방이 아니라 '역할 그 자체' 가 되는 동일화의 과정이다. 비블리오드라마는 말씀으로 드라마를 재현하는 신성한 놀이이다.[27]

비블리오드라마는 하나님의 말씀〈히브리서 4:12〉이라는 신비에 참여하는 과정에서 '놀이'한다. 아버지가 딸을 '공주'라고 부를 때 딸은 자신이 공주가 아닌 것을 알지만 거기에 호응하는 의미로 그 의미를 받아들이고, 마치 공주처럼 행동할 수 있다. 이것은 일상생활에서 부녀지간에 나타날 수 있는 놀이형태이다. 그러나 비블리오드라마의 놀이형태는 말씀을 재현하는 과정에서 일어난다. 참여자가 '모세 역할'이라면 그 참여자는 자신이 모세가 아닌 것을 알지만 무대의 놀이공간에서 모세와 동일시하는 역할놀이를 통해 말씀에 참여한다. 비블리오드라마는 살아 있는 하나님의 말씀으로 이루어지는 성스러운 의례, 거룩한 놀이라고 할 수 있다.

놀이치료

말을 할 수 있어서 좋았다
후련한 기분이었다

---

26) Huizinga, *Homo Ludens*, 15.
27) *Ibid.*, 14.

다른 사람과 함께해서 좋았다

장점을 알게 되었다

더하고 싶어졌다

만족감을 느꼈다

나에 대해서 더 알게 되었다

상대방의 마음을 더 알 수 있었다

[비블리오드라마 놀이경험의 특징 8가지][28]

놀이는 인간의 탄생과 함께 보편적으로 행해진 활동이며, 인간의 삶에 필요한 기본적인 요소이다. 춤, 노래, 간단한 게임과 같은 간단한 놀이부터 종교의 의례와 같은 고차원적인 형태까지 놀이는 삶의 기본적인 형태를 담고 있다.[29] 놀이는 모든 인간에서 필요하지만, 인간의 발달단계에서 놀이가 특히 중요한 시기는 아동기이다. 아동에게 놀이는 발달과 성장에 중요한 요인이다.[30]

아동이 하는 놀이의 효과를 가장 먼저 알아본 것은 교육이었다. 프뢰벨(Friedrich Fröbel)은 교육을 위한 방법으로 200년이 넘는 시간 동안 놀이를 사용했다. 아동 놀이의 효과를 연구한 또 다른 분야는 심리치료로 아동에게 놀이치료를 활용한 것은 120년에 가까운 역사가 있다. 놀이를 통해 아동을 이해하고, 치유한 사례는 1909년 프로이트(Sigmund Freud,

---

28) A 시의 두 곳의 초등학교에서 3개 집단으로 초등학교 저학년(1, 2학년), 중학년(3, 4학년), 고학년(5, 6학년)에 각각 약 20회기 이상 총 60회기의 비블리오드라마를 진행한 후 8가지 특징을 도출했다.

29) Huizinga, *Homo Ludens*, 173.

30) 김광웅 외 2인, 『놀이치료학』, 17.

1856-1939)가 한스의 공포증을 치료한 것을 그 시초로 본다.[31)

프로이트와 동시대에 살았던 모레노(Jacob L. Moreno, 1889-1974)는 1908
년-19011년 오스트리아 빈의 공원들에서 아동을 모아 즉흥극(impromptu
play)인 집단 아동 놀이치료를 시도했다.[32) 그는 아동과의 놀이에서 치유의
효과를 발견했고,[33) 이것이 집단 정신치료인 아동 놀이치료의 효시이다.

비블리오드라마가 놀이를 통한 치유효과가 있다고 볼 때 앞에서 제시
한 '비블리오드라마 놀이경험의 특징 8가지'는 비블리오드라마에 참여한
아동들이 경험하는 치유의 효과들이다. 비블리오드라마의 전체 과정은
웜업(warm-up)부터 놀이로 구성되고, 드라마(drama)에서 역할놀이를,
그리고 나누기(sharing)에서는 집단과 감정 공유한다. 이것은 아동에게
즐거운 놀이과정으로 받아들여진다. 비블리오드라마의 놀이활동은 즐거
움과 유희가 있지만 놀이의 저변에는 성경을 통한 교육과 배움이 있고,
감정을 발산하고 표현하며 정서를 순화하는 기능이 있다.

그렇다면, 놀이치료를 무엇이라고 정의할 수 있을까? 놀이치료는 아동
이 놀이를 통해 내면의 문제를 극복하고, 능력을 극대화하여 치유의 과정
에 이를 수 있도록 돕는 치료방식이다. 놀이치료는 아동이 놀이에 몰입
하여 치료목표를 달성하는 치료상담으로 놀이가 주는 효과를 심리치료
에 활용한다.[34)

프로이트와 모레노 이후 놀이치료의 초기 형성에 공헌한 학자들은 다

---

31) 김광웅 외 2인, 『놀이치료학』, 17.
32) Moreno, *Psychodrama*, vol. I, 72.
33) Björn Krondorfer, "The Whole Gamut of Experience," 11.
34) Kevin J. O'Connor, *The Play Therapy Primer: An Integration of Theories and Techniques*, (New York, NY: Wiley, 1991), 6.

음과 같다. 허그헬무트(Hermine Hug-Hellmuth)는 아동치료에 놀이를 사용했으며, 놀이행동을 관찰한 최초의 임상가이다. '놀이치료'라는 단어를 최초를 사용한 인물은 대상관계 학자인 멜라니 클라인(Melanie Klein)이며, 그녀는 안나 프로이트(Anna Freud)와 함께 아동 치료작업에 놀이를 사용하여 프로이트의 이후에 정신분석적 놀이치료의 맥을 이어갔다.[35] 위니컷(Donald W. Winnicott)은 놀이가 아동과 어른 모두에게 기본이 되며 창조적 삶이 나타나는 통로라고 말한다. 그는 놀이 자체가 치료이며, 상담자와 내담자의 치료작업도 놀이라고 보았다.[36]

놀이치료는 여러 방향으로 발전하고 있다. 우리나라에서는 정신분석적 놀이치료와 아동중심 놀이치료가 많이 사용된다. 프로이트가 창안한 정신분석적 놀이치료는 아동이 놀이에서 사용하는 환상과 상상력에서 무의식적 동기를 찾아내어 치유하는 방법이다. 버지니아 액슬린(Virginia Axline)은 로저스(Carl Rogers)의 제자로 아동의 성장을 지지하고, 있는 그대로 수용하는 '내담자 중심의 치료'를 놀이치료에 적용해 아동중심적 놀이치료를 발달시켰다. 이 외에도 융(Carl. G. Jung)의 이론을 기반으로 성격발달의 개성화(individuation)로 돕는 분석학적 놀이치료, 엘리스(Albert Ellis)의 인지행동이론에 기반한 인지행동 놀이치료, 레비(David Levy)와 같은 학자들은 특정한 상황을 연출하여 내담자의 감정을 정화하는 구조화된 놀이치료를 발전시켰다. 오토 랑크(Otto Rank)는 '지금-여기'에서 일어나는 상담자와 내담자의 정서적 관계를 통해 치료하는 관계 놀이치료를, 칼프(Dora Kalff)는 로웬펠드(Margaret Lowenfeld)와 융의

---

35) 김광웅 외 2인, 『놀이치료학』, 48-51.
36) D. W. Winnicott, *Palying and Reality*, Reprint, (New York, NY: Routledge, 1982), 50, 100.

분석심리학에 기초해 치료자와 내담자의 관계를 통해 내담자가 자기치유능력을 발휘하는 현대 모래놀이치료의 형태를 만들었다. 발달놀이치료, 부모놀이치료, 가족놀이치료, 생태학적 놀이치료는 현대에 발전하고 있는 놀이치료들이다.[37]

비블리오드라마는 모레노의 집단정신 치료에 속한다. 후대에 드라마로 상황을 재연하는 모레노의 방식인 역할놀이를 사이코드라마에서 분리시켜 구조화된 놀이치료에 '역할놀이 기법'으로 포함시켰으나, 비블리오드라마가 사용하는 모레노의 방식은 놀이치료가 형성된 그 초기단계부터 시작된 것이다. 놀이치료가 아동이 가진 치유의 힘을 극대화하여 치유에 사용하는 것이라면, 비블리오드라마는 성경 드라마에서 놀이를 통한 치유의 힘이 발현될 수 있다. 또한 놀이치료에서 상담사가 아동이 놀이에 충분히 몰입하여 치유적 효과를 찾을 수 있도록 돕는다면, 비블리오드라마에서는 디렉터(director)가 이를 담당한다.[38]

역할놀이(role playing)

조나단(모레노의 아들)은 마당에서 어떤 동물을 만나고 오면 그 동물의 역할놀이를 한다. 네 발로 걸으며 개나 고양이 소리를 말하고, 부모에게 그 행위에 가담할 것을 요구한다. 동물처럼 먹이를 먹거나, 쓰다듬어 달라고 행동한다. 마치 그는 '개'에게 다가가 그것과 하나가 되려고

---

37) 김광웅 외 2인, 『놀이치료학』, 33-43.
38) O'Connor, *The Play Therapy Primer-An Integration of Theories and Techniques*, 6.

노력하는 것 같았다.

[동물 역할놀이(role playing)를 하는 조나단][39]

이 사례에서 모레노의 아들인 조나단의 행동은 역할놀이가 무엇인지 그 의미를 잘 보여 준다. 조나단은 집 밖에 어떤 동물을 보고 들어오면 그 행동을 모방했다. 유아인 조나단은 개의 역할을 이해하여 하나가 되려는 듯 개의 행동을 하며 돌아다녔다. 부모에게 조나단의 행동은 개의 모습을 따라 하는 것이 아니라, '개' 자체가 되려는 행동으로 보였다.[40]

여기에서 역할놀이의 의미가 명확해진다. 역할놀이는 타인의 모습을 흉내 내는 것이 아니라 대상 자체가 되려는 노력으로 말할 수 있다. 역할놀이는 대상을 이해하여 그것과 하나가 되려는 놀이활동으로 목적을 가진 의식적 행동이다. 조나단은 동물을 관찰하고 그의 행동을 따라하며 부모에게 자신을 그 동물로 대해 줄 것을 행동으로 요구했다.[41]

모레노 부부에게 조나단의 행동은 가족생활을 즐기는 놀이였다. 조나단이 3-4세 사이에 보여 준 역할놀이는 언어표현이 발달하지 않은 유아를 위해 모레노 부부가 시도한 것으로, 유아는 역할놀이를 통해 자발적인 사회화를 이루어 갔다.[42] 모레노가 가족 안에서 역할놀이를 한 것은 역할로 하는 가족치료의 모습도 볼 수 있다.

비블리오드라마에서 역할놀이는 무대에서 참여자가 성경 역할을 연기

---

39) 조나단이 23-36개월 때이다. J. L. Moreno, *Psychodrama*, vol. II, 2nd ed., (New York: Beacon House, 1975), 137-38.

40) *Ibid.*, 140.

41) Moreno, *Psychodrama*, vol II, 141-42.

42) *Ibid.*, 138.

하는 것으로 드라마 단계에서 성경 이야기를 재연하는 것이다. 참여자가 성경 역할에 동일시할수록 성경의 이야기는 생생한 현장성을 입으며, 참여자의 역할에 대한 몰입은 역할놀이를 통해 성경 이야기와 인물의 정서를 밀도 있게 경험할 수 있는 촉매제가 된다.

참여자가 역할에 몰입하는 것은 역할에 대한 동일시의 과정으로 말할 수 있다. 참여자는 비블리오드라마에서 자신이 원하는 역할을 선택했기 때문에 대부분 역할에 자발적으로 몰입하려고 노력한다. 비블리오드라마에서 참여자들이 보여 주는 '자발적인 놀이 몰입' 상태는 비블리오드라마의 놀이에서 나타나는 특징이다.

아동이 자발적으로 놀이에 투신하는 것은 역할놀이에 몰입하는 것으로 타인에 삶에 자발적으로 참여하는 경험인 동시에 상호적인 대인관계를 경험하는 것이다. 비블리오드라마를 1년간 진행한 아동 그룹에서 변화가 가장 많았던 참여자는 내향적인 아동들이다. 비블리오드라마의 역할놀이 경험은 내향적이고 소극적인 아동에게 대인관계 경험을 연습하는 기회가 되었다.

유지(가명)는 내향적이며 또래와 집단에서 자기표현을 잘하지 못하는 아동이다. 3학년인 그녀는 12회기 비블리오드라마를 마친 후 자기표현이 많아지고, 적극적으로 타인과 상호작용하는 모습으로 변화되었다. 그녀와 함께 비블리오드라마를 참여한 참여자들은 아래와 같이 유지를 변화를 말한다.[43]

---

43) 2019년에 A 시 교회 부속 지역아동센터에서 12회기 동안 실시한 비블리오드라마의 참여자.

예전에 유지는요, 잘 웃지도 않고 그랬는데. 요번에는 더 잘 웃는 것 같고, 유지 성격이 더 활발해진 것 같아요. [참여자 H]

유지가 이거 하기 전에는 양보를 많이 하지 않았거든요. 그런데 이거 하고 나서는 양보를 많이 하는 것 같아요. [참여자 D]

말을 걸면 할 일 하면서 '어, 왜?' 이랬는데, 지금은 뒤돌아서 (얼굴) 보면서 이야기해요. [참여자 E]

유지처럼 내향적인 아동이 비블리오드라마를 통해 여러 상황을 다양한 인물과 상황에서 경험하는 것은 실제 상황에 대한 연습이 된다. 유지가 긍정적이고 적극적으로 의사소통하는 모습은 비블리오드라마의 역할 경험이 그녀의 실제 삶에도 영향을 미친 것을 보여 준다. 역할놀이의 경험은 조나단의 예에서 알 수 있듯이 부족한 사회성을 길러 주고, 자신의 의사표현을 연습하게 하여 치유적인 효과를 보여 준다.

비블리오드라마 놀이의 특징

첫째, 몸의 행위(action)를 놀이로 사용한다.

모레노는 행위(action)을 통해 인간의 본질이 나타나며, 행위 그 자체는 진실을 드러낸다고 보았다.[44) 비블리오드라마는 몸의 행위를 통해 성경을 경험하고 새롭게 이해한다. 비블리오드라마의 행위는 역할연기(role playing)이며, 몸을 사용하는 창조적인 놀이다.[45)

'돌아온 아들의 비유 II'〈눅 15:11-24〉에 '아버지 역할'로 참여한 참여자는 10세의 여자아이였다. 드라마를 마친 후 나누기에서 '아버지가 된 기분이 마치 예수님이 내려온 기분이었다'라고 말하며 자신의 역할 경험을 예수에 비유했다. 참여자는 역할연기로 성경에 나타난 아버지의 마음과 생각을 경험할 수 있었다. 비블리오드라마가 새로운 성서해석학으로 불리는 것은 참여자가 드라마에서 역할 경험을 통해 성경을 새롭게 이해하기 때문이다.

또한 〈영혼돌봄의 비블리오드라마〉는 웜업부터 나누기까지 비블리오들마의 전과정을 성경 본문을 중심으로 구성한다. 비블리오드라마는 말씀을 중심으로 '놀아보는' 하나의 놀이과정으로[46) 드라마에서 참여자의 역할연기를 지칭하는 *role playing*는 역할놀이의 의미도 있다. 비블리오드라마의 역할연기는 즉흥연기(impromptu act)로 자발성을 바탕으로 한다. 자발성은 놀이의 특성 중 하나이며, 비블리오드라마에서 역할연기는 놀이로써 자발적인 놀이 몰입 상태를 보여 준다.

둘째, 말씀으로 놀이한다.

비블리오드라마는 성경을 드라마로 재연하는 놀이이다. 놀이는 사회

---

44) Moreno, Blomkvist and Rützel, *Psychodrama*, 107, 117.

45) Krondorfer, "The Whole Gamut of Experience," 11-12.

46) Laeuchli, "The Expulsion from the Garden and the Hermeneutics of Play," 27.

가 형성되기 이전부터 존재한 인간 삶의 기본요소로 순수한 놀이 정신의 원형은 신성한 의식이나 거룩한 놀이에서 발견할 수 있다.[47] 기독교 전통에서 성경은 일반 서적이 아닌 하나님의 영감으로 저작된 것으로 인정되며, 비블리오드라마는 하나님의 말씀인 성경을 드라마로 재연하는 신성한 놀이이다.

신성한 의례는 드라마의 형태로 재연되었다. 재현(representation)은 행동의 동일화를 추구하는 것으로, 고대 그리스인들에게 의례는 모방하는 것이 아니라 신성한 행동에 참여하는 것이다.[48] 비블리오드라마에서 참여자가 자신의 역할에 몰입하는 것은 연극처럼 연기하는 것이 아니라, 성경 이야기에 참여하는 동일화의 경험이다.

〈영혼돌봄의 비블리오드라마〉는 예수 그리스도의 영혼돌봄을 정체성을 하는 목회상담이다. 호이징가는 놀이를 정의하며 순수한 놀이 정신이 종교, 예술, 교육, 심리 등의 문화와 상호작용하여 문명을 이끌었다고 말한다.[49] 현대에 비블리오드라마는 말씀과 놀이, 치료, 교육, 그림, 음악, 무용, 명상 등 여러 분야와 만남으로 예수 그리스도의 영혼돌봄을 다양한 그룹에 적용할 수 있게 되었다. 그리고 비블리오드라마는 말씀을 통한 놀이경험으로 성경을 통해 치유, 그룹 성장과 복음에 이해가 가능한 풍성한 축제로 교회와 공동체에 새로운 문화 형성을 가능하게 한다.

셋째, 공동체가 함께하는 놀이이다.

------

47) Huizinga, *Homo Ludens*, 14-15; Martin, *Sachbuch Bibliodrama*, 123.
48) Huizinga, *Homo Ludens*, 15.
49) Krondorfer, "The Whole Gamut of Experience," 6, 8.

집에서 예전보다 말을 많이 한다.   [5학년 찬희(가명)]

옛날에는 엄청 울었는데 요즘에는 잘 안 울어요.   [4학년 지환(가명)]

예전에는 다른 사람의 생각을 오해했는데, 이제는 이해하게 됨.

[5학년 지연(가명)]

인사를 잘한다. 말을 많이 한다. 말을 안 했는데, 말을 하게 되었다.

[3학년 수리(가명)]

비블리오드라마는 집단이 함께 하는 공동체의 놀이이다. 비블리오드라마의 치료적 효과 중 하나는 놀이로 경험하는 상호적인 대인관계 경험이다. 비블리오드라마는 그 구성에서 공동체가 함께하는 놀이경험이 주요하다. 웜업의 준비단계는 집단의 상호작용을 형성하기 위한 시도이고, 드라마는 공동체가 역할놀이로 성경을 경험한다. 또한 나누기에서 참여자들은 역할놀이 경험과 비블리오드라마에 참여한 경험을 공유함으로 감정을 교류하고, 공동체에 소속감을 느낄 수 있다.

비블리오드라마의 놀이는 성경 본문으로 하나의 이야기를 만드는 드라마의 단계에서 절정을 이룬다. 비블리오드라마의 역할놀이는 성경을 체험으로 알게 하고, 상호적인 대인관계를 경험하게 한다. 앞의 사례는 아동이 비블리오드라마에 1년 참여한 후 변화된 모습들이다.[50] 비블리오드라마의 참여자들은 비블리오드라마를 통해 긍정적이고 적극적인 태도

---

50) 이 참여자들은 2019년 아산 A 교회에서 초등학생을 대상으로 진행된 비블리오드라마에 참여했다.

변화와 함께 언어의 사용이 증가했다. 비블리오드라마를 통한 치유가 말해 주는 것은 공동체로 놀이하는 비블리오드라마의 놀이 방식이 아동의 대인관계와 사고에 긍정적인 변화를 주는 것이다.

〈영혼돌봄의 비블리오드라마〉는 모든 참여자가 역할에 맡아 전체 참여자가 드라마에 참여한다. 비블리오드라마는 공동체가 놀이로 무대에서 진실한 만남을 통해서 타인을 이해하고, 긍정적인 대인관계 경험을 배우게 된다. 참여자들이 공동체의 놀이에 자발적으로 몰입할 동안 참여자들의 실제 대인관계도 긍정적이고, 적극적이게 변한 것에서 비블리오드라마 놀이를 통한 창조성을 엿볼 수 있다.

넷째, 예수 그리스도를 만나는 놀이이다.

〈영혼돌봄의 비블리오드라마〉는 예수 그리스도와의 만남이나, '예수 역할', '하나님 역할'을 통해서 영혼돌봄을 할 수 있다. 예수를 만나거나, '예수 역할'을 하는 것은 참여자들에게 특별한 경험으로 웜업의 놀이나, 드라마의 역할놀이를 통해 예수를 만난다.

비블리오드라마를 수년간 디렉팅하고 연구하면서 '예수나 하나님을 만나는 장면'을 참여자들이 가장 인상 깊게 경험하는 것을 보았다. 그리고 신앙이 없는 참여자라 할지라도 '하나님 역할'을 선택하고, 만족하는 모습을 보여 준다. 비블리오드라마에서 예수가 되어 보는 경험은 그리스도의 신비에 참여하는 신성한 놀이경험이다. 기독교인에게 예수는 그리스도 (Χριστός, 구세주)이시며, 살아 계신 하나님으로 예수를 통해 영혼돌봄을 경험하는 것은 삶에 진정한 치유와 회복을 체험하는 순간이 된다.

참고문헌

곽우영. "예수 그리스도의 영혼돌봄으로 본 비블리오드라마: 비블리오드라마를 통한 목회상담적 제안."「신학과 실천」87(2023), 261-284.

김광웅, 유미숙, 유재령.『놀이치료학』. 서울: 학지사, 2011.

찰스 S. 카버/ 김교헌 역.『성격심리학: 성격에 대한 관점』. 서울: 학지사, 2012.

최영민.『쉽게 쓴 자기심리학』. 서울: 학지사, 2017.

콘스탄틴 스타니슬랍스키/ 김균형 역.『역할구성(스타니슬랍스키 연기론 2)』. 서울: 소명, 1999.

한나 시걸/ 홍준기 역.『클라인 정신분석 입문』. 경기: 눈출판그룹, 2020.

Huizinga, Johan. *Homo Ludens: A Study of the Play-Element in Culture.* Rev. ed. Mansfield, CT: Martino Fine Books, 2014.

Kohut, Heinz and Ernest S. Wolf. "The Disorders of the Self and Their Treatment: An Outline." *International Journal of Psychoanalysis* 59(1978), 413-25.

Krondorfer, Björn. "The Whole Gamut of Experience: Historical and Theoretical Reflections on Play." In *Body and Bible: Interpreting and Experiencing Biblical Narratives,* ed. Björn Krondorfer, 5-26. Philadelphia, PA: Trinity Press International, 1992.

Laeuchli, Samuel. "The Expulsion from the Garden and the Hermeneutics of Play." In *Body and Bible: Interpreting and Experiencing Biblical Narratives,* ed. Björn Krondorfer, 27-56. Philadelphia, PA: Trinity Press International, 1992.

Mahler, Margaret S. and Fred Pine, eds. *The Psycological Birth of the Human Infant: Symbiosis and Individuation.* Rev ed. New York, NY: Basic Books, 2000.

Martin, Gerhard Marcel. *Sachbuch Bibliodrama: Praxis und Theorie.* 2nd ed. Stuttgart, DE: Kohlhammer, 2001.

Martin, Gerhard Marcel. "The Origins of Bibliodrama and Its Specific Interest in the Text." In *Body and Bible: Interpreting and Experiencing Biblical Narratives,* ed.

Björn Krondorfer, 85-101. Philadelphia, PA: Trinity Press International, 1992.

Moreno, J. L. *Psychodrama*, Vol. Ⅰ. 6th ed. Princeton, NJ: Psychodrama Press, 2019.

Moreno, J. L. *Psychodrama*, Vol. Ⅱ. 2nd ed. New York, NY: Beacon House, 1975.

Moreno, Zerka T., Lief Dag Blomkvist and Thomas Rützel. *Psychodrama, Surplus Reality and the Art of Healing*. New York, NY: Routledge, 2000.

Piaget, Jean. Play, *Dreams and Imitation in Childhood*. London, UK: Routhledge & Kegan Paul, 1972.

Pitzele, Peter and Susan Pitzele. *Scripture Windows: Toward a Practice of Bibliodrama*. 2nd ed. Teaneck, NJ: Ben Yehuda Press, 2019.

O'Connor, K. J. *The Play Therapy Primer: An Integration of Theories and Techniques*. New York, NY: Wiley, 1991.

Ward, Jack. "The Clergy and Psychotherapy." *Group Psychotherapy* 20(1967), 204-10.

Waskow, Arthur. "God's Body, the Midrashic Process, and the Embodiment of Torah." In *Body and Bible: Interpreting and Experiencing Biblical Narratives*, ed. Björn Krondorfer, 133-143. Philadelphia, PA: Trinity Press International, 1992.

Winnicott, Donald W. *The Maturational Processes and the Facilitating Environment: Studies in the Theory of Emotional Development*. Rev ed. London, UK: Routledge, 1990.

Winnicott, Donald W. *Palying and Reality*, Reprint, New York, NY: Routledge, 1982.

Part 4

비블리오드라마의
적용

비블리오드라마의 예시

디렉터: 예수님, 바디매오가 예수님의 부르심을 듣고 이 근처까지 왔습니다. 그런데 눈이 보이지 않아서 예수님 근처에서 머물러 있네요. 바디매오를 어떻게 맞이하고 싶으신가요? (바디매오 생각에 잠긴다) 목소리를 부르시거나, 직접 맞이하시는 방법도 있습니다. 어떤 방법이든 원하시는 방법을 생각해 주세요. 생각나시면 말씀해 주시겠어요?

예수: 네. (생각에 잠시 잠긴다) 손을 잡아서 이쪽으로 데려오고 싶어요.

디렉터: (바로 앞에 있는 바디매오에게) 바디매오, 들으셨죠. 예수님께서 당신의 손을 잡아서 맞아 주신다고 합니다. 당신은 어떻게 예수님을 만나고 싶은가요?

바디매오: 무릎을 꿇고 예수님의 손을 잡고 싶어요.

디렉터: 바디매오 당신은 모르시겠지만, 예수님은 당신의 바로 옆에 계십니다. 당신이 원하시는 대로 여기에서 무릎을 꿇고, 손을 내밀어 주시면 예수님이 손을 잡아 주실 것 같네요. 준비되셨나요?

바디매오: 네. (무릎을 꿇고, 손을 내민다)

디렉터: 이제 예수님을 바디매오의 손을 잡아 주시면 됩니다. (예수
는 바디매오의 손을 잡는다) 여기서 잠깐 멈춰주세요. 바디
매오, 지금 예수님의 손을 잡았는데 잠시 느껴 보시는 시간
을 갖겠습니다. (잠시 후) 바디매오, 지금 예수님이 당신을
맞아 주셨는데 예수님께 한마디 해 주시겠어요?

바디메오: 정말 보고 싶었습니다.

'바디매오 이야기' 〈마가복음 10:46-52〉 중

- 09 치유로 이끄는 '자발성과 창조성'

11

성인을 위한
비블리오드라마 가이드

여기에서는 성인 비블리오드라마 세미나에 직접 사용할 수 있는 구체적인 구성과 진행 방법을 수록했다. 교회와 센터에서 성인들을 대상으로 비블리오드라마를 진행할 때 보통 〈비블리오드라마의 소개〉, 〈비블리오드라마의 실전〉의 순으로 세미나를 진행한다.

〈비블리오드라마의 소개〉에서 세미나의 초반에 비블리오드라마의 배경, 의미, 내용들을 참여자들에게 간략히 알려 주는 것이 필요하다. 간단한 정보를 주는 것은 비블리오드라마의 입문에 도움이 된다. 〈비블리오드라마의 실전〉은 비블리오드라마를 실제로 진행하는 과정이다. 비블리오드라마를 진행하는 구체적인 방법, 내용, 시간을 제시하여 예비 디렉터들도 비블리오드라마를 인도할 수 있도록 구성했다.

〈영혼돌봄의 비블리오드라마〉에서 참여자는 예수 그리스도를 만나고, 그의 삶을 몸으로 경험할 수 있다. 웜업에서 '예수를 만나는 놀이'를 하거나, 드라마에서 하나님이 예수께서 등장하는 것으로 영혼돌봄의 경험이 가능하다. 성경을 예수 그리스도를 중심으로 해석하고, 비블리오드라마에서 영혼돌봄을 따라갈 수 있도록 안내하는 〈영혼돌봄의 비블리오드라마〉를 통해 현대인들은 삶의 진정한 의미를 돌아보고, 영혼돌봄의 치유를 경험할 수 있는 기회가 된다.

비블리오드라마의 소개

비블리오드라마(Bibliodrama)는 성경(biblion, 책)과 드라마(drama, 행위)의 합성어이며, 참여자가 성경을 경험으로 알게 되는 새로운 방법이다. 비블리오드라마는 참여자가 원하는 성경 역할을 선택하고, 드라마에서 직접 역할연기하여 성경을 알게 된다.

그간 성경을 알고, 이해하는 방법으로 성경 읽기, 공부하기, 설교 등의 방법을 사용했으나 비블리오드라마는 성경을 직접 경험으로 알게 되는 새로운 방법이다. 비블리오드라마는 몸으로 경험하는 즉흥극의 성격이 있기 때문에 한 번의 경험으로도 그 본문을 오래도록 기억할 수 있다.

비블리오드라마는 참여자의 역할 경험으로 성경을 이해하는 새로운 성경 해석 방법으로 목회현장에서 새로운 말씀 교육이 될 수 있다.[1] 비블리오드라마가 성경을 알게 되는 방법은 경험과 말씀이 만나는 것이다. 비블리오드라마의 유대교의 미드라쉬(מדרש)로 성경을 해석한다. 미드라쉬는 성경 쓰인 말씀과 쓰이지 않은 빈 공간인 행간이나 여백을 맥락적으로 연결하여 조화롭고 창의적으로 해석하는 방법이다.[2]

---

1) Gerhard Marcel Martin, *Sachbuch Bibliodrama: Praxis und Theorie*, 2nd ed., (Stuttgart, DE: Kohlhammer, 2001), 9-10.
2) Peter and Susan Pitzele, *Scripture Windows: Toward a Practice of Bibliodrama*, 2nd ed.,

많은 비블리오드라마의 사람들이 비블리오드라마 자체를 놀이라고 말한다.[3] 비블리오드라마는 사람들에게 재미있는 놀이이며, 즐거움 가운데 배움과 치유, 성장이 있는 놀이이다. 비블리오드라마의 방법은 사역현장에서 활기를 불어넣어 주며, 교육 방법을 고민하는 목회자들에게 좋은 자료와 정보를 제공할 수 있다. 성경을 즐겁게 놀이하며 경험할 수 있어서 성경을 잘 모르는 사람들이나, 새신자들에게도 좋은 방법이 되며, 성경을 사랑하는 사람들에게는 '몸으로 성경을 읽는 방법'이 되어 신선하게 다가간다.

비블리오드라마에서 성경 인물이 되어 보는 경험은 그 사람의 생각과 마음을 느끼고, 그 당시 성경의 상황을 드라마에서 직접 경험하게 된다. 또한 역할은 꼭 사람이 아니어도 된다. '사마리아 여인의 이야기'에 참여했던 참여자는 성경 본문에 쓰여 있지 않는 '가축 역할'이 되어 드라마를 진행하는 동안 열심히 무대를 뛰어다녔고, 햇빛 역할 참여자는 햇빛을 상징하는 천을 사람들 머리 위에 흔들어 역할을 소화했다.

성극은 대본을 연기하지만 비블리오드라마는 드라마에서 참여자들이 자신의 역할을 선택하고, 적극적이고 자발적이게 역할연기(role playing)를 한다. 〈영혼돌봄의 비블리오드라마〉는 비블리오드라마는 영혼돌봄을 담는 도구로서 참여자가 예수의 영혼돌봄을 경험할 수 있게 돕는다. 비블리오드라마가 다른 심리극과 집단상담, 일반상담들과 다른 것은 성경

(Teaneck, NJ: Ben Yehuda Press, 2019), xix-xx, 2-3.

3) Samuel Laeuchli, "The Expulsion from the Garden and the Hermeneutics of Play," in *Body and Bible: Interpreting and Experiencing Biblical Narratives*, ed. Björn Krondorfer, (Philadelphia, PA: Trinity Press International, 1992), 27.

을 본문으로 사용하기 때문이다. 〈영혼돌봄의 비블리오드라마〉는 성경이 핵심적으로 증거하는 예수 그리스도를 비블리오드라마의 정체성으로 하며, 영혼돌봄(care of soul)의 삶을 사셨던 예수와 그의 삶을 참여자들이 경험할 수 있도록 돕는다.

예수와 영혼돌봄은 제자들과 교회 공동체를 통하여 전수되었다.[4] 목회상담은 내담자가 전인성(wholeness)을 회복하도록 돕는 예수 그리스도의 영혼돌봄으로 공동체와 함께하는 사역이다. 〈영혼돌봄의 비블리오드라마〉는 현대의 목회상담으로 개인상담 위주로 진행되던 목회상담을 예수의 영혼돌봄으로 공동체에 회복시킨다. 공동체와 교회에 적용할 수 있는 목회상담이 많이 있지 않은 현실에서 〈영혼돌봄의 비블리오드라마〉는 비블리오드라마를 통해 현대인들은 삶의 진정한 의미를 돌아보고, 영혼돌봄의 치유를 경험할 수 있는 기회가 된다.

목회에 적용이 가능한 비블리오드라마

비블리오드라마는 영아부터 성인까지 전 연령에게 적용이 가능하다. 비블리오드라마는 공동체에 동일한 성경 본문으로 적용하여 목회적 돌봄을 할 수 있는 실천적인 방법이다. 실제로 2019년 과천의 D 교회(성도 약 3천 명 추산)에서 교역자와 전교인을 대상으로 하반기 평신도 세미나를 진행했다. 교역자 세미나 2번(각 회기 20명 이상), 교구장·지역장 세미나(교구장·지역장 40명 및 교역자 20명 이상), 평신도 지도자 세미나(평신도 지도자 5백 명 추산)를 실시했고, 청소년층에게는 3개 부서에 시연했으며, 영아부와 초등부까지

---

4) 클라우스 빈클러/ 신명숙 역, 『목회상담 영혼돌봄』(서울: 학지사, 2007), 107-112.

교회학교는 교사들을 대상으로 교사강습회로 비블리오드라마 교육을 실시했다.

비블리오드라마의 실전

비블리오드라마의 구성은 웜업(warm-up), 드라마(drama), 나누기(sharing)의 세 단계이다. 웜업은 참여자들의 심신을 깨우고, 드라마는 역할연기를 통해서 성경을 직접 경험하며, 마지막 나누기는 집단과 참여자의 경험을 공유한다.

〈영혼돌봄의 비블리오드라마〉에서는 비블리오드라마의 정체성을 예수의 영혼돌봄으로 정의한다. 예수를 만나는 경험과 '예수 역할'을 하는 경험은 영혼돌봄을 경험하는 순간이다. 본문에 예수나 하나님이 나오지 않더라도 전체의 관찰자, 혹은 도움을 주는 분으로 등장시킬 수 있다. 예수께서는 영혼돌봄 자체이시며, 참여자들이 예수와 만나는 경험은 성경의 내용을 관통하고 있는 주제를 경험하는 것이다.〈요 5:39〉

다음은 '야곱과 에서의 탄생 이야기'〈창세기 25:19-26〉로 실전에 적용할 수 있는 비블리오드라마를 소개하려고 한다. **웜업**은 '세상에서 가장 행복했던 나이' 찾기를 통해서 야곱과 에서의 탄생에 대한 실마리를 준다. 웜업은 참여자가 몸과 마음을 자연스럽게 이완할 수 있도록 간단한 주제로 주로 시작한다. **드라마**는 참여자들이 충분히 성경을 묵상할 수 있도록 10분 내외의 시간을 주고, 자연적으로 끌리는 인물이나 성경의 구절을 선택하여 역할을 선택한다. 배역이 정해지면 성경의 흐름을 따라 각 장면의 이야기를 구성한다. 디렉터는 비블리오드라마를 진행하고, 드라마를 연출하여, 참여자들이 연기할 수 있게 환경을 조성해 준다. **나누기**는 참여자들이 역할에서 벗어나고, 비블리오드라마에 참여한 소감과 역할을 경험한 소감을 전체와 공유하는 시간이다.

다음의 예시는 '야곱과 에서의 탄생'은 세미나의 견본으로 대략적인 진행순서와 방향을 보여 준다. 비블리오드라마가 소집단의 경우 참여자는 적게는 10명 이내에서, 많게는 20명 정도까지로 인원을 말할 수 있다.[5] 그러나 이 본문은 대집단도 가능하다.

- **대상:** 성인, 소집단(6-20명 내외)
- **본문:** 창세기 25:19-26
- **시간:** 1시간(50분 내외)

---

5) Marcel Martin, *Sachbuch Bibliodrama*, 9; Tim F. Schramm, "Bibliodrama in Action: Reenactiing a New Testament Healing Story," in *Body and Bible: Interpreting and Experiencing Biblical Narratives*, ed. Björn Krondorfer (Philadelphia: Trinity Press International, 1992), 62.

〈야곱과 에서의 탄생〉		
웜 업	* '세상에서 가장 행복했을 때의 나이'대로 서 보기 ① 인생에서 가장 행복한 나이 생각하기 ② 행복한 나이 순서대로 차례에 맞춰 서기 　- 참여자들은 자신이 생각한 나이를 주위 사람들과 이야기하여 　　순서대로 한 줄을 만든다. 　- 줄을 선후. 2-3명씩 짝을 지어 그 이유를 서로 말한다.	10분
드 라 마	〈본문 읽기 및 배역 탐색〉 1. 본문 읽기 　- 성경 본문을 돌아가면 한 줄씩 읽는다. 　- 두 번째 반복하고, '오늘 나에게 가깝게 느껴지는 단어나 문장 　　에 밑줄 긋기'를 한다. 2. 배역 선택 　- 본문에 나오는 배역을 선택한다. 동물, 사물도 좋다. (이삭, 리 　　브가, 야곱, 에서, 쌍둥이, 하나님 등) 〈드라마 시연〉 **장면 1. 이삭 부부가 하나님께 아기를 요청(21절)** - 이삭 부부에게 '하나님께 어떻게 말할지' 의논하게 한다. **장면 2. 리브가가 쌍둥이를 임신하다(22절)** - 야곱, 에서의 배역을 세우고, 전체 참여자가 '오늘 나에게 더 호감 　가는 인물 뒤에 서 보기'를 한다. **장면 3. 하나님께 사랑받는 자녀** ① 주변 사람들에게 묻기 　- 에서와 야곱 중 하나님이 더 사랑하시는 자녀처럼 보이는 사 　　람이 누구인지 묻는다. ② 주변 사람들이 투표하기 　- 주변 사람들이 더 마음에 드는 자녀에게 투표를 한다.	35분

	③ 이삭 부부에게 묻기
	  - 두 아들 중 누구를 더 사랑하는지 묻는다.
	④ 하나님께 묻기
	  - 하나님 역할이 있으면, '누구를 더 사랑하시는지, 그 이유는 무
	    엇인지' 묻는다.(22-23절)
	
	장면 4. 쌍둥이가 태어남(24-26절)
	- 쌍둥이가 태어나고, 야곱과 에서를 택한 사람들이 그들에게 가서
	  축복의 말을 하는 것으로 드라마는 닫힌다.	

나 누 기	·역할 벗기 ·역할을 통한 경험 나누기 ·비블리오드라마를 경험한 소감 나누기	5-10분

드라마에서 디렉터가 참여자들에게 야곱이나 에서 중에서 선택하게 하고, '누구를 더 사랑하는지'를 묻는 것은 객관적인 사실을 확인하는 것은 아니다. 참여자들이 누군가를 선택하는 자체만으로도 이미 성경에서 나타난 갈등을 경험하는 것이며, 그 이유를 추측해 보는 시간이 된다.

예를 들어, '하나님 역할'에게 '야곱과 에서 중 누구를 더 사랑하시는지'를 묻는 것도 이것은 객관적인 사실을 확인하기 위해서 질문하는 것이 아니다. 하나님의 대답은 하나님의 의도와 동기를 추측하는 단초가 된다. 비블리오드라마는 사실을 가르치는 목적이 아니라 경험하는 것에 초점이 있다.

일반상담은 상담자와 내담자의 양방향적 관계로 치유하는 반면 목회상담은 영혼돌봄으로 내담자의 문제해결을 도와 내담자가 하나님을 사랑의 알 수 있게 돕는 방법이다.[6] 〈영혼돌봄의 비블리오드라마〉는 목회상담으로 참여자가 예수의 영혼돌봄을 경험하고 진정한 자기이해를 통해 하나님께 나아가게 돕는다.

참여자는 비블리오드라마에서 성경 인물이 되어 보는 것은 성경을 몸으로 이해하는 경험이고, 자신과 타인을 이해하고 상호적인 대인관계를 배울 수 있다. 비블리오드라마를 통한 예수 그리스도와의 만남은 삶의 진정한 의미를 돌아볼 수 있는 영혼돌봄을 경험하는 시간이다.

---

6) 클라우스 빈클러/ 신명숙 역, 『목회상담 영혼돌봄』(서울: 학지사, 2007), 23.

참고문헌

클라우스 빈클러/ 신명숙 역.『목회상담 영혼돌봄』. 서울: 학지사, 2007.

Laeuchli, Samuel. "The Expulsion from the Garden and the Hermeneutics of Play." In *Body and Bible: Interpreting and Experiencing Biblical Narratives*, ed. Björn Krondorfer, 27-56. Philadelphia, PA: Trinity Press International, 1992.

Martin, Gerhard Marcel. *Sachbuch Bibliodrama: Praxis und Theorie*. 2nd ed. Stuttgart, DE: Kohlhammer, 2001.

Schramm, Tim F. "Bibliodrama in Action: Reenactiing a New Testament Healing Story." In *Body and Bible: Interpreting and Experiencing Biblical Narratives*, ed. Björn Krondorfer, 57-84. Philadelphia, PA: Trinity Press International, 1992.

Pitzele, Peter and Susan Pitzele. *Scripture Windows: Toward a Practice of Bibliodrama*. 2nd ed. Teaneck, NJ: Ben Yehuda Press, 2019.

12

아동을 위한
비블리오드라마 가이드

여기에서는 아동 비블리오드라마 직접 사용할 수 있는 12회기의 구체적인 구성과 진행 방법을 수록했다. 아동을 대상으로 비블리오드라마를 진행할 때 필요한 사항은 〈아동 비블리오드라마의 필요성〉, 〈아동 비블리오드라마의 실전〉에서 소개한다.

아동 비블리오드라마의 필요성

비블리오드라마는 아동에게 필요한 가정, 학교, 사회에 적응을 돕는다. 비블리오드라마에서 경험하는 상호역할놀이를 통한 대인관계 경험은 타인의 입장과 처지를 알 수 있게 해 주고, 상호이해를 통한 사회적 관계를 개선해 준다.[1] 가정에서 부모와의 소통문제, 학교에서 또래와 선생님과의 관계를 형성하는 것 등은 아동이 사회에 적응하기 위해 필요한 경험이다.

---

1) 곽우영, "비블리오드라마의 향후 과제와 목회적 돌봄: 아동의 메소드 훈련을 적용한 아동 비블리오드라마를 중심으로," 「신학과 실천」 81(2022), 532-33.

비블리오드라마는 경험으로 성경의 지식을 배우며, 성경의 상황을 통해 인간관계 경험을 확장하는 공동체의 작업이다. 성경을 본문으로 하는 비블리오드라마는 아동·청소년들에게 성경을 통해 새로운 배움과 경험이 가능하다.

아동기에 비블리오드라마를 만나는 것은 성경 한 본문을 마음속에 남기는 것과 같다. 비블리오드라마는 사이코드라마와 같은 즉흥극의 성격이 있어서 한 번의 경험으로도 몸과 마음이 오래도록 그 본문과 상황을 기억할 수 있다. 특히 아동기처럼 어렸을 때 비블리오드라마를 경험하는 것은 성경을 통해 신앙과 심리적인 성장과 발달에 도움을 받을 수 있다.

아동은 비블리오드라마를 놀이로 받아들인다. 아동은 성장과정에서 자연스럽게 역할놀이를 했기 때문에 아동에게 비블리오드라마는 성경 이야기를 공동체와 함께하는 재미있는 놀이이다. 아동은 놀이를 통해 성장과 발달을 이루기 때문에 비블리오드라마는 교육방법으로도 아동에게 효과적이다.

〈영혼돌봄의 비블리오드라마〉는 비블리오드라마를 통해 예수와 그분의 영혼돌봄을 경험하며, 공동체와 함께하는 새로운 목회상담이다. 비블리오드라마에서 아동이 '예수 역할'을 하거나, 드라마에서 예수를 만나는 것은 인생과 삶의 구원자이신 그리스도(Χριστός, 구세주)를 만나고, 예수와 좋은 관계를 경험하는 것이 된다. 이것은 예수와의 인격적인 만남이며, '예수 역할'이 되어 영혼돌봄의 체험을 하는 것으로 어렸을 때부터 그분의 사랑과 돌봄을 경험하는 것이다.

아동을 대상으로 비블리오드라마를 하기 위해서는 발달적, 심리적, 사회적으로 아동을 이해하는 관점이 필요하다. 아동은 가정과 학교에 잘 적응하고, 또래, 부모, 선생님 등 주변 사람과 좋은 관계를 형성하는 것이 요청된다. 여기에서는 이를 고려하여 '나, 가족, 친구, 미래'를 주제로 12회기의 **〈비블리오드라마 전체순서〉**를 구성했다. 또한 각 회기마다 Tip을 수록하여 비블리오드라마를 진행할 때 중요 사항들을 점검할 수 있도록 했다.

아동을 대상으로 한 비블리오드라마의 결과는 아동의 변화와 그 효과를 보여 준다. 이것은 비블리오드라마로 아동들에게 사회와 교회가 어떤 영향력을 주어야 하는지 적절한 대안을 제시한다.

아동을 대상으로 한 비블리오드라마의 효과

아동을 대상으로 한 비블리오드라마 12회기는 두 초등학교에서 A(1, 2학년), B(3, 4학년), C(5, 6학년)의 3그룹을 각 20회 이상씩, 총 60회기의 예비 연구(pilot study)를 진행한 후 그 결과를 바탕으로 구성되었다. 다음은 비블리오드라마를 경험한 아동들에게 나타난 참여 효과이다.

첫째, 비블리오드라마에서 상호이해와 협력하는 모습으로 나타났다. 소시오메트리(사회측정학, sociometry), 역할 바꾸기(role reversal), 거울 기법(mirroring) 등은 집단 안에서 상호이해와 협력을 가능하게 한다. 경험으로 타인의 입장이 되어 보는 것은 타인의 정서와 상황을 보다 직접적으로 경험할 수 있으며, 상호적인 대인관계를 가능하게 한다.

둘째, 비블리오드라마에서 어렵거나 힘든 상황을 극복하는 모습을 보인다. 아동은 놀이를 통해 성장과 발달에 도움을 받을 수 있다. 참여자들은 비블리오드라마에서 역할(role)을 통해 어렵고 힘든 상황에 도전하고 극복하는 경험을 반복적으로 했다. 이를 통해 심리적인 어려움을 극복하는 경험은 아동이 심리적인 성장과 성숙을 돕는 행동이기도 하다. 이러한 변화는 아동에게만 국한된 것은 아니다.

셋째, 생활 모습이 긍정적이고 적극적으로 변했다. 비블리오드라마를 진행하는 약 1년 동안 참여자들은 공동체 안에서도 싸움과 다툼이 줄었다고 담당 선생님은 말한다. 비블리오드라마는 공동체의 작업이기 때문에 타인과 상호협력하는 관계를 경험으로 배울 수 있고, 긍정적이고 적극적인 표현들이 많아졌다.

넷째, 비블리오드라마를 통해 예수 그리스도를 만나며, 자연스러운 영혼돌봄이 가능하다. 참여자들은 '돌아온 아들의 비유'에서는 '아버지 역할'을 하나님에 비유했고, 탕자의 모습을 통해 '우리 죄를 위해 희생하신 예수님'을 떠올렸다. 성경 본문에는 하나님이나 예수 그리스도에 대한 내용이 나오지 않았음에도 참여자들은 비블리오드라마를 통해 신앙과 연결시키는 모습들이 나타났다.

비블리오드라마를 통한 아동의 성장과정

참여자들은 비블리오드라마한 아동들은 12회기를 통해서 심리적 변화하고, 성장하는 모습을 보여 준다. 그 성장과정은 〈역할활용 6단계〉로 나타난다.[2]

1단계: 감정인식은 참여자가 자신의 감정을 아는 단계이다.

---

2) *Ibid.*, 528-29; Part 2. '04 비블리오드라마 역할과 영역 나누기'에서 '역할활용 6단계'를 참고 바란다.

2단계: 감정표현은 자신의 감정을 표출하는 단계이다.

3단계: 감정이입은 타인의 역할이 느끼는 감정을 함께 경험하는 단계이다.

4단계: 타인이해는 자신과 타인의 다름을 알고, 타인 역할을 이해하는 것이다.

5단계: 타인공감은 타인 역할의 마음을 이해하여 자신도 비슷한 감정을 느끼는 단계이다.

6단계: 자기돌봄은 비블리오드라마의 맨 마지막 회기에 나타나는 변화로 타인이해가 심화되어 자기이해의 심화로 연결되는 것이다. 자기돌봄은 성숙한 자기이해로, 변화된 상황에서 스스로 돌아보는 **자기위안**이 가능한 단계이다.

비블리오드라마를 아동에게 적용해 본 결과 자기이해와 타인이해가 향상되었다. 각 3단계씩 자기이해와 타인이해가 나타났으며, 그 구체적인 내용은 '감정인식, 감정표현, 감정이입, 타인이해, 타인공감, 자기돌봄'의 6가지 순서이다. 비블리오드라마의 6단계의 변화는 참여자들이 비블리오드라마를 통해 성경 말씀을 잘 알게 되고, 참여자들의 성격이 개선되고, 대인관계가 향상되어 공동체에 적응하는 모습을 보인다. 참여자들은 마지막 단계에서 자신과 타인을 이해하여 자기돌봄을 하는 성숙한 수준을 보여 주었고, 대인관계의 상호작용을 경험으로 배워 가정, 학교, 교회 등 공동체에 원만하게 적응하는 것으로 나타났다. 이것은 비블리오드라

마를 통해 아동이 심리적으로 성장하고 발달하는 것을 보여 주었다. [3]

아동 비블리오드라마의 실전

인원 구성은 어떻게 해야 할까?

피터 핏첼은 학교의 경우 4-30명, 설교 강단의 경우 500-600명의 사람들과 함께하는 비블리오드라마를 이야기한다. [4] 그러나 이것은 하나의 예시일 뿐이다. 보통 비블리오드라마로 초청을 받는 경우 인원수는 이미 결정되어 있다.

여기에서 제시하는 인원도 실제적인 비블리오드라마를 하기 위한 예시로 생각하는 것이 좋을 것 같다. 소그룹의 경우 마르틴(Gerhard Marcel Martin)은 12-18명, [5] 슈람(Tim F. Schramm)은 8-16명을 적정인원으로 말한다. [6] 그러나 더 작은 소그룹도 가능하며, 대집단의 크기도 현장의 상황과 디렉터의 판단에 의해서 진행이 가능하다.

예수께서는 일대의 만남을 통해서 사람을 가르치시기도 했고, 오병이어를 보여 주실 때는 오천 명을 먹이시고 가르치셨다. 필자의 경우 집단

---

3) *Ibid.*, 533-34.

4) Peter and Susan Pitzele, *Scripture Windows: Toward a Practice of Bibliodrama*, 2nd ed. (Teaneck, New Jersey: Ben Yehuda Press, 2019), 206.

5) Gerhard Marcel Martin, *Sachbuch Bibliodrama: Praxis und Theorie*, 2nd ed. (Stuttgart: Kohlhammer, 2001), 9.

6) Tim F. Schramm, "Bibliodrama in Action: Reenactiing a New Testament Healing Story," In *Body and Bible: Interpreting and Experiencing Biblical Narratives*, ed. Björn Krondorfer (Philadelphia: Trinity Press International, 1992), 62.

의 크기를 정할 수 있다면 소그룹은 6-16명, 소집단은 최대 50명 이하, 대집단(주로 강연)은 디렉터의 능력이 가능한 정도까지 가능하다고 생각한다. 여기에 제시된 인원은 대략적인 예시이며, 디렉터에 따라 인원을 증감할 수 있다.[7]

- **소그룹:** 목적에 의해서 모집되고, 진행되는 그룹 예) 치료집단 모집 등
- **소집단:** 집단으로 운영되는 프로그램 예) 중등부, 고등부, 청년부 등
- **대집단:** 50명 이상의 그룹

시간 배분은 어떻게 해야 적당할까?

초등학교 수업시간 40분을 기준으로 한다. 이를 토대로 비블리오드라마는 총진행 시간은 40-50분이 적당하다. 예시로 하는 12회기 아동 비블리오드라마의 경우 총 진행 시간이 60분이었으나 적정했다. 진행시간은 집단의 성향과 구성에 따라서 적절하게 조정할 수 있다. 보통의 시간 구성은 다음과 같다.

- 10분 지난 시간 **리뷰(review):** 설문지
- 15분 **웜업(warm-up)**
- 25분 **드라마(drama)**

---

7) 핏첼, 마르틴, 슈람이 제시한 인원수는 현장 상황에 따라 유동적일 수 있다. 그럼에도 인원 수를 제시한 이유는 디렉팅 구상에 도움을 주기 위함이다. 필자의 첫 디렉팅(directing)이 200명의 대집단이었고, 당시 8명의 스탭(staff)들의 도움을 받았다. 집단의 운영은 현장 상황을 고려해야 한다.

· 10분 **나누기(sharing)**

본문 구성은 어떻게 해야 할까?

드라마의 구성은 디렉터마다 방식에 차이가 있을 수 있다. 필자의 경우 먼저 본문을 읽고, 묵상한다. 성경의 앞과 뒤의 문맥과 상황들을 살펴보고, 개론서를 통해 성경의 배경과 본문에 있는 논쟁 등 주요한 상황들을 확인한다.

참여자의 집단구성을 확인한다. 참여자의 연령, 성별 등을 확인하여 이에 맞추어 비블리오드라마의 전체 구성을 한다. 비블리오드라마를 미리 구성했더라도 현장에서 그대로 적용되지는 않는다. 그러나 디렉터가 전체 구성의 모형을 갖고 가는 것은 비블리오드라마의 전체 진행에 안정감을 준다.

아동 비블리오드라마는 성경 본문을 보통 10-20줄 이내로 4가지 버전의 성경(표준새번역, 쉬운성경, 개역개정, 어린이 성경)을 토대로 작성한다. 아동의 수준에 따라 가독성을 고려하는 것이 필요하기 때문이다.

웜업(warm-up)은 보통 놀이를 사용하며, 사전에 아동 좋아하는 놀이를 추천받아 사용하기도 한다. 아동은 연령에 따라 인지적 · 심리적 발달 단계가 다르기 때문에 놀이로 하는 웜업은 이를 고려하는 것이 필요하다.[8] '성경 단어 맞추기, 전지에 그리기/쓰기' 등은 말씀을 자연스럽게 이해하는 과정이며, '빈 의자에 계신 예수님, 예수님 찾기, 예수님과 거리측정' 등은 예수 그리스도를 만남으로 영혼돌봄이 가능하다.

---

8) 신명희 외 8인, 『발달심리학』, 2판, (서울: 학지사, 2013), 18-24.

드라마(drama)에서 아동은 자신이 원하는 역할을 선택하고, 역할연기한다. 드라마를 진행할 때는 성경 구절을 따라가는 방식을 선호한다. 예를 들어 1-10절로 이루어진 텍스트라면 1절을 읽고 본문을 구성하고, 그 다음 절의 상황으로 넘어가는 방식이다. '본문을 따라가는 방식'의 진행은 비블리오드라마에 안정성을 줄 수 있다. 본문을 진행하면서 아동이 머뭇거리거나, 어려워할 때 〈메소드 훈련〉을 할 수 있다. 해당 아동에게 역할 설명해 주기, 역할을 미리 연습해 보기 등은 아동이 자신감을 잃지 않고 자발적으로 역할연기 할 수 있는 방법이다.[9]

나누기(sharing)는 역할 벗기(deroling)를 하고, 역할 경험을 나눈다. 모든 참여자가 자신의 경험을 말할 수 있도록 진행한다. 나누기는 참여 경험을 그룹과 공유하는 작업으로 자신의 경험을 돌아보고, 공감하며, 의미를 나누는 시간이다. 성경에 대한 이해가 필요한 부분을 디렉터가 설명해 주기도 하고, 비블리오드라마에 대한 피드백을 받는다.

---

9) Part 3. '07 역할을 위한 촉진제 '메소드 훈련''을 참고 바란다.

〈비블리오드라마 내용 및 순서〉

차시	차시 주제 및 내용	성경 본문
1	〈안녕! 비블리오드라마〉 · 비블리오드라마 소개 · 참여자 소개 & 약속 정하기	비블리오드라마 Orientation
2	〈행복을 잃어버린 우체부〉 · 비블리오드라마로 자기 찾기	bibliodrama (자아성장 드라마)
3	〈씨 뿌리는 자의 비유〉 · 씨앗의 이야기	막 4:2-9
4	〈돌아온 아들의 비유 Ⅰ〉 · 예수 그리스도와의 만남 경험하기	눅 15:1-2, 11-16
5	〈돌아온 아들의 비유 Ⅱ〉 · 아버지와 아들의 만남 경험하기	눅 15:17-24
6	〈돌아온 아들의 비유 Ⅲ〉 · 잔치를 열어 주는 아버지	눅 15:17-32
7	〈돌아온 아들의 비유 Ⅳ〉 · 형의 분노와 아버지의 마음	눅 15:25-32
8	〈잃어버린 드라크마 Ⅰ〉 · 잃어버린 드라크마가 되어 보기	눅 15:8-10
9	〈잃어버린 드라크마 Ⅱ〉 · 친구들을 불러 잔치하기	눅 15:8-10
10	〈자라나는 씨의 비유〉 · 농부, 땅, 씨앗으로 성장 경험하기	막 4:26-29
11	〈겨자씨의 비유〉 · 모두를 연결하는 나무 만들기	막 4:30-32
12	〈기억할게, 이야기들〉 · 비블리오드라마 나누기	비블리오드라마 참여 소감 나누기

〈제1회기 비블리오드라마〉

범주	Orientation
주제	안녕! 비블리오드라마
내용	〈차시 내용〉 비블리오드라마 소개 및 약속 정하기 - 비블리오드라마를 소개하고, 참여자들의 동기를 점검하며, 라포를 형성한다. 집단약속을 정한다.
	1. 비블리오드라마 소개 2. 우리만의 규칙 정하기 - 소그룹 토의 - VOD 촬영 동의, 개인정보보호 설명 3. 자기소개하기 - 자신에 대한 소개 - 모임에 대한 첫 느낌 - 모임에 바라는 점 4. 간단한 웜업(warm-up) - 좋아하는 시간에 서보기 - 나누기 5. 전체 나누기(sharing)

TIP 오리엔테이션(Orientation)

· 참여자들 소개(greeting)
  - 비블리오드라마, 디렉터, 참여자의 간단한 소개를 한다.
  - 참여자들의 동기 점검 및 모임에 대한 느낌, 바라는 점 등을 나눈다.
· 모임의 규칙 정하기
  - 비밀유지서약(vod 촬영 동의, 개인정보보호 설명)과 모임에 규칙을 정한다.

범주	'나'에 관하여
주제	행복을 잃어버린 우체부
본문	bibliodrama(자아성장 드라마)
내용	〈차시 내용〉 비블리오드라마로 자기 찾기 - 내면의 소리에 귀 기울이기 - 잃어버린 자신의 모습을 떠올리기
	웜업 (warm-up)	- 눈치게임 - 좋아하는 계절에 서기 - 좋아하는 시간에 서기
	드라마 (drama)	(1) 창작 이야기 듣기 (2) 드라마 　- 배역 정하기 　- 드라마
	나누기 (sharing)	- 한 마디씩 소감 나누기 - 설문지 - 즐거운 감정 나누기 - 역할 벗기

* **사후인터뷰**

TIP **'나'에 관한 이야기**

· 참여자들의 성향을 파악하기

　- '잃어버린 편지'를 통해 만나고 싶은 사람과 소통한다.(텔레, tele)

　- 소시오메트리(sociometry)로 참여자들 사이에 상호작용을 촉진한다.

〈제3회기 비블리오드라마〉

범주	'나'에 관하여	
주제	씨 뿌리는 자의 비유	
본문	마가복음 4장 2-9절	
내용	〈차시 내용〉 씨앗의 이야기 - 예수, 전달자, 사람들 역할 연습 - 말씀을 통한 자기발견	
	웜업 (warm-up)	- 눈치게임

	드라마
	(drama)
		(1) 본문 읽기
		  - 한 절씩 돌아가며 읽기
		  - 선생님, 학생 번갈아 가며 읽기
		(2) 떠올리기 & 연필표시
		  - 눈감고 생각나는 단어, 기억나는 것 말하기
		  - 기억나는 단어나 문장 표시하기
		(3) 전지에 쓰기
		  - 제일 마음에 와닿는 단어 전지에 쓰기
		(4) 드라마
		  - 성경을 차례로 읽고, 배역 정하기
		  - 성경을 다시 읽고 시연하기
		    ① 장면 구성하기 ② 조각하기 - 느낌 나누기

	나누기 (sharing)	- 역할에 대한 느낌 나누기 : 역할 벗기 - 전체 드라마에 대한 느낌 나누기 - 하고 싶은 말하기

* 사후설문지, 사후인터뷰

TIP 씨 뿌리는 자의 비유

· 성경 본문을 활용(묵상, 단어 말하기, 전지에 쓰기, 읽기)하여 친숙하게 한다.

〈제4회기 비블리오드라마〉

범주	'가족'에 관하여	
주제	돌아온 아들의 비유 Ⅰ	
본문	누가복음 15장 1-2절, 11-16절	
내용	〈차시 내용〉 예수를 만난 아들 - 아버지, 아들 역할 경험하기 - 예수를 만난 아들 - 뒷이야기 상상해서 그리기	
	웜업 (warm-up)	- 칭찬받은 횟수로 줄서기 - 눈치게임
	드라마 (drama)	(1) 본문 읽기 　- 마음속으로 읽어보기 　- 대표로 한 명이 읽기 　- 한 절씩 돌아가며 읽기 (2) 드라마: '예수님을 만난 아들' 　① 장면 구성하기 　② 뒷이야기 상상하여 그리기
	나누기 (sharing)	- 역할에 대한 느낌 나누기 　: 역할 벗기 - 좋은 점 말하기 - 전체 드라마에 대한 느낌 나누기

* 사후설문지, 사후인터뷰

TIP **돌아온 아들의 비유 Ⅰ**

· 예수 그리스도와 만남을 경험하기
　- 예수와 둘째 아들의 만남을 주변으로 확장하기
· 미래를 예측하기 + 그림으로 그려보기

〈제5회기 비블리오드라마〉

범주	'가족'에 관하여		
주제	돌아온 아들의 비유 II		
본문	누가복음 15장 17-24절		
내용	〈차시 내용〉 아버지에게 돌아온 아들 - 아버지와 아들의 만남 경험하기 - 만남으로 서로의 감정을 나누기		
	웜업 (warm-up)	- 눈치게임 - 그리기 발표 ① 지난 시간 본문 읽기/생각 나누기 ② 그림 발표하기	
	드라마 (drama)	(1) 본문 읽기 - 전체를 다 같이 읽기 - 한 절씩 돌아가며 읽기 - 눈감고 생각나는 것 말하기 (2) 드라마 - 성경을 차례로 읽고, 인터뷰하기 - 배역 정하기 ① 역할(배역) 준비시키기 ② 본문을 한 절씩 읽고 장면구성	
	나누기 (sharing)	- 역할에 대한 느낌 나누기 : 역할 벗기 - 전체 드라마에 대한 느낌 나누기 - 잘했던 점/좋았던 점 나누기	

* **사후설문지, 사후인터뷰**

TIP **돌아온 아들의 비유 II**

· 그림 발표하기
  - 미래 예측 그림을 통해 이야기의 연속성 확보하기
· 아버지와 둘째 아들의 만남 경험하기
  - 안아주는 아버지와 안기는 아들의 만남 경험하기, 나누기

〈제6회기 비블리오드라마〉

범주	'가족'에 관하여
주제	돌아온 아들의 비유 III
본문	누가복음 15장 17-24절
내용	〈차시내용〉 잔치를 열어주는 아버지 - 아버지, 아들, 손님으로 잔치에 참여하기 - 참여자들과 잔치에 대해서 나누기
	웜업 **(warm-up)** — 눈치게임
	드라마 **(drama)** (1) 본문 읽기 　- 대표로 한 명이 읽기 　- 한 절씩 돌아가며 읽기(2번) 　- 본문 게임: '몸으로 말해요' (2) 드라마 　- 배역 정하기 　　① 잔치하는 장면 　　② 아들과 아버지 기뻐하는 장면
	나누기 **(sharing)** - 역할 벗기 - 장면에 대한 느낌 나누기 ① 손님의 감정변화에 대해 느낀 점 ② 아버지가 잔치한 것에 대하여 - 하고 싶은 말 하기 - 좋았던 점 한 가지씩 나누기

* **사후설문지, 사후인터뷰**

TIP **돌아온 아들의 비유 III**

· 잔치를 경험하기
　- 아버지, 아들, 손님으로 잔치에 참여하는 감정 다루기
　- 아버지와 아들이 잔치를 통해 기쁨나누기

〈제7회기 비블리오드라마〉

범주	'가족'에 관하여	
주제	돌아온 아들의 비유 IV	
본문	누가복음 15장 25-32절	
내용	〈차시 내용〉 형의 분노와 아버지의 마음 - 아버지, 형, 아들 입장 되어 보기 - 가족 조각하기로 마음 나누고, 풀기	
	웜업 (warm-up)	- 눈치게임
	드라마 (drama)	(1) 본문 읽기; '소식(편지: 본문)' 　- 한 절씩 돌아가며 읽기(2번) 　- 눈감고 생각나는 것 말하기 (2) 드라마 　- 배역 정하기 　　① 본문 회상: 눅 15:17-32 　- 대표로 한 명이 읽기 　- 마음속으로 읽어보기 　　② 첫째 아들과 둘째 아들의 대화 　　③ 아버지와 아들들의 만남 　　④ 아버지의 마음을 나누기
	나누기 (sharing)	- 역할 벗기 - 느낌 나누기

＊ 사후설문지, 사후인터뷰

TIP **돌아온 아들의 비유 IV**

· 첫째 아들 vs 둘째 아들
 - 두 아들의 입장을 구분하고, 주장하기
 - 아버지 입장이 되어 두 아들에게 마음을 전하기

〈제8회기 비블리오드라마〉

범주	'친구'에 관하여
주제	잃어버린 드라크마 Ⅰ
본문	누가복음 15장 8-10절

내용	〈차시 내용〉 잃어버린 드라크마가 되어 보기 - 드라크마 동전이 되어 숨기 - 드라크마로 주인에게 말하기		

	웜업
	(warm-up)
	&
	드라마
	(drama)
		(1) 본문 읽기
		    - 한 절씩 돌아가며 읽기(2번)
		    - 마음속으로 읽어 보기
		(2) 전지에 쓰기
		    - 생각나는 단어 말하기
		    - 전지에 단어 쓰거나, 그리기
		    - 본문 게임: '몸으로 말해요'
		(3) 드라마
		    - 한 번 읽기
		      ① 동전 되어 천 입기 ② 인터뷰
		      ③ 빨리 찾아주기를 바라는 동전
		        vs 안 찾아주기를 바라는 동전
		      ④ 주인 뽑기 ⑤ 잃어버린 동전 찾기
		    - 인터뷰
		    - '나 좀 찾아줘!!' ⑥ 동전 찾기	

	나누기 (sharing)	- 역할 벗기 - 장면에 대한 느낌 나누기	

* 사후설문지, 사후인터뷰

TIP **잃어버린 드라크마 Ⅰ**

· 성경 본문으로 다양한 웜업 구성하기
   - 읽기, 쓰기, 그리기, 몸으로 게임 하기로 본문을 확장하기
   - 드라크마 동전이 되어 움직이기

<제9회기 비블리오드라마>

범주	'친구'에 관하여	
주제	잃어버린 드라크마 II	
본문	누가복음 15장 8-10절	
내용	〈차시 내용〉 친구들을 불러 잔치하기 - 잔치에 초대할 친구들을 부르기 - 빗자루, 전등, 소품이 되어 말하기	
	웜업 (warm-up)	- 눈치게임
	드라마 (drama)	(1) 본문 읽기 　- 마음속으로 읽어 보기 　- 3명씩 3줄씩 읽기 　- 핵심사항 속으로 읽기 (2) 본문 회상 　- 생각나는 단어 말하기 　- 지난 시간 기억나는 1문장 말하기 (3) 그리기 　- 나에게 잃어버린 것 그리기 　- 마음에 맞는 천 고르기 　- 그림 맞추기 (4) 드라마 　① 이웃, 친구가 찾은 동전에 말하기 　② 이웃, 친구, 찾은 동전 기뻐하기
	나누기 (sharing)	- 역할 벗기 - 느낌 나누기

* 사후설문지, 사후인터뷰

TIP 잃어버린 드라크마 II

· 잔치를 경험하기
  - 친구를 선택하고, 부르기
  - 새로운 친구들(빗자루, 전등 등)이 되어 말하기

〈제10회기 비블리오드라마〉

범주	'미래'에 관하여	
주제	자라나는 씨의 비유	
본문	마가복음 4장 26-29절	
내용	〈차시 내용〉 씨앗으로 심겨 보기 - 씨앗의 종류를 선택하기 - 농부, 땅, 씨앗으로 성장과정 경험하기	
	웜업 (warm-up) & 드라마 (drama)	(1) 본문 읽기 　- 선생님, 학생 번갈아 가며 읽기 　- 한 절씩 돌아가며 읽기 　- 속으로 읽고, 단어에 동그라미 (2) 웜업 　- 그림 맞추기 　- 몸으로 말해요 (3) 드라마 　- 배역 정하기 　　① 농부가 씨앗에게 영양분 주기 　　② 땅이 씨앗에 힘을 주기
	나누기 (sharing)	- 역할 벗기 - 느낌 나누기

* 사후설문지, 사후인터뷰

TIP 자라나는 씨의 비유

· 씨앗 성장과정 구성하기
 - '어떤 씨앗'인지 생각하고, 결정하기
 - 농부, 씨앗, 땅으로 성장과정 경험하기

〈제11회기 비블리오드라마〉

범주	'미래'에 관하여	
주제	겨자씨의 비유	
본문	마가복음 4장 30-32절	
내용	〈차시 내용〉 씨앗에서 나무 되기 - 씨앗에서 나무까지 경험하기 - 모두를 연결하는 큰 나무 구성하기	
	웜업 (warm-up)	- 색종이에 쓰기 ：내가 가진 가장 작은 것, 큰 것
	드라마 (drama)	(1) 본문 읽기 　- 한 절씩 돌아가며 읽기 　- 생각나는 단어 말하기 　- 마음속으로 읽기: 배역 정하기 (2) 드라마 　① 진짜 씨앗 고르기 　② 나무 만들기 　③ 새들이 깃들이기
	나누기 (sharing)	- 역할 벗기 - 느낌 나누기

* **사후설문지, 사후인터뷰**

TIP **겨자씨의 비유**

· 전체를 연결하는 나무 만들기
　- 씨앗에서 나무까지 연결하기
　- 모든 참여자가 함께하고, 연결되는 큰 나무 만들기

〈제12회기 비블리오드라마〉

범주	최종 나누기
주제	기억할게, 이야기들
내용	〈차시 내용〉 비블리오드라마 참여 소감 나누기 - 그동안 비블리오드라마에 참여한 소감 나누기 바뀌거나, 변화된 점 나누기 1. 가장 기억에 남는 것 2. 가장 인상 깊었던 것 3. 가장 재밌었던 것 4. 또 해 보고 싶은 것 5. 기억에 남는 감정 6. 무엇이 변했니? 　① 변한 모습 　② 모습이 변한 이유는? 　③ 어떤 것이 변했니? 　④ 변한 모습을 어떻게 느껴? 　⑤ 변한 모습을 한 단어로! 　⑥ 어떻게 변했는지

* **사후설문지, 최종설문지**

TIP **최종 나누기**

· 참여소감 나누기
  - 기억에 남는 역할, 인상 깊었던 장면, 다시 해보고 싶은 성경 본문 나누기
· 변화점 나누기
  - 내가 생각하는 변화점, 주변 참여자들이 말하는 변화점 나누기

참고문헌

곽우영. "비블리오드라마의 향후 과제와 목회적 돌봄: 아동의 메소드 훈련을 적용한
아동 비블리오드라마를 중심으로." 「신학과 실천」 81(2022), 521-545.

신명희 외 8인. 『발달심리학』. 서울: 학지사, 2019.

Martin, Gerhard Marcel. *Sachbuch Bibliodrama: Praxis und Theorie*. 2nd ed.
Stuttgart, DE: Kohlhammer, 2001.

Schramm, Tim F. "Bibliodrama in Action: Reenactiing a New Testament Healing
Story." In *Body and Bible: Interpreting and Experiencing Biblical Narratives*, ed.
Björn Krondorfer, 57-84. Philadelphia, PA: Trinity Press International, 1992.

Pitzele, Peter and Susan Pitzele. *Scripture Windows: Toward a Practice of
Bibliodrama*. 2nd ed. Teaneck, NJ: Ben Yehuda Press, 2019.

Epilogue

비블리오드라마와의 만남은 우연한 계기였다. 신학 학사와 신학 석사 (M.div) 과정을 공부하고 10년을 사역하면서 기도와 말씀만으로 채워지지 않는 마음의 빈자리를 발견하게 되어 다시 상담을 공부했다. 당시에 상담은 사회복지 영역에 속했기 때문에 인간의 기초 발달을 알기 위해 유아교육과 사회복지를 학사로 다시 전공하고, 상담대학원에서 아동 및 청소년 상담을 전공으로 비블리오드라마를 만나서 박사를 받기까지 11년의 시간이 걸렸다.

상담대학원에서 만난 사이코드라마, 드라마 치료, 비블리오드라마는 처음에는 상당히 생소했고, 그 원리를 아는 것이 어려웠다. 호서대학교 연합신학대학원 목회상담학과에서 처음 비블리오드라마를 '목회상담과 성서'로 가르칠 때도 어떤 학생이 그때의 나와 같은 질문을 했다.

"교수님은 상당히 잘하시는데, 내가 잘할 수 있을지 엄두가 나지 않아요."

처음 비블리오드라마를 접했을 때 그 기법이 상당히 신기했고, 참신했다. 그러나 공부를 지도하던 디렉터(director)는 그 실력이 뛰어나서 배우기에 힘들 것 같다고 느껴졌다. 지금 뒤돌아보면 비블리오드라마의 디렉팅(directing)은 디렉터의 인생 경험이 자신도 모르게 묻어 나오는 아방가르드 한 예술과 같다고 생각된다.

디렉팅(directing)은 다른 사람을 모방하기보다는 자신이 아는 만큼, 할 수 있는 만큼 해 보는 것이 최고의 디렉터라고 생각한다. 디렉터마다 살아온 삶과 경험, 그리고 배움이 다르기 때문에 오히려 자신이 배운 만큼, 경험한 만큼 녹아 나오는 비블리오드라마 디렉팅(directing)은 생각보다 멋진 것이었다. 그래서 학생들에게 이야기한다.

"가장 '나다운 모습'으로 인도하는 것이 좋은 비블리오드라마예요."

나는 학생들이 가장 '그답게' 비블리오드라마를 하도록 가르친다. 나의 수업을 듣는 학생들은 시키지도 않았는데 교회에 가서 일대일의 비블리오드라마를 시도하거나, 마지막 수업에서 시연을 맡기니 나누기(sharing)를 맡은 학생은 갑자기 슬리퍼를 벗고 그 과정을 진행했다. 비록 학생들이 자신들의 행동에 대한 의미를 모르고 하는 경우도 있지만, 나는 학생들의 이런 개성들이 참 반갑고 좋다.

비블리오드라마의 디렉터로 성장하기까지 4년의 과정을 수업과 세미나로 공부하고, 약 8년의 과정을 디렉터도 활동하면서(디렉터로 활동한 시간은 공부한 시간과 겹치는 기간이 있다) 한국의 여러 교회와 학교 및 센터에서 비블리오드라마를 진행했다. 그 저변에는 사역자로 살아온 20년의 세월들, 성경연구를 통해서 얻게 된 성경을 보는 관점들, 그리고 상담공부가 어우러져 있다.

신학대학원(M.div)에서 귀납적 성경연구를 만나서 약 3년 동안 여름·겨울 수련회로 다른 신학대학원 학생들과 말씀연구를 한 것은 비블리오드라마를 하는 데 큰 자산이 되었다. 약 17년 전에 대학원에서 성경

연구를 하고, 성결교, 감리교, 장로교, 순복음 등 교단에 속한 신학대학원 생들과 각 교단의 대학원과 연수원에서 모여 수련회로 성경공부한 경험은 말씀 안에서 흔들리지 않는 원동력이 되었고, 여러 교단의 교회에서 비블리오드라마를 진행하는 데 어색함과 어려움을 느끼지 않는 원인이라고 생각한다.

20년간 사역자로 살면서 교회와 학교, 센터에서 학생들을 가르친 경험은 아동에 대상으로 한 비블리오드라마를 가능하게 했다. 박사논문을 쓰던 당시 비블리오드라마는 대부분 대학생 집단에 한정적으로 진행되었고, 아동에 대한 연구에 대해서 다들 부정적인 피드백을 주었다. 그러나 초등학교에서 60회기의 예비연구(pilot study)와 그간 학생들을 가르친 경험은 '가능하다'고 말해 주고 있었고, 내 예상은 틀리지 않았다.

상담 공부와 실전에 대한 적용은 비블리오드라마의 효과를 테스트하고, 그 효용성을 알 수 있는 시간들이었다. 특히 비블리오드라마의 역할 기법은 개인상담에서도 유용했다. '역할 바꾸기(role reversal)'는 타인으로 인해 정신적인 어려움을 호소하는 학생에게 자기주장을 함으로 문제해결에 이르는 경우들이 있었다. 사실 상담 장면에서 만나는 내담자들의 심리적 상태는 정신적인 어려움을 동반한 경우가 상당히 많았고, 그 연령대는 점점 낮아지고 있다고 체감된다.

비블리오드라마를 배우는 초반에는 디렉터의 성향이나 방식이 비블리오드라마를 역동적이게도 혹은, 차분하게도 만드는 것을 보았다. 그러나 공통적으로 드는 생각은 성경을 사용하는 비블리오드라마를 잘 활용하지 못한다는 아쉬움이었다. 비블리오드라마에서 성경교육이나 심리치료를 중점으로 할 때 어떤 것은 교육을 위하여 자발성의 유연함을 잃어버리고, 어떤 것은 마치 사이코드라마의 옷을 입은 듯하게 경험되었다.

이러한 나의 의문들은 호서대에서 목회상담을 만나면서 체계적으로 정리가 되었다. 성경이 핵심적으로 말하고 있는 것과 목회상담의 기원은 모두 '예수 그리스도의 영혼돌봄'이라는 공통점을 가지고 있었고, 이전까지 비블리오드라마를 연구하고 진행하면서 느꼈던 아쉬움들은 '영혼돌봄의 비블리오드라마'를 통해 구체적인 기법과 방법들로 탈바꿈했다.

이 책은 비블리오드라마를 영혼돌봄의 관점으로 제시한다. 비블리오드라마의 정체성과 목적은 개인과 공동체에 영혼돌봄을 하는 것이다. '오히려 이전에 왜 이런 시도가 없었을까?'라고 생각될 정도로 현장에서 체감하는 예수 그리스도의 영혼돌봄 효과는 강력했다. 이 책을 통해 사이코드라마와 비블리오드라마를 비슷하게 생각하는 디렉터들의 주의를 환기시키고, 비블리오드라마가 나아가야 할 방향을 제안하고자 한다.

또한 디렉터의 정체성도 새롭게 발견했다. 사이코드라마와 비블리오드라마의 성격은 다르다. 사이코드라마는 주인공의 심리치료를, 비블리오드라마는 예수의 영혼돌봄으로 참여자가 성경을 경험하는 것이 목적이다. 비블리오드라마 디렉터는 영혼돌봄의 안내자가 되기 위한 궁극적인 철학이 필요하다고 느꼈고, 그 예로 존 웨슬리를 소개한다.

존 웨슬리는 비블리오드라마가 나오기 이전의 사람이다. 그는 올더스게이트에서 '마음이 뜨거워지는 경험'으로 진정한 구원을 확신했고, 세계적인 전도자가 되었다. 디렉터는 웨슬리처럼 예수 그리스도에 대한 확신이 있고, 참여자를 영혼돌봄으로 인도할 수 있는 사람이어야 한다. 그리고 '영혼돌봄을 하는 디렉터'는 예수를 전하기 위해서 웨슬리가 홀리 클럽(holy club)으로 보여 준 경건한 삶을 본받아야 한다고 생각했다.

웨슬리의 삶은 비블리오드라마의 디렉터에게 먼저 예수를 만나고, 그의 삶이 영혼돌봄을 실천할 것을 말하는 것 같았다. 나는 디렉팅을 하기전 늘 금식하고, 말씀을 묵상하며, 참여자를 위해 기도하고, 예수를 비블리오드라마에 초대한다. 처음에는 이런 것들이 개인적인 준비들이라고 생각했지만 비블리오드라마는 그 결과로 말해 주었다.

2016년 1월 초교파 여름성경학교에서 200명의 아동·청소년을 대상으로 비블리오드라마를 한 것이 최초의 공식 무대였다. 그때부터 지금까지 나의 비블리오드라마는 더 많은 사람들과 더 많은 곳에서 사용할 수 있도록 새롭게 도전한 결과들이었다.

디렉터들이 어려워하는 유치원과 초등학생들에게 비블리오드라마를 장기간 시행했고, 지역연합수련회에서 교사들을 훈련시켜 비블리오드라마의 파트를 맡긴 후 대단원의 드라마로 연결시켰으며, 설교와 콜라보레이션을 진행했고, 중대형 교회의 사역자 훈련과 평신도 세미나, 교사교육을 통해서 목회 전반에 적용할 수 있는 비블리오드라마를 진행했다. 이것은 비블리오드라마의 진가를 알아봐 주신 담임목사님들과 사역자님들이 있었기에 가능했다.

앞으로 비블리오드라마는 현대의 목회상담이자, 영혼돌봄으로 더 많은 곳에 활용할 수 있을 것으로 생각된다. 비블리오드라마는 다양한 학문과 교류해서 발전하고 있으며, 이러한 종합예술적인 성격은 교회와 공동체에 영혼돌봄의 새로운 패러다임을 제시해 줄 수 있다. 비블리오드라마의 영혼돌봄은 가족 돌봄, 공동체의 치유와 연합, 그리고 건전한 그룹문화로서 여러 영역에서 활용할 수 있으며, 활용되고 있다.

영혼돌봄은 기독교의 진리인 예수 그리스도에 대한 이야기이다. 현대에서 영혼돌봄은 예수 그리스도의 삶을 통해 삭막한 현실을 살아가는 현대인들에게 의미 있는 삶과 진정한 치유를 알려 준다. 이 책이 비블리오드라마로 영혼돌봄을 하기 원하는 사람들과 디렉터들에게 작은 도움이 되기를 바란다. 1960년에 시작되어 반세기를 넘긴 비블리오드라마가 영혼돌봄을 통해서 더 많은 곳에서 깊은 울림을 주기를 기대한다.

감사의 글

책이 나오기까지 전 과정을 인도하시고, 이끄신 분이 하나님이심을 고백합니다. 긴 시간 공부한 것이 하나의 퍼즐로 완성되듯 섬세하게 맞춰 주신 하나님께 감사드립니다.

호서대학교 연합신학대원의 교수님들께 감사드립니다. 책이 나오기까지 신학적 가르침과 권면을 주신 것은 큰 힘이 되었습니다. 무엇보다 대학원장이신 김동주 교수님께 감사드립니다. 예수 그리스도의 중요성을 일깨워 주시고, 예수의 영혼돌봄을 실천하게 해 주신 것은 교수님의 인도와 지도가 있었기에 가능한 일이었습니다.

정신분석의 대가이신 고유식 교수님께 감사드립니다. 프로이트 심리학의 정수가 무엇인지를 대화와 삶을 통해서 보여 주셨고, 목회상담의 큰 틀을 견고히 할 수 있도록 지도 편달해 주셨습니다.

비블리오드라마 사역을 권면하시고, 이끌어 주신 장현승 목사님께 깊이 감사드립니다. 과천소망교회 목사님들과 전도사님들의 배려와 도우심, 그리고 성도들의 따뜻한 환영이 비블리오드라마의 목회적 적용을 가능하게 했습니다.

새생활교회 엄태일 목사님께 감사드립니다. 김기희 사모님, 임현숙 복지사님, 전하은 사모님의 도움에 감사드립니다. 연구 초반 비블리오드라마를 장기간 할 수 있도록 문을 열어 주셔서 지금까지의 성장이 가능했습니다.

호서대학교 연신원에서 비블리오드라마 강의를 함께한 학생들에게 감사합니다. 수업에서 토론하고, 연구한 것들은 귀한 자료로 책에 담을 수 있었습니다. 또한 비블리오드라마 강의와 세미나에 참석해 준 여러 참여자들에게 감사한 마음을 남깁니다.

지면에 다 담을 수 없지만, 도움을 주신 목사님들, 친구들, 지인들, 사랑하는 가족들에게 감사를 전합니다. 목사로서의 자세와 태도를 늘 권면해 주시는 곽인선 아버지와 이을주 어머니, 강의를 기뻐하셨던 시부모님, 책과 논문을 자신의 일들처럼 토론해 준 곽주영, 곽나영 언니들과 동생 곽진영, 무엇보다도 오랜 기간 사랑으로 인내하고 도와준 사랑하는 남편 권성민에게 감사합니다.

예수 그리스도의 삶을 통한 심리상담,

비블리오드라마

ⓒ 곽우영, 2024

초판 1쇄 발행 2024년 4월 22일

지은이   곽우영
펴낸이   이기봉
편집   좋은땅 편집팀
펴낸곳   도서출판 좋은땅
주소   서울특별시 마포구 양화로12길 26 지월드빌딩 (서교동 395-7)
전화   02)374-8616~7
팩스   02)374-8614
이메일   gworldbook@naver.com
홈페이지   www.g-world.co.kr

ISBN   979-11-388-3017-1 (03180)